本书出版得到“龙图法律教育基金”的资助

2019

第2辑·总第6辑

师大法学

ECNU LAW REVIEW

华东师范大学法学院　组编

张志铭　主编

纪海龙　朱庆育　执行主编

法律出版社
LAW PRESS · CHINA

《师大法学》编辑委员会

卷首语:中国民法的过去与未来

民法是私域内的法,是此自由体与彼自由体间得以共处之规则的总和。而在自由被压制,私人生活方方面面权利受到侵蚀的时代,何谈民法。十年浩劫,婚姻法作为民法也是具文。改革开放重新规整人们生活的方方面面,才得以让民法重生。

社会的现代转型

社会的现代转型意味着功能分化。社会转型未完成,意味着社会子系统还没有完全封闭。百年中国,一直穿行在历史三峡中。

1949年后中国民法转向苏联,虽然苏联民法骨子里还是德式的,但已被公有制和计划经济彻底改造过。1949年前的民法老底子,基本上断了代。40年前的改革和开放,是从经济系统的现代化开始,从系统论角度观察,是经济系统从被政治系统压制到越来越独立的过程。20世纪80年代的民法经济法之争,民法胜出,其理论基础为当时佟柔先生所主张的"民法是调整商品经济的法"。于今观察,此观点固有不足之处,但彼时却恰恰适应了经济系统独立化的社会背景。

商品经济或曰市场经济的根基在于自由交换。一切价值增长根本上源于交换,而交换的前提是产权。中国40多年前的改革和开放,本质上是将产权确认给私主体,相互交换,发展市场,激励企业家的创造和冒险,从而将"蛋糕"做大。财产权、合同和企业制度,便成了一切的前提。

语言、概念、结构

改革伊始,百废待兴,当时的民法真真处于“茹毛饮血”的状态。幸好台湾地区还保留着近现代民法的血脉,虽然阅读繁体字需要适应,但毕竟还是汉字。就着苏联民法的底子,开始从台湾地区学习“民法”。财产权(包括物权、债权以及知识产权等)、合同、公司等制度,得以确立,改革春风才能吹满神州大地。没有比较法,就没有中国当代的民商法,也难以改革开放。

我们先是向台湾地区学习,经由台湾地区转而德日,继而英美。我们继受了一整套欧陆的概念和教义。君不见,意思表示、法律行为、处分行为和负担行为(号称民法的“任督二脉”),都是译文。在很大程度上可以说,中国民法的母语是德语,准确地说是日译德语。这套语言构成了中国民法学人思考的工具。中国当代民法的法制史,或可说是罗马法以降的欧洲私法史。

民法是在构造私域内人和人之间交往的基本程序(program)。该种程序运作的基本模式是:将事实输入程序,程序输出结果;该结果进一步和其他事实结合,再次被输入到某个程序中。生生不息,动动不止。私人与私人间便能循此洒扫应对。所谓民法典,大体而言便应是这些程序的集合。程序与程序间不能相互冲突,否则便无法运算;程序和程序间应尽量以有逻辑的方式编排在一起,这既有利于程序的适用,也有利于教育未来的“程序员”。此即体系化。给整个私域编制程序,一方面需要设计基本框架,另一方面需要基础材料。人法和物法二分、物债二分等,均是涉及基本框架。而基础材料则是一些基本概念,如意思表示、法律行为、占有、交付、给付、清偿这些概念,便构成了基础材料;它们类似于一套编程语言。

无论是主动还是被动,中国民法选择了以德国民法为模型的这套编程语言。既然选择了而且也在很大程度上适应了这套语言系统,那么便不能将之格式化,推倒重来。这就要求其他来源的语言,要尽可能翻译为这套编程语言。也是在此意义上,王泽鉴先生强调来源于美国的我国台湾地区的“动产担保交易法”,要尽量融入既有台湾地区“民法”概念体系。然而,这并不意味着这套编程语言绝对无法撼动。在移植某制度时,如果在体系上实在无法融入,那么类似于翻译时在不可译的情形需要创造新词一样,对于既有基本概念进行调试,或者加入新的基本概念,也属应当。中国在继受来自英美的信托法时,按当时的说法是面临着大陆法系不存在双重所有权结构的障碍。此种障碍,或可通过引入相关的基本概念,得以解决。

教义和原理

移植语言系统,只是基础和前提。更重要的是对规则、背后的教义和原理的移植。民法的具体制度比较,所应遵循的路径便是,从中国问题出发(这个问题可以是中国法律体制下的立法论或解释论),检视其他国家或规范体系的经验和教训,更重要的是从中找出更优的解决方案,转而用在我们自己的立法和法解释上。检视的过程,并不是简单的规则对比,在此实际比较的是规则背后的道理或教义,然后寻找更能说服自己的道理和方案。选择某种方案,是该方案背后的道理胜出,不应该是因为该方案来自德日或是英美。重庆市第四中级人民法院的挖断电缆案判决书中,曾大段使用王泽鉴先生一篇台湾法论文中的论述,当中一些论据,则是来自英国丹宁勋爵对侵权法纯粹经济损失的分析,此或可为一适例。从而,中国民法学者的具体制度比较,总体上遵循的是功能主义的比较法方法:就同一生活问题,不同法律体系下有哪些不同解决路径和(相同或不同的)结果。进一步则是需要考量哪种方案更优。

也是因此,民法学者视野中的,不会仅仅是各国的现行法,也不会是国家中心论的法律。法制史上的各种方案(罗马法以降的欧洲私法史)、国际公约(尤其是 CISG)、无法律效力的规则体系(如《欧洲合同法原则》、日本民法修订中的各种讨论)、不可能发生法律效力的方案(如胎死腹中的《欧洲共同框架参考草案》和瑞士债法 2020 修正案学者建议稿),都会进入中国民法学者的视野。也是因此,对于具体民法制度的研习者来说,比较法和法制史,本质上是一体的。也是因此,对其教义和道理不熟悉的法律规则,即便构成实证法的一部分,也得不到太多关注。例如,信托法作为英美民法的重要部分,对于一直受大陆法系法学教育的法律人来说,并不熟悉其背后的教义和道理。从而中国的信托法自 2001 年生效至今已近 20 年,但据说只有几百个法院判决书中适用了《信托法》。尽管在笔者眼里,信托法对于解释和调整很多社会现象(包括“代持”“资产收益权”等),都有巨大的潜力。

书本之法、价值、方法

40年的比较民法,学者聚焦的大多是书本之法,但也并非全然如此。近几年来,有不少学者关注外国司法判例的收集和整理,甚至针对同一问题或案型,对不同法律体系下的判例进行比较。而且随着概念、原理、教义的引入,不可避免的是,欧陆民法规则和教义背后的价值观也会被引入。近现代民法的私人自治、信赖保护(相对方或不特定第三人的私人自治)等价值,毫无疑问也是中国当代民法的基石。从而,研习民法者多崇尚私人自治,否则很难成为民法高手。而晚近以来民法的实质化,如消费者、劳动者保护等理念,也自然进入了中国的私法世界中。更进一步的借鉴,则是方法上的借鉴和比较。无论是20年前便开始的法学方法论的讨论,还是近几年法教义学、社科法学的对话(或自说自话),都可看到不同留学背景的影响。这些方法论的探讨,甚至新的法学文献类型的学习和借鉴(如评注体),均是“师夷长技”之后果。

未　来

可以说,中国当代民法40年的发展历史,在很大程度上是比较民法学的历史。甚至当前的民法典编纂(它既不是时间的开始,也不是历史的终结),也是比较法和法律移植的现象之一,毕竟中国古代并没有“民”法典。未来比较法对于民法而言依旧极其重要。然而仅仅倚赖于此道显然不行。首先是一些中国特有的问题,如土地问题、国企问题,很难在西方民法中找到既定答案。而且,中国当代民法的面相不只是欧陆或德日的,除了公有制遗存的问题外,还有中国传统价值和文化的问题(如公平责任)。其次是当代的学科和科学发展,已经不允许我们再就法论法。我辈未来应具有更宽阔的视野和更具有“拿来主义的”的方法论意识。

萨维尼在200年前曾说过,法学是历史学和哲学的统一。就部门法而言,比较法和法制史其实是一体两面。而当今的中国民法研究,除了历史、比较和哲学外,尚有另外两翼亟待加强。其一是社会学包括社会理论;其二则是法与经济学。社会理论会给人以宏大视野。例如,在系统分化的现代社会中,单纯的公法和私法二元划分,已不敷使用。法律和每个社会子系统都发生耦合。而公和私的二元划分,则是在各个系统中再度发生。就私法而言,需要秉持的是首先研究纯化的民法,该纯化的民法给各个系统都提供一个基本操作系统。而各个系统或社会领域(经济、卫生、体育、娱乐等)则在此基础上,对该基本操作系统进行适合本领域的优化和调适(例如,经济系统中商法特别规则对民法一般规则的调适)。而法与经济学则能将具体规则背后的道理讲得更加清楚。当代民法和民法研究应是历史比较、哲学、社会学和经济学的四位一体。民法教义学这辆车,四轮共扶,不可偏废。

本辑文章

本辑总计 12 篇文章,基本上可以呼应上述关于中国民法过去与未来的观察。苏永钦教授的主旨演讲(《多元法域的六个介面——现代法教义学的最后几片拼图》),气势磅礴,视野恢弘,以转介、假借、统合、耦合、义和、应和六个关键词来概括各法域间的相互作用和体系化,实际是指出了未来法教义学努力的方向。田士永教授的文章(《编纂民法典合同编的体系化思考》)看似属于立法论,但其中的思考,如合同概念、合同编与债编关系,即便在民法典通过后,亦对于法解释具有巨大意义。戴孟勇教授的文章(《论国家对国有建设用地使用权的优先购买权》)和孙维飞教授对公平责任的分析和探讨,均乃法教义学和特殊中国问题结合研究的典范。王洪亮、庄加园两位教授的文章,是典型的民法教义学作品,均是对传统民法经典问题的探讨和澄清。李锡鹤教授文章以特殊动产物权变动为主题,批判了最高人民法院《物权法司法解释(一)》第 20 条,体现了李锡鹤教授一贯的思辨和批判精神。本辑文章中,也体现了最近几年民法学发展的新动态。例如,新的评注体(杨代雄教授的《〈民法总则〉第 147 条(重大误解)评注》),鉴定体请求权基础检索案例研习(朱晓喆教授的《"虚假的学区房买卖"案例研习报告》)。当然也覆盖传统的案例评释文章(陈吉栋、李康佳的

《论无偿无权处分中的善意取得——“李某诉郎某赠与合同案”评释》)。另外,本辑也关注民法的基础教学问题,朱庆育教授的两篇均与此有关。其中,关于法律行为效力瑕疵体系的文章,对法律行为效力瑕疵这个民法总则中的核心问题,作有精到扼要的梳理和体系化;而《民法第一课》,语言生动、活泼,内容丰富,细心者自然能从中读出微言大义。

2020年,《中华人民共和国民法典》将正式通过。法典化一方面意味着总结既往,另一方面也意味着修法不再容易。可以想见,中国民法学界的研究,将大量转向解释论。本辑组稿和出版,正好跨越民法典的出台。无论如何,民法典的出台,将极大影响民法学人的教学和研究工作。无论世事如何变迁,唯愿民法学界同人们能秉持独立之思想、自由之精神,以促进自由、平等、诚信、友善(此四个社会主义核心价值与民法基本原则遥相呼应)的个体和社会的形成和发展。

纪海龙

2020年1月20日于沪上

目录

Contents

主旨演讲

论　文

法典评注

案例研究

法学教室

争 鸣

主旨演讲

多元法域的六个介面

——现代法教义学的最后几片拼图

苏永钦*

尊敬的各位老师，还有所有到场的同学，大家晚上好。今晚我们一起来探讨现在最重要的一件事——民法典。1804 年《法国民法典》、1896 年《德国民法典》都是里程碑，所以 2020 年中国推出民法典肯定也是世界瞩目的。在我看来，民法典的制定是一种确认，确认中国加入民法典俱乐部，从而肯定其中的大陆法系基因，肯定其作为大陆法系成员的体系取向。另外，民法典本身又会强化这个已经存在的倾向——在没有这种基因与倾向的很多国家并不需要一个民法典。从这里我们可能要认识到，体系取向中最不可或缺的就是法学的支撑，法学最重要就是法教义学体系的建构，而民法典不过是对其的一种“加冠”。因此，有了民法典以后，未来我们会去思考一个问题：法教义学在中国如何发展？现在法教义学已经受到了重视，可是也受到了很多的质疑，因此，我想在这个时点上来谈法教义学的研究方向和一些相关的基本问题。不过，就法领域边缘的教义学而言，即使是在法教义学上非常有成绩的一些传统大陆法系国家，好像也没有完全注意到这个问题。因此，我把这次讲座的标题定为“法教义学的最后几片拼图”。

有很多学者也在质疑，是不是一定要走法教义学这条路？难道我们不能更开放地去思考个别的议题，或者更开放地去接纳社会科学，乃至其他科学来加

---

* 政治大学兼任讲座教授，浙江大学兼任求是讲座教授，法学博士。

入法律的思考？在我看来，关于法教义学往往被忽略掉的一个最关键的问题，就是它的客体是什么。它的客体其实是法律领域，而不是单行法，也不一定是法典。以德国为开端，多数大陆法系国家所采取的以法律领域为思考对象的这种思维方式是有其合理性的，将一个法律领域——如民法或者行政法、公法、刑法——作为法教义学的一个工作园地与客体，存在诸多的意义。但是，其结构性的问题在于，在法律领域内通常是集中研究、非常制度化的一块园地，而跨领域的问题常常有意无意地被忽略掉。在整个大陆法系的法学发展中，随着社会的剧烈变迁，国家和社会关系的改变，自治、管制交错等诸多问题是出在领域之间的关系上的，但是因为制度的与思维的习惯，这些却往往被忽略。所以从这个角度来看，就会有这样那样的观点，比如是不是要稍微松弛一下，不要有那么多的法教义学，而试着多接纳一些别的东西。

然而我的想法是，恰恰相反，应该需要更多法教义学，把法教义学的议程从法律的一个园地扩张到整个法体系，这样可能会有更大的能力来回应社会的变迁。这种扩张，我认为可以整理成六种类型：转介、假借；统合、耦合；义和、应和。以此来表达它可能涉及的跨领域的一些问题。如果这样的一个新的问题意识可以慢慢普及的话，也许我们在工作的时候就会逐渐形成一个类似法教义学的“井田制度”，所有人除了耕耘他的那个最有兴趣的、最希望处理的问题以外，还有一些公田可以一起去耕耘。

一、法教义学后面的体系思考

民法典是一种不断强化的思维，换句话说，法教义学、民法学是共同往更具有体系化倾向的方向去建构的，民法典国家大概都有这样的倾向。英文中，法律人在讨论大陆法系的时候，有时候把它叫作“continental law”，但是更多时候称之为“civil law tradition”，就是因为民法典有很大的指标意义和影响力。当代比较法中以不同的法律思维方式为标准，分成两大法系，而第三种就叫作混合法系。混合法系目前还整理不出太多清楚的特征来解释它出现的原因或者合理化它的存在,但是其最明显的理由往往就是因为存在民法典。例如,美国的路易斯安那州或者加拿大的魁北克,就是因为留了一个法国民法典在英美法的世界里,所以存在很多混合的特征,可见法典本身对于这种法律制度的影响力非常大。

关于法教义学的讨论已经有很多,德国已故的方法论大师拉伦茨和已故社会学家卢曼均就此有最简单的定义,两位大师基本上把法教义学界定成是一个体系性的研究。曾经有一段时间,德国法学界讨论得很激烈,认为现在的法学方法有很多"瓶颈",在探讨如何更开放地接纳其他科学的知识体系时,卢曼写了一个小册子叫作《法体系与法教义学》。这本书中,他定义的法教义学就是不去质疑规范合理性,而去对它的内容做体系性研究。拉伦茨的定义基本相似,他定义为:"这是一个主要从规范性角度来研究法律,并以此探讨规范的意义的学科。它涉及实定法的规范效力及其意义内容,同时也包括了法院判决所内含的裁判准则。"当法学被理解为一门"规范学科"时,这并不是说它本身可以制定规范,使得法规范生效。基本上,法学毋宁是将其自身理解为一套由有关现行法的陈述所组成的体系。

在欧陆国家,特别是德国,非常系统地建立这种研究方式,可能跟"罗马法的再生""理念主义""自然科学""主权国家"等背景有关。法教义学思维最大的优点在于,在人类的思考方法中,存在的体系类比的精神与习惯,能凸显体系公平。这种思维在处理某一个问题的时候,会要求你不要孤立地看,而是跟其他规则、其他规范并列观之。德国的宪法法院在讨论体系正义时,明明在处理A法律,却会把B法律的一些制度引入其中,裁判者会认为这种引入是宪法的要求。但是,这种思维也存在一个缺点,也就是东拉西扯,在谈这个问题的时候不能就事论事、就案论案,往往要超出那个议题的边界去谈一些其他法律的规范。与之相反的是一种议题思维或案例思维,它最大的特征就是排斥任何的体系,它希望可以给法律思考留下更大的空间。这是两种不同的思维。

戴昕老师最近一次在台湾地区"中央研究院"的报告中质疑了法教义学的思考。他认为,法教义学思考,它容易导致个体和群体的智力和研究资源的错失,他以自杀在大陆的研究为例。对此,我们一般会讨论很多帮助自杀及相应责任,以及共犯、主犯、从犯、从属性、独立性这些教条,最后再引申并通过逻辑得出结论。但是,自杀或帮助自杀这些反社会的行为作为一种社会现象,其背后的一些非常清楚的社会学研究或者心理学研究结论反而被忽略掉。也就是说,法教义学往往会把过多的思维、力气、精力用在错的地方。所以,戴老师主张把法教义学丢开,或者是减少。“教义学启发式将导致个体与群体智力和研究资源的错置。当然,没人能保证若法律学者将其过度投入规范教义研讨的资源转向有关政策和经验问题的研究,必定会使后者获得更好解决。但比起对有实际意义的问题视而不见,正确提问、正面思考,至少距离提出有效解决方案更近一些。”这是一个很犀利的质疑。也就是说,假如我们在今天这个时点来谈民法典,可能带来的是更不可逆转地往这种方向发展的话,那就不能忽视以上这些方面的批评跟思考,它事关法教义学的经验跟知识基础。

但是,就目前而言,大陆法系国家还在继续进行体系化的发展与制度研究,民法学、法教义学就是不断把法律规范做到更加体系化,并在法律人脑子里放很多教条与体系。体系化最大的一个缺点就是僵硬,因为社会一直在改变,制度在改变,价值观在改变,新的社会问题出现,法律用同样的方式去处理是不是妥当?即便没有这些质疑,大陆法系国家同样也会反省并发生改变。即便是在概念主义、高度形式理性的 19 世纪的德国也已经开始有一些调整。《瑞士民法典》第 1 条规定,法律未规定者,法院得依习惯法,德国也有类似的规定。这些规定都宣示了法体系不是一成不变的,而是存在开放性的。《瑞士民法典》第 1 条开宗明义地宣称,这是一个开放体系,而且在民法典里头还有很多地方保留了弹性的不确定概念作为价值填充,概括条款或者动态体系等在民法典中并不是完全没有被想到。此外,在方法论上,拉伦茨的方法论教科书一直有一些新的思路来丰富其方法论,从萨维尼的四个准则开始,就不断有新的想法加入其中,所以不能误以为大陆法系的法教义学是一成不变的。包括法经济分析,在现在大陆法系的方法论里头也有涉及,但问题是如何把体系化的优点发挥出来,同时也保留便于操作的优点,还保留其弹性。

早在20世纪70年代初期，在德国法学界开始热烈讨论法教义学是否应该广纳社会科学之际，卢曼就以他的系统理论深入分析了法教义学在消极降低社会关系的复杂度以外承担的积极功能，他认为在法教义学对解释客体“不得否定”（Negationsverbot）的前提背后，其实已经隐藏了“抽象化处理”与“解释自由”的契机。20世纪后期欧洲化的脚步加速，跨主权的多阶层法律逐渐成形，比利时学者马丁·W. 海塞林克（Martijn W. Hesselink）在世纪之交描述欧洲的新法律文化时，便用“从形式到实质”来总结这样的转变，包括立法工具的多样性、欧洲法院务实的论证风格、软法的大行其道等，体系化显然已经到了一个新的阶段，虽然法典依旧，却都见山不是山了（never the same again）。

所以，法教义学未必是一个绝对的罪恶，中国幅员辽阔，情况复杂，需要体系思考与研究，通过把法律体系化来减少它的复杂度，但同时也不要低估了它本身内藏的一些弹性。

二、现代多元开放的动态体系

到任何一个大陆法系国家看一下他们的法律注释工作，一定是多点、多工具进行的。每个人的书架上一定会有几本对某个法或某个法典的某一编作系统性论述的教科书。法学杂志上可能一开始有人针对某个法条做了一些训诂，或者就相关司法实务加以点评，在一定的积累之后，会看到同一法或跨数法水平或垂直结合若干法条的制度变成深入研究的对象。以其核心规范事项称之，习惯上有时也从内部体系的观点称之为某某法，比如不当得利法或民事责任法，等到许多制度之间的关联性被整理出来以后，隐隐然就是一个可能跨越数个法律的小法域了，我们会看到在论文、专书的基础上，开始有自成一家之言的权威教科书出现，以及对主要的法或汇集数法的逐条释义书，把相关学说和实务见解的现况做比较完整的呈现。

法史学者梅特兰（F. W. Maitland）曾经把法律比喻成一块无缝隙的布（a seamless web），法教义学确实有点像集合了数百甚至数千工匠各自以不同针法处理一部分,最后接合完成的大幅江南锦绣。就产品而言,从法条到制度,再到小法域的位阶,其规范可能垂直地涵盖上至宪法,到法律、命令,下至个别行政决定或裁判;就工具而言,则包括单篇论文、专书、教科书、逐条释义,乃至按体系编辑的案例书。像一个产业一样,大大小小功能各异的机杼不断抽动,织绣的密度越来越高,接合的范围也逐渐增大,就这样经年累月地进行下去。

以我自己的经验来说,虽然我现在发表的文章比较杂一点,但很多人以为我大概是写民法的或者是公法的博士学位论文,而实际上我写的是竞争法的博士学位论文,因为我的指导教授他是研究经济法跟民法这两个专业的,他博士学位论文写的是经济法,虽然他以他的债法教科书在学术上受到比较高的肯定,被称为当时所谓的大师之一。在他讲的经济法中,他把竞争法当成经济法最重要的一部分,我对这个更有兴趣,对于台湾地区来的学生而言,从来没听过竞争法是什么,但是我们知道民法大概是什么,所以上他的课的时候特别地着迷这个东西。然后,我才发现原来在一个世纪以前,就是在19世纪末期,他们就已经有一个叫不当竞争防止法,基本上那个时候是把它当成一个特别的侵权法对待。那个时候营业自由开始变成大家接受的一个共识,然后就逐渐有一些不当行为的防止,但基本上是作为一个民事的特别法,它跟一些营业的保护或者知识产权大概是可以结合在一块的。所以,这个所谓的“竞争法”的说法,相当长一段时间指的是不正竞争防止法。到我去读书研究这个法的时候,我发现,到“二战”以后受到美国的影响,也受到德国自己在“二战”中间的统合主义的社经体制的影响,他们对反托拉斯法变得很重视,也就是从经济上的反托拉斯到政治上的反托拉斯,强调竞争。因此,我的这个指导老师,他所代表的新自由主义,他们就会去强调国家应该扮演一个中立的监督的角色,确保市场上的竞争,防止竞争限制法,那这个基本上就跳出了民法的范畴,它是以整体的市场的保护为目的,而不是去保护个别的竞争者。所以,他会发现反垄断法的竞争法制,它跟民法性格的不正竞争防止法不仅不是完全没有关系的,而且不只是竞争这个名词的相同而已,很多的早先的营业的伦理,它本身带有限制竞争的可能性,所以他必须去融合这两种法律的价值,而不是完全一面倒地用反垄断来替代不当竞争。他对不当竞争的某些思考,就此改变了不当竞争法60%以上的案例,也就是第1条的竞争善良风俗保护。善良风俗这个概念在新的限制竞争价值里头就已经改变了,把自由的因素加在里头,而不只是公平,所以自由又公平的竞争变成了一个新的竞争法的领域。到了19世纪60年代以后,在德国谈竞争法的时候,它是包含了整合了一个大的经济法的竞争法跟一个小的特别民事法的竞争法。德国慕尼黑的马普研究所就非常标榜他们的竞争法的理念是把不正当竞争、反竞争限制、知识产权以及一般的营业保护、像营业秘密等变成一个法律领域。

我举这个例子只是告诉各位,法领域在大陆法系国家,它是会随着社会的改变、价值观的改变而会去有所反映的,它不是一个僵硬不变的东西。你所谓的法教义学化,它不是跟着一个法条走,它会一直去思考法条背后的东西,然后它会跨法条,跨单行法地去形成。例如,竞争法,这个领域内容是一直改变,从原来的不正当竞争法,再加上赠品法、广告法,到了后来再加上一个新的因素,也就是消费者保护。1970年从美国吹过来的消费者运动开始在欧洲掀起这种思考,在竞争法这个领域,消费者保护这个被忽略的价值突然被发现,所以到了后来讲竞争法的时候,虽然德国还是叫竞争法,但是它又再加上消费者保护法,把那些消费者保护的一些单行法也纳进它的法领域。在欧洲的其他国家,它可能有不同的价值的次序,比如瑞士是一个高度重视私法自治的自由的国家,它在这个领域不同价值的优先次序是不一样的,瑞典又不一样。我自己的博士学位论文基本上就在比较欧洲到底有几种类型的处理这些问题的法律,从它的名称——德国叫竞争法,瑞典叫市场法——就可以看出来,虽然其实它们在处理共同的领域,而这个领域大家都包含了差不多接近100年或者半个世纪的社会的改变、观念的改变。因此,法领域不是一成不变的,特别是在从公法、私法这种基本秩序中跳出来的一些新兴的领域其实一直在改变,所以我们可以比较放心地说,大陆法系的法教义学,因为它们很自然地也相当程度不自觉地选择了这样的一个思考方式,其实保持了很大的弹性,它不会绑在一定的思考、一定的法条里头,其实还有很大的空间。

三、体系僵硬性的关键在介面

法域(Rechtsgebiet)很难给一个精确的定义,但大约还是都有某个包容广阔却又相对鲜明的指导理念(Leitidee),而不只是某个事物领域众多法规范的堆栈。正因为逻辑上既称“域”,必以不止一个为前提,在公私法二分的想法出现以前,是无所谓法域的,大概也都要等社会发展到一定程度,才会想到公私法的二分。但经过19世纪激烈的劳工运动之后,在公私二元法律结构以外另有第三法域的思想已经萌芽,到了1919年德国的《魏玛宪法》跨出很大一步,宣示保障生存权原则、所有权负有义务原则、国家对劳动力保护原则等,立刻成为20世纪宪法的新典范,对包括中华民国在内的许多国家的宪法有直接的影响,接着劳工法、社会保险法、经济法等社会立法一一问世,这种以“社会”(Gesellschaft)为本位,逐步形成以社会权为核心建构的广义社会法已经普遍形成。在类似的社会基础上,不同的国家又各自裂解出了不尽相同的法域。

以此一意义的法域作为法教义学的工作范围,当然有非凡的意义。首先,法域的范围通常远超过法教义学产能所及,因此投入者还有很大的驰骋空间,去思考体系化未竟之处。其次,以法域为本进行的教义学,慢慢就可呼朋引伴成立学会组织,乃至经营专业期刊,再进一步还会反映在法学院的学程中,等到律师考试资格认可与司法人员的招募也根据法域划分来定考科,或为特定法域设计独立审判权时,更为这些法域提供了最强力的制度性保障,投入研究者或相濡以沫或激辩争锋。最后,当体系化的工作持之以恒,立法、司法和法教义学的结合越来越密切,使法域的理念和轮廓都达到相当清晰的程度时,法典化的时机就接近成熟了,也就是把法教义学上有高度共识的内在体系转化为外在的体例,全新地制定或整合数法成为法典。

作为社会系统一部分的法律系统永无终止的一天,即使得到法典加冠的法域,也不意味已经到达无余涅槃,从法典实施那天,就又开始了体系内部的律动,不触及指导理念变更的调整还只是一般的修改(revision),当社会又产生剧烈变动时,被特别法群实质缴械的解法典化(de-codification),或改变指导理念的再法典化(re-codification)都可能登场,也就代表了法域的解体或重组。因此,从现代社会需要开放动态法体系的观点来看法典,早期“大而全”的想法早就可以扬弃,法典之外保留若干特别法不但无碍于其法典的地位,反而更能彰显体系的弹性。这就是为什么我们会看到,法域的小王国也和地球上的国家一样,不断地分裂整合。

以法域而非单行法或法典作为教义学归户的“单位”,固然有其进步性——从多数法域尚未完成法典的加冠,也可肯定就体系化的议题设定与分工而言,这样自然形成的疆界是符合效率的——即使可能在研究态度或资源分配上会造成某种本位主义的偏执,问题也都还不大。若我们审视这些法域“之间”的新变化后,对于一成不变的以法域为界的教义学议程,以及本位主义造成的对这些变化的视而不见,虽然不是漠不关心,但仅仅只是在各法域间边缘的、即兴的、蜻蜓点水式的对话,显然还无法激发法学社群整体的问题意识,也就很难不让人担心。例如,登记制度,作为一个行政法跟民法交汇的制度,它会被稍微提一下,但是民法的内涵,本身的法教义学大概就不会去处理,所以只能算是一种边缘的、即兴的、蜻蜓点水式的对话。

法域接口的三不管因法域浮动而变得更复杂。以国家、社会二元论为基础的公私法二分也因为官民伙伴关系的建立而在许多时候不再是泾渭分明。这些变化固然反映在各国法域的浮动和法教义学的议程上,但教义学的客体始终还是钉住法域,而不及于法域间互动的接口,并且作为应变项的后者在法域内部发生典范转移时,出现的问题肯定会变得更复杂,从而对教义学的需求也会更高,包括不同指导理念间调和的方式、相关联的制度如何做更好的配套,乃至规范技术上有没有“书同文、车同轨”的空间等。

因此,不论从法教义学承担的稳定秩序还是从应变调适功能来看,因法域间互动介面未被纳入议程,对各法域体系化效益造成的减损,整个体系的运转因此出现的不必要的遗漏、重复或矛盾,都不免让人油然而生“为山九仞,功亏一篑”的感慨。其结果就是一向被认为在体系思考上殊胜的大陆法系国家,在碰到体系最关键之处时,反而因欠缺足够的问题意识而裹足不前。体系思考一旦上升到整个法域,好像就触及了自然天成的天花板,底下的摆设因为不断进行的大小调整而井井有条,但天花板后面的公共管线设施,却乱成一团、无人闻问,有问题才就个案做因陋就简的处理,而偏偏又没有先例拘束的原则,这恐怕才是当前法教义学普遍面临的危机。

《合同法》第52条与《民法总则》第153条明确,法律行为或者合同违反了强制性规定无效,这是一个每天都会碰到的问题。在一个高度公私交错的社会,国家的手是无所不在的,任何一个稍微重要一点的交易,交易的内容很多时候背后都有一定的公法的管制,甚至刑法的管制。什么时候你可以主张让这个合同或这个法律行为的哪一部分或全部无效,还是它仅是一个管理性规定,不会导致无效,这其实是一个非常严肃的问题。公法的管制跟私法的自治,在现在的混合经济体制里头是无时无刻存在的,可是我们的法教义学却并没有好好处理这个问题。台湾地区"民法典"第71条,就相当于现行《民法总则》第153条,基本上逐字逐句地移植了《德国民法典》第134条。虽然我们对当初立法的那些学者的智慧已经佩服得不得了,因为当时能够把一个这么复杂的法律处理到那样,非常不容易,可是他们在立法理由中举的例子就是错的,在说明什么叫作违反强制禁止规定时,他举的例子就是民法里头的一些强制规定,但民法里头的强制规定大部分只是一个"门槛规定"。比方说,男女结婚的年龄,对它的违反并不是《民法总则》第153条或者台湾地区"民法典"第71条所要禁止的。用德文来讲,强制禁止规定就是一种强制你、改变你行为的规定,而民法中的强制大部分没有改变你行为的意思。比方说,在多少岁结婚,如果没有达到法定年龄的话,国家不支持、不给你效力,它只是一个赋权的判断,而并没有禁止你,也不能因此处罚你。所以,真正要做的是把国家处罚的规定、国家禁止但不非难的规定、禁止并且强制非难的规定在民法中进一步地通过民事效力的排除、使之无效来协助公法所追求的公共政策的实现,希望不要在民法中发生相反的结果,从国家来讲就是一个明显的意志的冲突,国家公共意志跟私人自治的意志的冲突。

以杀人合同为例。比方说,我是“黑道”上的,我说我要让一个杀手帮我杀谁,然后他帮我杀了。最后很难想象到在被抓到了之后,这个被告也就是这个杀人犯,在刑事庭开庭时被追究杀人罪的责任,而在隔壁民事庭他可以作为原告,要求对方给付杀人合同的对价。然后刑事法院的法官判他有罪,可是民事法院法官说那个跟我无关,在我这里就是处理合同,就是要严守契约,这不太可能,大家都会一笑置之,而这个就是《合同法》第52条所适用的情况。

再举一个例子。德国有一个《营业打烊法》,要求商店晚上6点半关门。假如有一家超市在6点半没有关门而继续做生意,第二天,有一个消费者到这个超市里头来主张说:“我和超市之间的交易违反了《营业打烊法》,买卖合同是无效的,因此请你把价金还给我。”店员说:“很好,那你把东西还给我,不当得利返还。”他说:“不当得利已经不存在了,吃掉了,但钱还存在,请你把钱还给我。”由此引发的问题是,《营业打烊法》从它的立法目的、它的政策思考,以及它影响的程度等来说,只是要实施行政管制,也就是说,对于违反规定的这个店家,可能会有一些行政法上的后果,可是民法的层面上它没有要管的意思。所以,虽然同样都是强制禁止规定,但是最后你会觉得应该作不同的处理。

再举一个例子。前段时间,浙大章剑生老师构建了一个平台,让公法学者跟民法学者坐下来谈一些共同的问题。他那天谈的是“登记”制度,最后整理出来大概有五六种学说,对于民法,比方关于土地的不动产登记,它的本质到底是一个有私法效果的公法行为、合同还是单方行为,抑或私法行为或者事实行为?其实我们看到一些非常小的地方,公私法交错,但却没有一个法教义学的能力可及,所以我的感觉是“为山九仞,功亏一篑”,好像我们已经把教义学工作的课题放到最宽了,它不会把自己绑在一些单行法上,可是当形成一个大约的领域以后,却忽略掉在一个公私法交错的社会,很多的问题在那个领域之外,那后头很像是天花板后面的管线,非常混乱,但没有人去管。

这就是我说的结构性的漏洞,因为确实包括德国的法学界好像也没有意识到这样的法教义学的问题,因此我就有这么一个想法,我觉得也许大陆的同行,大家可以开始慢慢地去思考跨领域的关系。我认为,存在六种类型,即公私法之间的转介、假借;宪法和其他下位阶法律间的统合,同位阶法律间的耦合;有关法域形成的义和与应和。

四、转介——公法规范由公转私

第一个就是转介,转介就是刚提到的现行《民法总则》第 153 条这样的问题,但是它其实还可以再细分成两个面向——"强入"和"加入",也就是公法转到私法的两种方式。

一个国家和人民的关系,基本上是统治、管制的关系,把此种规范的规范力某种程度上延伸到私法关系里面,这个我们用"强入"的概念来理解。因为公法、私法虽然平行存在,但私法是不能对抗公法的强制性的,所以基本上是去承接公法的规范,当然,同时也不能忽略掉私法本身的一些必要性,也就是它作为一个市民社会,作为市场经济的规范,它有一些必须被尊重的地方。基本上这里的问题就是怎么样去调和二者,让公法适度地进入私法,而不致产生国家好像精神分裂一样的状况,像我刚讲的杀人合同的例子一样。但是另外一方面,国家的进入有一个界限,就像我们的《民法总则》的规定,就把它适当地摆在门外,让私法的机制不会被颠覆、被破坏掉,这里就是一个"强入"的问题。

在高度公私交错的社会,它还会有一个"加入"的问题。也就是说,国家在这种混合经济体制里,除了是一个监督者或者规范者以外,常常还是一个引导者,引导国家市场经济的发展,它有时候也是一个参加者,自己进入市场,有时候是一种伙伴关系。在这种国家加入私法的时候,也有很多的问题。我们所说的"转介"就是让公法的规范、内容的规范跟主客体的规范(主客体的规范大部分就是公法)"屈尊降贵",让它们加入私法行列,进入私法关系,而不行使它的公权力。

首先,公法可以通过一些管道进入,这些管道建在民法典里面。所以,虽然民法典看起来是一个纯粹的私法规范,但实际上它内建了一些管道让公法的影响力可以进来。这并非公是公、私是私,也就造成了一些规范上的矛盾,所以怎么样善用,怎么样正确地理解这些东西?在我国台湾地区"民法典"中,存在五个此种类型的规范：

1. 法律行为效力的控制(公法管制作为法律行为的界限)

台湾地区“民法典”第71条规定：法律行为，违反强制或禁止之规定者，无效。但其规定并不以之为无效者，不在此限。

2. 侵害行为究责的控制(公法管制作为事实行为的界限)

台湾地区“民法典”第184条规定：因故意或过失，不法侵害他人之权利者，负损害赔偿责任。故意以背于善良风俗之方法，加损害于他人者亦同。违反保护他人之法律，致生损害于他人者，负赔偿责任。但能证明其行为无过失者，不在此限。

3. 物权权能行使的控制(公法管制作为物权行使的界限)

台湾地区“民法典”第765条规定：所有人，于法令限制之范围内，得自由使用、收益、处分其所有物，并排除他人之干涉。

4. 无因管理请求的控制(公法管制作为利他行为的诱因)

台湾地区“民法典”第174条规定：管理人违反本人明示或可得推知之意思，而为事务之管理者，对于因其管理所生之损害，虽无过失，亦应负赔偿之责。前项之规定，如其管理系为本人尽公益上之义务，或为其履行法定扶养义务，或本人之意思违反公共秩序善良风俗者，不适用之。

5. 不当得利请求的控制(公法管制作为利益衡平的界限)

台湾地区“民法典”第180条规定：给付，有左列情形之一者，不得请求返还：(1)给付履行道德上之义务者。(2)债务人于未到期之债务因清偿而为给付者。(3)因清偿债务而为给付，于给付时明知无给付之义务者。(4)因不法之原因而为给付者。但不法之原因仅于受领人一方存在时，不在此限。

以物权法为例，它有一个暗藏的转介条款，也就是法定限制的所有权行使范围，所有权都是绝对不能置外于国家的管制的，国家源源不断地把一些公法规范输入到物权的世界里。还有，不当得利的转介条款对实务影响很大，台湾地区“民法典”第184条第4款中提到的“不法原因为给付的”，在实务上也引起很多讨论，公法上源源不绝地产生新的规范，可以通过此种方式去影响到民法上的一些法定之债,或者是意定之债。另外,台湾地区“民法典”第 71 条,也就是大陆《民法总则》的第 153 条,它是德国法的那种规范模式,违反无效,同时加了一个但书,规定“并不以之为无效的,不在此限”。这个看起来很简单的结构,实际非常复杂,因为但书是一个概括条款,授权了法官去创造一些效力,或者只是让它有效。

侵权行为违反保护他人的法律,这里暗藏的一个关键就是“保护”。德国就创造出四个保护的要件,它不是指所有违反法律的——比方违反医疗法,或者违反一个行政命令——造成的损害就是侵权责任,而是必须限制在保护那个人的范围,或者物的范围,或者什么的范围。德国法创造出的这四个限制,就是一个调和的机制,让转介条款一层一层地去过滤,有的就停在外头,有的就进来了。通过这样的理论建构,进来的就一定是比较合理的保护规范,不会过度,也不会不够。

表 1 转介条款调和自治与管制的方式(以台湾地区“民法典”相关条文为例)

	契约法(§71)	侵权法(§184Ⅱ)	物权法(§765)	无因管理法(§174Ⅱ)	不当得利法(§180N.4)
调和要件的表述	违反强制或禁止规定者,无效。但其规定并不以之为无效者,不在此限	违反保护他人之法律	于法令限制之范围内	管理系为本人尽公益上之义务	不法之原因仅于受领人一方存在时
转介与否及程度的决定因素	效力规定/取缔规定? 小于有效大于无效的效力	保护法律/一般法律	限权法令/管制法令	强行法令/训示法令	禁利法律/禁行法律

在越来越混合的经济体制下,转介不能只以行为规范为限,也就是公法的“强入”私法,事实上我们可以看到更多公法的“加入”私法,也就是在主体和客体上,原来公法的主体转身成为私法的主体,除了依私法正式取得私法主体地位,如公营事业以外,还可径以不行使公权力的方式,直接实施私法上的行为而统归私法所规范,《民法总则》第 2 条规定:“民法调整平等主体的自然人、法人

和非法人组织之间的人身关系和财产关系。”其实就是一个主体加入的转介条款,也就是当公权力主体平等对待私人(法人或自然人)而发生权利义务关系时,在该法律事实中公权力就有了私人的身份,国家实际上是直接“微服入市”,而并不一定要有特别规定。

公法的客体,也就是各种公物,和主体的加入一样,也有通过软性地加入去引导市场经济或其他社会制度发展的可能,有些情况则是通过入市来改善人事僵硬或资源呆滞的问题。

最近,我就在思考怎么样把“社会主义”和“市场经济”这两个宪法价值进行调和,它们都是宪法高度重视的。前者重视分配的价值,重视对于弱势农民的生活能力等的保护;而后者重视资源的效率,重视个人活动的自由、人格的发展。怎么去调和这两个价值,怎么在民法典里创造足够的工具,让它可以把这两个价值都放大?这里就很需要转介条款来把这个问题进行更清楚地处理。比方说,在所有权底下,建立一种可视化、可流转、最接近所有权的物权,在民法典中把它创造出来,再给权利主体一个处分自由,打破物权法定,土地资源就可以高度利用,地尽其力,同时也还维持着社会主义这样一个基本足迹。大陆《物权法》是公物权法的性格,而不是纯粹的私物权法,所以转介的界限是不清楚的。在德国、中国台湾地区,虽然我们公物比例一样是相当高的,在欧洲大陆很多国家,公有的土地和公有的资产也是非常高比例存在的,但是它没有这个问题,因为民法就只是处理已经私化的那部分的——让物权法把公物权法跟私物权法的界限给清楚地画出来,它就可以针对这些问题做更好地处理。

五、假借——私法规范技转公法

那私法怎么到公法?私法是和私人之间的关系相关的规范,而公法是为了实现国家对人民的统治,这两个很难想象倒过来,可实际上倒过来的一个方向就是技术的移转。

私法是走在公法前面的。虽然实现私人利益的私法规范不会需要实现公共利益的公法规范在构成要件上或法律效力上去配套或承接,但基于历史及事物本质的原因,概念规则最丰富而精确、体系化程度也最高的法领域还是民法,晚熟的公法在处理公权力与人民或公权力之间的关系时,除了单纯技术性规定,如期日、期间的直接准用外,基于行使、承担私法权利义务建构的法人组织,以及某些基于平等关系建构的规则,如法律行为、契约、侵权、不当得利、排除权利妨害、时效消灭,乃至基于私有财产建构的财产权法,即使在加入公权力因素后仍有比附适用的空间,这也就是民法典所谓模版功能的一种体现。

假借私法大体可分三种情形:一是法域中性的单纯移转,如期日、期间可以完全开放;二是公私法域本质对立者,如契约在国家与人民间的难以想象,本应一律排除;三是介于其间者,则应个别审视有无可做技转的部分,如法人组织,实体法上的侵权、不当得利、排除权利妨害、时效消灭。

但在现代国家治理进入高度公私混合的阶段以后,第二种类型应该可以改成原则上排除技转,例外仍许比附,行政契约就是典型。行政合同在早期是很难想象的,但是在现代,因为国家跟社会的二元化关系整个颠覆掉了,更多时候是公私交错的,甚至把很多的公权力委托、承包给私主体,或者是建立合作合伙关系,于是就出现了很多模糊地带,到底这里是私法关系还是公法关系?你可以看到行政协议、行政合同,就开始不能抗拒了,它必须存在,才能够解决很多问题。中国大陆《行政诉讼法》中肯定了对行政合同的审判权,刻意使用"协议"而规避"合同",从这个角度来看,应该是个高明的决定。

介于其间的像民法上发展出来的侵权制度、不当得利制度也会被用到公法中,国家也会侵权,国家的侵权就是国家赔偿制度。像台湾地区的"国家赔偿制度",整个就适用侵权的规定,甚至在审判权的分配上,到今天为止,仍旧觉得民事法官更适合来处理,虽然明明知道它是一个公法关系,但还是把政府赔偿案件交给民事审判权来处理。前述三类只是一个初步的分类,让我们在教义学的建构上有一个方向可循,什么时候比附是原则,或者直接适用?什么时候是参考准用?什么时候是原则上不能用?这些还是有很大的讨论空间的。

首先,公法也存在不当得利。在1997年,台湾地区的"最高行政法院"在讨论一个税法上的案例时就有用到。过去法律是有规定的,如果人民有少缴的税的话,最后补缴还要加上利息,这是写在法律里面的,可是没有规定相反的情况,即出现溢缴、多缴这种情况时,政府要返还,人民请求返还的话,要不要加利息?这种情况没有规定。所以,立刻就出现甲说、乙说,最后采取了乙说,即"行政法院1997年8月份庭长评事联席会议决议”主张,溢缴纳税义务人得请求加计利息返还,“按‘税捐稽征法’第28条关于纳税义务人因税捐稽征机关适用法令错误或计算错误而溢缴之税款,得自缴纳之日起5年内申请退还,逾期不得再行申请之规定,其性质为公法上不当得利返还请求权之特别时效规定,至请求返还之范围如何,该法未设明文,应属法律漏洞,而须于裁判时加以补充”。由此,肯定了政府在税收中也存在不当得利的可能。

然后,公法上也存在无因管理。这看起来被用到宪法里是很难想象的,但是在德国,如果对西德的建国、制宪行为有所了解的话,你就会发现一个很有意思的事情。最简单地讲,就是在1949年,德国其实已经消灭了,西德被三个国家占领,东德被一个国家占领。占领国还是交给当地,让他们自己去做一定程度的自治,让各邦选出议会来,结果这些议员想要摆脱占领,因为早晚都要重新建国的,所以他们就自己在慕尼黑的郊外聚会,通过了《德国基本法》,但是东德的代表并不在里头。西德的这些代表不希望建立国家以后,东德就永远进不来。因为是新的国家法人,并且国家的主权范围、人的范围要及于东德的人,土地范围要及于东德的土地,可是他们做不到这一点。在法理上,只好在前言里加了一句话,也就是在基本法的前言里,以“为无法参与的其他德国地区人民共同行使制宪力”一语带过,也算是勉强填补了基本法民主正当性的漏洞。

读宪法的人,大概很多人都读过卡尔·施密特的理论,他有一个“制宪力”的概念,其实是从法国的一位神学家开始的概念,说宪法的制定主体跟宪法的修改主体是不同的主体,制定需要制宪的力量,修宪是在已经建构的宪法秩序内部的意志的表达,是不一样的。但是制宪力到底是什么东西呢?卡尔·施密特提了四五种方案,基本上就要表达这个国家的被统治者要有某种程度的意志的形成,要么是公民投票,要么就是他们推选制宪代表,大概就是这些方式。但是在德国显然没有达到这样一个境界,因为东德的人没有参加,严格来讲,也没推选西德人作制宪代表,只是推选他们做地方的自治代表,是他们自己去做的。所以,在制宪大会上,德国人也很伤脑筋,后来就有一个人说我们是在无因管理。也就是说,我们尽可能地做符合他们利益的、也符合可推知的意思的事情。现在德国的宪法理论认为,真正的正当性还是建立在后面的实践上,也就是说,宪法的实践如果得到了民众的认同,就能把它的正当性补起来。这不就是无因管理中讲的承认吗?所以,其实人类思考是差不多的,这种民法建构的思考,在生活中建立的这样一个法理,在公法关系里有时候也可以适用。

六、统合——以宪法理顺法体系

宪法的解释大概有两个方式去实现统合:一个就是合宪性审查,即通过宪法去消除下位阶法律与之抵触的那一部分;另一个是比较积极的,就是通过解释的方法把宪法内涵的价值,投射到各个法律里,而不是去消极地排除违宪状态,虽然它可能也带有这样的一个功能,但实际上它是去解释宪法。这两个功能在20世纪可以讲是人类的法治秩序里一个重要的进步,尤其"二战"以后,开始有一个一个的宪法法院出来。宪法法院的主要功能是消极的功能。普通法院在宪法法院带领着有宪法意识抬头以后,也开始去在它的民法解释、行政法解释、刑法解释里,放入宪法的价值。

对法律作违宪审查时,合宪性解释(verfassungskonforme Gesetzesauslegung)是一种介于合宪和违宪间的中间型决定。在一般法院或其他有权解释机关单纯为适用法律而进行的法律解释中,同样也可以作合宪性解释,一如拉伦茨在其解释方法论权威教科书中,把这种解释和文义、历史、体系、目的等并列,看成一种独立的解释方法。

在台湾地区,"土地法"第12条颇为有趣。因为土地大部分是私有的,但私有土地并不是没有公有的可能性。比如,这个土地被河盖起来,根据"土地法",河流是属于公有的,河流不能私有,而台湾地区地势很特别,有些地在雨季会被雨水盖到,然后等到枯水期的时候,地又浮起来,那"土地法"怎么处理这个问题呢?它叫"浮覆地",浮出来的那个地就是由原来的所有人再取得。虽然中间这块土地的所有权已经变成公有的了,但盖了以后又浮出来,他就可以向地政机关登记,原始取得它的所有权。今年就出现了一个案子,浮覆地原来的所有人去世了,等到浮起来的时候只有继承人了。行政法院又有两种说法:一种说法认为条文里没有讲继承人可以取得,因为是原始取得,就是由原来所有人取得,它没有规定继承人取得,所以依法行政的话,不能这样给他所有权。另一种说法就是,为什么给原来的所有人?为什么不给张三,不给李四而要给原来的所有人？因为理论上该土地已经公有了，公有再分出去的话，应该有某种公平、正义的理念在里头，它背后的精神，还是"宪法"里讲的私有土地背后的那种精神，就是对财产权的尊重，所以原来的土地所有人所有是最接近的。从财产权保护的角度来讲，他好好用这个地，然后不幸被水淹掉，比如台风什么的，谁也没办法控制，但之后又浮出来了，所以由最愿意投资在那个土地上的人取得，比较合理。后来，行政法院在这个争议问题上，解释辩论了很久，这就是一个很好的例子，普通法院为了解释一个"土地法"的条文，最后把"宪法"的私有财产这样一个精神解释在这个条文里。

另一个同样叫合宪性解释，德文也是用这个概念，它处理的是完全不一样的问题，是那种消极的宪法统合。也就是说，宪法法院在面对这个法律要不要宣告它违宪的时候，往往陷入两难：如果宣告法律违宪，就有点打击过大的感觉，因为这个法律还是蛮有用的，虽然它确实有瑕疵；如果宣告合宪，又觉得有点太消极了，所以最好的方法就是做一个中间型的决定，确认部分违宪。可是有的情况也没有部分违宪，那么就可以选择进行合宪性解释。也就是说，这个法律它的操作可能有两种，甲说、乙说，它可以操作得很大，也可以操作得很小，只要把法律往消极的那个方向去操作，让它避开违宪即可。

不管是哪一种方法的合宪性解释，宪法都起到了一个作用，就是影响下位阶的法律，而且公法、私法均受它影响。另外就是宪法基本权的影响，这个特别是在私法关系中，基本权直接影响公法关系是没有问题的，因为它的本质就是一个公法关系，但私法关系应该跟基本权无关。虽然人民有言论自由，人民有宗教自由，人民有财产自由，但这些都是用来对抗国家的，而不是对抗某甲、对抗某乙的。例如，某甲出租人不让某乙设佛堂或者挂十字架，你不能主张某甲侵害某乙宗教自由，因为宪法规定的宗教自由是对抗国家的，不是对抗出租人的。德国就有这样一个案例，土耳其房客天天在放爱国歌曲，然后挂土耳其的国旗，房东真的是不堪其扰，后来就说要终止租约。终止租约有没有道理？法律条文里没有这个东西，或者就说勉强符合条文，他说这个土耳其房客侵害了他的爱国情怀或者信仰自由，诸如此类。像这样，在一定的情况下，基本权也会在民法里生效，会有一定的效力。

七、耦合——法域相互串联增力

水平的法律领域之间会有一种耦合的关系,这个东西在实体法之间或者诉讼法之间往往能找到。差不多是一年之前,我就在思考这个问题,我就想要了解怎么去把这个问题做好,然后解决。这必须邀请更多人参与其中,我当时邀请两岸的学者用远距教学的方式,大概一共请到10位劳动法专家、环保专家、竞争法专家来参与讨论。

我认为,在实体法和实体法之间,诉讼法和诉讼法之间,在规范面交错处难免存在手段、目的,前提、结果,多重选择或优先次序的关系,尤其考虑在管制与自治交互为用的现代社会中,法域间如何合理联结或串联,以追求最大综效,更有诸多值得观察整理的经验。

第一,要考虑行政不法跟刑事不法。一方面有其层升的面向,另一方面也有追求政策实现与法益保护的本质不同,因此需要思考如何妥适配套以避免罚不配行,两边漏接或一头牛扒两层皮的争议,最近台湾地区“刑事诉讼法”增订没收专章对其进行重新定位,就很能反映这样的思考。但是,我们怎么去界定两者的关系?是层次的关系,也就是轻微的罪,行政不法;到重罪,刑事不法,来避免重复吗?什么时候要重复?什么时候不要重复?光是针对这些问题,大法官的解释,可以找到接近十个,这里涉及的是一些需要法教义学去界定的问题。

第二,在近期,没收制度的争议也涉及一些很有趣的民法的问题。不法原因的不当得利属于排除不当得利债权的事由,比方赌债,你不能够去主张,因为赌博是违法的,国家不希望通过这样的方式,对一个实施违法行为的人,还让他可以去主张请求。可是这样就会让违法的另外一方占了便宜,那要怎么去处理这个问题?到后来去刑事法院,也会面对这样一个问题,原来的从刑里有一个没收,但从刑在教条上是跟着本刑来的。也就是说,处罚犯罪人的行为,除了徒刑或者是罚金以外,还可以没收犯罪的工具。但是现在越来越多的案件中,犯罪人的利益是旁落到非犯罪人手上的,像两岸都发生过很多的食品卫生的重大事件。由此出现了一个漏洞,因为刑法上他不是犯罪的主体,所以不能够没收,但他得利可能高达数亿元,他能逍遥法外,刑法却无可奈何。所以,最近台湾地区修改了“刑事诉讼法”,没收就变成不是刑罚,而用专章规定,它也不是原来从属于刑罚的一个惩罚、从刑,它就变成了一个专门的制度,让那个第三人,也就是非犯罪主体,不能因为犯罪而得利。这些过去我们没有办法想象的法律领域之间的关系,通过这种立法,然后通过法教义学的研究,慢慢存在了关联性。

第三,税法基本上是建立在各种有收入的行为或者经济行为之上的,国家立法使之变成税的基础,也就是“税基”,然后去合理地克除一些税款。可是对于这些经济行为、这些利益的发生,如果是纯粹建立在民法的要件里的话,有时候不符合税法本身的目的。税法里有一个“实质课税”原则,它要求追到税的源头,而不能被法律屏蔽起来。比如,在民法上、商法上需要建构的一些形式的门槛,它要穿破那样的面纱,这种在税法上有时候称为“经济考察解释法”,或者“实质课税”的原则。

第四,最能反映管制与自治辩证关系的法域耦合,莫过于因应公私协力而必须就同一行为分阶段或分别环节做不同处理者,台湾地区这几年在这方面的法制化虽不算超前,但也相当可观了。

八、义和——特别理念跨越公私

在法律形成的方面,我们强调法律领域有一个鲜明的指导概念,可是一个新的法域什么时候算形成了?这里需要在法教义学上把所谓指导理念很清楚地铺陈出来,所以你可以看到,并不是永远都能找到结论的。我举一个例子,在德国来讲,劳动法作为法域存在的共识度是很高的,可是经济法就不然了,在我读书的20世纪70年代,德国当时一位最重要的经济法学者,他办了一个研讨会,就专门讨论“什么是经济法”,他找了许多国家的经济法学者,来讨论这一个共同的概念,大家尝试建构一个经济法共同的指导理念,结果发现非常困难。以德国来讲,经济法的教科书,几乎一人一本,有的是以公法为主,有的是以私法为主,但在德国,经济法始终不是一个很确定的领域,它找不出来。当然,不是每个国家都是这样的,以中国大陆为例,从计划经济、宏观调控到现在这样的一个公私交错的阶段,经济法的存在似乎是比较清楚的,但这样的例子是少数,它需要一些讨论,达成一些共识。在德国,另一个领域,它是否独立存在,是否要法典化,也是有很多争议的就是社会法,但是基本上后来共识还是达成了,所以德国在战后才有了劳动法院。

还有劳动法,19 世纪欧洲因工业革命而生的劳工运动,促成社会主义政党的兴起,陆陆续续在许多国家都有保护劳工三权的立法,其内容有公权力介入者,也有借劳方对抗资方能力的建构而以劳资协议为主要规范者,形成介于公法与私法间的第三法域,从形式上看,部分为公法、部分为私法,但都是从劳资关系因劳工的生存依赖而不能与一般契约等同视之出发,统领这些公私规范的是保护劳工的指导理念,所以称之为劳工法,这就是典型的“义和”。

九、应和——实体法和程序法间的探戈

最后讲的应和关系,主要是实体法跟程序法的关系。实体法跟程序法,基本上在功能上是要相互配套,相辅相成的,这也有很多理论。像民法跟民事诉讼法的关系,在台湾地区也有许多的讨论,有的人认为它是独立的,有的人认为它是一种应和的联动,有蛮多不同的看法。但是我们也可以看到,它必然是有一定的联动关系,比如民法的请求权竞合理论与民事诉讼法新旧诉讼标的理论的联动关系。

随着行政法越来越复杂,规范原则也越来越复杂,行政诉讼法也会受到影响。早期的“行政诉讼法”,台湾地区基本上是移植奥地利的,内容比较简要,奥地利又受法国的影响,以撤销之诉为主要程序,还有就是行政处分。可是等到实践变得非常多样以后,这样的诉讼程序是不能满足需求的,结果它就会发展出一些很奇怪的诉讼法的教义学解释。简单地讲,就是把撤销之诉、行政处分的概念扩大,实际上来满足很多时候行政实体法所希望达到的程序的配合。但是到后来,在 20 世纪 90 年代,我们就把“行政诉讼法”做了一个大的调整,配合行政实体法的改变,把德国比较复杂的、多样的行政诉讼程序引进来,引进来了以后,原来的撤销之诉、行政处分的概念,就要打回原来的样子,把它作一个比较合理的调整。这个发展就像我说的跳探戈一样,实体法跟程序法要相互配合。

近年在台湾地区还可以看到某些领域呈现出的特殊对应，比如“知识产权法”与“反垄断法”在规范上的耦合，程序上交给专设的法院审理，并在审判权上跨越民、刑与行政以求更高的一致性与效率。家事事件同样考虑到其必须联结非讼与诉讼，乃至社会工作，因此也交给特设的家事法院审理。二者都以一部整合的“审理案件法”或“家庭事件法”取代原来的“诉讼法”“非讼法”。

应和也表现在两“法域”的指导原则上，同样以“民法”的“私法自治”与“民事诉讼法”的“当事人主义”，最为明显。“行政法”兼具的保护人民权利和实现公共利益的目的，也同样反映在程序法上，只是源于不同的历史，有的国家会保留客观程序的基调而实质上仍可为受到不利的人民提供该有的救济，如法国的行政诉讼法，有的国家则从行政救济的观点设计诉讼法，但在许多程序细节上仍为公共利益的落实做了足够的安排。

最后出现的“宪政司法”，其程序法展现的多样性又要如何理解？其实宪法的二元混合性格和行政法一样，但都倍之。也就是说，一边是客观的宪法秩序，另一边则是人民的基本权。因此，在程序法上，同样考虑各国条件而有高度客观的程序法，如以法律违宪审查为全部内容的意、法等国，也有规范违宪审查（抽象和具体）和主观基本权救济（裁判宪法诉愿）兼备的德西等国的宪法程序法，和行政诉讼法一样各自会有另一面向的特别安排。

美国学者帕克（Packer）曾对刑事诉讼法背后的意识形态做过精辟的分析，但细想即知其与实体刑法仍有一定的对应。大陆法系国家或地区的刑事诉讼法，绝大多数采职权进行主义。和刑法的目的从民刑不分时期的单纯报应演变为防卫社会，应有一定关系，《意大利刑事诉讼法》和我国台湾地区“刑事诉讼法”改以美国法为典范从职权主义调整为当事人主义，但为什么跌跌撞撞而未见重大绩效，或许也可以得到部分解释。美国的案例法传统不重体系与法域，其诉讼法都采当事人进行，自不可等量齐观。

十、由法学共同体共耕的公田

所以，在转介、假借、统合、耦合、义和、应和这六个界面，在法教义学的原则上，在个别的法域里面去做的体系化的努力，实际上往往忽略了法域之间的关系,因此需要去做一些教义学的这种努力,让整个体系可以更为顺畅。既知法域间关系的复杂多样,而且各个法域的许多重要问题,如果能从跨法域的观点再做一番思考,往往竟可豁然开朗。也正因为体系思考存在这么大的漏洞,原本可以期待的体系效益往往只能有限地落实,如果要使我们的法律体系面对不断变迁的社会仍可进退自如,就不能不建立更清楚的问题意识,而把这些法域接口也纳入体系化研究的标的范围中来。有如在部门工程以外,增设一个跨部门的系统工程部门,让看起来如一幅炫丽的马赛克的法律体系更有机顺畅地运作。

我们的法教义学产生了很多的僵硬或者不顺畅,往往不是因为教义学本身的固有缺陷,而是做得还不够——做到一个法域的边界就没有再往下走了。所以,我提出来一个相反的主张是我们不是要减少或者缓和法教义学,而是要更多的法教义学,让法教义更往前走,让我们可以建立一个更有回应能力的体系,来回应整个社会的变动。大概我们要的是一个开放、多元、有机的体系,它是需要我们在讨论法律制度的时候,更往前走,所以我就提出建立一个类似西周时代的井田制度的制度。

井田制度其实不是一个很成功的制度,原因是它让农民耕完私田去耕公田。大家都会知道,就像我们承包的经验,大家耕私田的时候特别努力,到了耕公田的时候就随便,这就是我们讲的公有地悲剧,这个一定会发生。可是当我们沿着教义学的方向去做,其实就是要处理大家共有的一些困难,刚刚我提到的那些例子,各位可以去回想,其实大家是有足够的动机、动能一起做,而且共同参与,它更容易解决,要建立这些平台。它不像西周井田制度,它只是做一个赋税的替代,那是比较困难的,有一些人性的弱点在。但是这个构想要怎么去制度化,不是一蹴而就的,所以,我建议,在这个新领域的耕耘,需要按以下步骤来进行:

1. 建立问题意识,各领域要开始盘点各种法域间问题;

2. 有心投入者以“吃第一只螃蟹”的勇气跨越法域的边界;

3. 代表性期刊和学会应给予关注并建立跨法域的论坛;

4. 改善法学教育课程使未来法律人有全观视野与能力。要为学生保留一个全观的视野跟基本的研究能力。

日本公法大师美浓部达吉在80多年前发表的《公法与私法》中就已经很深入地看到了几个跨法域的问题，译者黄冯明在卷头语中说："关于这问题的著述，像本书这么具体做系统性的研究的，不但于日本为创见，即在欧美诸先进国中，亦不多觏。译者遂译本书动机，是想给我国沉寂的法学界以一个轻微的刺激。"今天回头看，沉寂依然，美浓部达吉先生的期待到今天其实大部分还没有得到回应，我这样一个简单的报告，也只是希望大家能开始建立这样的一个问题意识。好，谢谢。

论文

编纂民法典合同编的体系化思考

田士永*

内容摘要：编纂民法典需要体系化。合同编需要体现民商合一的民法典编纂体例，以商事合同为原型的合同编体现了很强的历史惯性，但正当性说明不够。合同编在合同概念界定上采广义合同说，但合同编具体内容尚未与此一致。以合同编取代债编不符合编纂民法典的体系化要求，缺乏合同必要性原则影响到具体制度设计。合同编在民法典分则各编中的位置、合同编的内部结构以及典型合同设置需要优化。

关键词：民法典　合同编　体系化

编纂民法典工作正如火如荼，合同是民法重要内容，民法典中如何设置合同法律规范，涉及对合同法律规范的理解和体系化处理，除内在体系化外，外在体系化也是需要考虑的重要内容。实现体系化是立法机关对编纂民法典的要求之一，即所谓"体例科学、结构严谨、规范合理、内容协调一致"。第十三届全国人大常委会第七次会议已经审议了《中华人民共和国民法典合同编（草案二次审议稿）》（以下简称《合同编二审稿》），并将《合同编二审稿》在网络公布，民法典分编单设合同编几成定局，但合同编关涉颇多，体系化方面尚不能令人十分满意。本文旨在通过对编纂民法典合同编的体系化思考，为编纂民法典略尽绵薄。

* 中国政法大学教授，法学博士。

一、民商合一体系下合同编的内容

(一)民法典是民商合一的法典

清末法制改革以来,中国立法曾采民商分立,但民国时期民事立法确立了民商合一体系,在民法典涵盖民法和商法的同时,保留一定数量的商事单行法。[1] 1949 年后,中国多次尝试制定民法典。从《民法通则》第 2 条可以看出,中国以民法统一调整平等主体之间的财产关系,明确了民商合一的思路。《民法总则》第 2 条表明,中国将继续由民法统一调整平等主体之间的财产关系,这就表明编纂民法典会继续坚持民商合一的体系。当然,在民法典作为民商基本法的同时,还会继续保留一定的商事单行法。[2]

(二)民法典合同编中的民商合一

如果采民商合一立法体例,编纂民商合一的民法典,其中的合同编就应当具有浓厚的商事性,而《合同编二审稿》也正充分体现出了浓厚的商事性,这在某种程度上应该是由其形成过程所决定的。《合同编二审稿》是以《合同法》为基础经过修改补充相关规则形成的,而《合同法》又是在统一《经济合同法》《涉外经济合同法》《技术合同法》的基础上形成的。《经济合同法》《涉外经济合同法》《技术合同法》几乎都是关于典型的商事合同的规定。《经济合同法》中所谓"经济合同是法人之间为实现一定经济目的,明确相互权利义务关系的协议"(《经济合同法》第 2 条),一方面要求合同主体是法人这种商事主体,另一方面要求合同具有所谓"经济目的",而且,即使经济合同的主体是作为自然人的个人,也必须注意到"在订立合同时个人是生产经营者的身份"。[3] 《合同法》制定过程中多借鉴吸收《联合国国际货物买卖合同公约》《国际商事合同通则》等

---

〔1〕 清末变法以来民商合一的形成过程,参见聂卫锋:《中国民商立法体例历史考——从晚清到民国的立法政策与学说争论》,载《政法论坛》2014 年第 1 期。关于民国时期立法所采民商合一模式,参见胡长清:《中国民法总论》,第三章"新民法泛论"第三节"新民法与民商两法之合一",中国政法大学出版社 1997 年版,第 25 ~ 29 页。

〔2〕 王利明:《民法总则》,中国人民大学出版社 2017 年版,第 29 ~ 30 页。

〔3〕 徐杰主编:《经济合同法和技术合同法教程》,法律出版社 1991 年版,第 1 ~ 13 页,尤其参见第 5 页。

关于商事合同的国际公约和示范法,[1]也使得《合同法》很大程度上形成了以商事合同为原型对合同进行规制的特点。

立法例上,因民商分立与民商合一的不同,不同合同类型可能会分别受不同制定法规制。民商分立的立法例中,商法典专门规定典型商事行为。例如,《德国商法典》[2]规定的商行为除包括商事买卖、行纪营业、货运营业、运输代理营业、仓库营业等,还对海商进行了专门规定。民商合一的民法典规定的合同,则既有商事合同又有民事合同,其典型如《意大利民法典》《瑞士债法》。《合同编二审稿》规定了18种典型合同,其中有的合同类型是典型的民事合同,如赠与合同;有的合同类型则是典型的商事合同,如融资租赁合同、建设工程合同、保理合同、仓储合同、行纪合同;还有一些合同类型既可能是商事合同,又可能是民事合同,如买卖合同、租赁合同、借款合同、保证合同、合伙合同。如果采民商合一的体系,如何将"商事合同与民事合同融于统一的合同法",[3]就带来了合同编在体系化上首先需要解决的问题。

(三)以商事合同为规制原型的合同编

民商合一的民法典中的合同,以民事合同还是商事合同作为规制原型,这涉及其合同法规范的安排。例如,典型商事合同与典型民事合同的顺序如何排列?兼具民事和商事可能性的合同类型,其法律规范以民事合同为原型还是以商事合同为原型进行安排?哪些合同规范位置在先,哪些合同规范位置在后?当然,体系化可能还有其他诸多问题。

《合同编二审稿》很多规范显然是以商事合同为原型的。例如,关于借贷合

---

〔1〕《合同法(试拟稿)》的立法指导思想的第一项就是:"从中国改革开放和发展社会主义市场经济,建立全国统一的大市场及与国际接轨的实际出发,总结中国合同立法、司法实践经验和理论研究成果,广泛参考借鉴市场经济发达国家和地区立法的成功经验和判例学说,尽量采用反映现代市场经济客观规律的共同规则,并与国际公约和国际惯例协调一致。"参见全国人大常委会法制工作委员会民法室编:《〈中华人民共和国合同法〉及其重要草稿介绍》,法律出版社2000年版,第6页。根据顾昂然的介绍,《合同法》起草过程中注意到了三项原则:第一,以邓小平理论和党的基本路线为指导,制定一部统一的、较为完备的合同法;第二,在三部合同法的基础上补充完善;第三,从我国实际出发,充分借鉴国外合同法律的有益经验。参见全国人大法制工作委员会民法室:《〈中华人民共和国合同法〉立法资料选》,法律出版社1999年版,第34~37页,尤其参见第36~37页。

〔2〕《德国商法典》中译本参见《德国商法典》,杜景林、卢谌译,中国政法大学出版社2010年版。

〔3〕赵旭东:《民法典的编纂与商事立法》,载《中国法学》2016年第4期,尤其参见第47页。

同,传统法律分为消费借贷和使用借贷,而《合同编二审稿》中对于借贷合同则只规定了传统法律中属于消费借贷的借款合同,未涉及使用借贷,而后者显然是民事合同。《合同编二审稿》之所以既未规定使用借贷合同也未规定借贷合同的一般规定,而只是规定了消费借贷中最具商事性的“借款合同”,由其形成过程应该可以发现某些痕迹。《合同编二审稿》关于借贷合同只规定借款合同的模式来自《合同法》,而《合同法》之所以只规定借款合同,“主要考虑到金钱以外的借贷已非常少见,适用面不广”。〔1〕 至于《合同法》中的借款合同,却又非常重视商事借款,是以商事借款为原型的:先规定非自然人之间的借款合同,最后作为例外的自然人之间的借款合同则只有两个条文,而且借款合同是以有偿为原则、无偿为例外的。〔2〕 在民商分立的立法例中,民事借款以无偿为原则,商事借款则以有偿为原则。〔3〕 此外又如,关于承诺期限的规则,《合同编二审稿》第 272 条第 2 款规定:“要约没有确定承诺期限的,承诺应当依照下列规定到达:(一)要约以对话方式作出的,应当即时作出承诺,但是当事人另有约定的除外;(二)要约以非对话方式作出的,承诺应当在合理期限内到达。”在场的意思表示以即时承诺为原则,在民商分立的立法例中,这似乎是以商事合同为规制原型的规定。〔4〕 非对话意思表示情形下承诺未在合理期间内到达则要约失效,主要是因为“考虑到商事交易迅速性的必要”。〔5〕

---

〔1〕 全国人大常委会法制工作委员会民法室编:《〈中华人民共和国合同法〉及其重要草稿介绍》,法律出版社 2000 年版,第 111 页。《合同法》之所以规定借款合同,另一个理由显然是因为此前的《经济合同法》中规定了借款合同。

〔2〕 《合同编二审稿》第 457 条规定:“借款合同是借款人向贷款人借款,到期返还借款并支付利息的合同。”

〔3〕 例如,《日本民法典》第 589 条第 1 款规定:“如无特约,出借人不得对借用人请求利息。”《日本商法典》第 513 条第 1 款规定:“商人间进行消费借贷时,贷款人可以请求法定利息。”《日本民法典》中译本参见《日本民法典》,刘士国等译,中国法制出版社 2018 年版。《日本商法典》中译本参见刘成杰译注:《日本最新商法典译注》,柳经纬审校,中国政法大学出版社 2012 年版。

〔4〕 例如,《日本商法典》第 507 条规定:“商人间对话中发出的合同要约,若受要约人不立即承诺,则该要约失效。”《日本商法典》第 508 条规定:“(第 1 款)身处两地之商人间发出未规定承诺期间的合同要约的,若受要约人在适当期间内未作出承诺通知,则该要约失效。(第 2 款)民法第 523 条的规定,准用于前款规定的情形。”《日本商法典》中译本参见刘成杰译注:《日本最新商法典译注》,柳经纬审校,中国政法大学出版社 2012 年版。

〔5〕 [日]藤光男:《日本商法总则・商行为法》,梁爽译,法律出版社 2016 年版,第 88 页。

同时,《合同编二审稿》有些规范显然是以民事合同为原型的,这些规范适用于商事合同是否合适,需要深入思考和谨慎判断。例如,《合同编二审稿》第375条第2款规定了违约金的司法调整,它来自《合同法》第114条第2款,具体内容是:“约定的违约金低于造成的损失的,人民法院或者仲裁机构可以根据当事人的请求予以增加;约定的违约金过分高于造成的损失的,人民法院或者仲裁机构可以根据当事人的请求予以适当减少。”〔1〕立法例中有与之相近者,例如,我国台湾地区“民法”第252条规定:“约定之违约金额过高者,法院得减至相当之数额。”但是,在采民商分立的立法例中,有立法例明确规定法院可以调整民事合同的违约金数额,但不得调整商事合同违约金数额。〔2〕究其原因,恐怕在于商事合同更重视私人自治,而民事合同更加重视公平,商人自身保护能力更强,“特别是考虑到他们的交易和法律的经验。所以在此要避免对私法自治强加过分的限制”。〔3〕如果不加区分地以民事合同作为规范原型,对于商事主体而言,这种干预也许就有些过分了。

此外,《合同编二审稿》的有些规范,其适用对象究竟是民事合同还是商事合同,似乎并未区分,立法技术上显得较为粗糙。例如,《合同编二审稿》第288条至第290条关于格式条款的规定,并未区分商事性格式条款和消费性格式条款。这种处理模式继承了《合同法》第39条至第41条的区别,而早就有学者对此问题提出过批评意见。〔4〕对此,立法应当予以区分,以便使合同编相关规范

〔1〕《合同法》第114条第2款显然受到1985年《涉外经济合同法》第20条第2款的影响。1985年《涉外经济合同法》第20条第2款规定:“合同中约定的违约金,视为违反合同的损失赔偿。但是,约定的违约金过分高于或者低于违反合同所造成的损失的,当事人可以请求仲裁机构或者法院予以适当减少或者增加。”

〔2〕例如,《德国民法典》第343条规定:“(第1款)已发生失权的违约金数额过巨的,可以根据债务人的申请,以判决减至适当数额。在判决适当性时,必须斟酌债权人的一切正当利益而不拘束于财产利益。违约金支付后,不得减少其数额。(第2款)除第339条、第342条的情形外,某人就其实施或者不实施某一行为的情形约定违约金,亦同。”《德国商法典》第348条则规定:“一个商人在自己的商事营利事业的经营中所允诺的违约金,不得依照《德国民法典》第343条的规定减少。”《德国民法典》中译本,参见陈卫佐译注:《德国民法典》,法律出版社2015年版,第127页。

〔3〕[德]C. W. 卡纳里斯:《德国商法》,杨继译,法律出版社2006年版,第589页。姚明斌从平衡自治和公平的角度提出,违约金酌减应属于原则之例外,不能以不合理的限制甚至牺牲自治意思为代价。参见姚明斌:《违约金论》,中国法制出版社2018年版,第291~294页。

〔4〕苏号朋:《格式合同条款研究》,中国人民大学出版社2004年版,第148页以下。

的内容与民法典的体系相适应。

《合同编二审稿》在究竟以民事合同还是商事合同为原型设计合同法律规范的问题上,至今尚未形成统一的标准。由于立法的历史惯性,商事合同很大程度上成为了合同编的规制原型,这一点体现在很多法律条文上。如果编纂的是民商合一的民法典,考虑到立法机关要完成的任务是“加强市场法律制度建设,编纂民法典”,[1]以商事合同作为原型,以民事合同为例外进行规制,也许会更加符合这种要求。例如,关于保证合同中保证人是否享有先诉抗辩权的问题,《担保法》第 19 条[2]规定了保证方式连带责任推定,从而推定排除保证人的先诉抗辩权,这实际上是以商事保证为原型的思路。在民商分立的立法例中,有的商法典就明确规定商事保证排除先诉抗辩权。[3]《担保法》第 19 条推定连带的立法模式,虽然加重了保证人的责任,但应该比较符合商事交往的需要,不过,对于民事保证,这种处理也许并不妥当。《合同编二审稿》第 476 条第 2 款增加了“但是自然人之间的保证合同除外”,通过但书规定推定排除自然人之间保证人的先诉抗辩权,似乎是以商事合同为原型规定保证合同,同时又为民事合同的法律适用留下了合理空间。

当然,如果认为商法是作为特别私法而存在的话,[4]合同编以商事合同为原型而以民事合同为例外进行规制,是否会发生以特殊为一般的问题,对此需要认真对待。如何完善和发展相关理论以达成“加强市场法律制度建设,编纂民法典”的使命,也许值得立法者思考。至少,在合同编以外的民法典各编中,恐怕还应当以民事性内容为规制原型,如物权编。在婚姻家庭以及继承等编中,是否存在所谓商事性内容,还需要进行论证。如果合同编以商事合同为原

---

[1] 《中共中央关于全面推进依法治国若干重大问题的决定》,人民出版社 2014 年版,第 12 页。

[2] 《担保法》第 19 条规定:“当事人对保证方式没有约定或者约定不明确的,按照连带责任保证承担保证责任。”

[3] 《德国商法典》第 349 条规定:“保证对于保证人构成商行为的,保证人不享有先诉抗辩的权利。在所称的要件之下,对于因信用委托而作为保证人的负责任的人,适用相同的规定。”《日本商法典》第 511 条第 2 款规定:“(二)于有保证人情形,债务由主债务人的商行为产生时,或保证系商行为时,即使主债务人与保证人以不同的方式负担债务,其债务也由主债务人及保证人连带负责。”《日本商法典》中译本参见刘成杰译注:《日本最新商法典译注》,柳经纬审校,中国政法大学出版社 2012 年版。

[4] 王利明:《民法总则》,中国人民大学出版社 2017 年版,第 30 页。

型而其他编却不以商事性内容为规制原型,民法典体系是否可以认为通顺,也许需要民法学努力加以说明了。如果合同编不以商事合同为原型而以民事合同为原型进行规制,《合同编二审稿》的很多规范,也许就需要另行设计了。

二、民法典体系中的合同编

(一)合同概念的广义说和狭义说

关于合同的概念,理论上早就有广义说和狭义说等不同界定。[1] 编纂民法典过程中,《合同编二审稿》第255条第1款继承了《合同法》第2条第1款关于合同的定义,一方面以“民事主体”代替《合同法》第2条第1款中的“平等主体的自然人、法人、其他组织”;另一方面以“民事法律关系”代替“民事权利义务关系”,旨在符合《民法总则》第133条关于民事法律行为定义的表述方式,但其所指似乎没有变化。对于《合同法》第2条第1款合同概念的规定,有广义说和狭义说两种解释意见。广义说认为合同变动各种权利关系,而狭义说则认为合同仅变动债权债务关系。[2] 《合同编二审稿》第255条第1款的规定,其表述方式与《合同法》第2条第1款基本一致,似乎应当采取相同的解释。

与此同时,《合同编二审稿》第255条第2款规定:“婚姻、收养、监护等有关身份关系的协议,适用其他编和其他法律的规定;没有规定的,可以根据其性质参照适用本编规定。”它显然与《合同法》第2条第2款“婚姻、收养、监护等有关身份关系的协议,适用其他法律的规定”的行文方式有所不同。通过《合同编二审稿》第255条第2款调整合同的法律适用的行文方式,中国民法“已经不坚决排除非债权协议适用合同法规则”。[3] 既然有关身份关系的协议、财产法上的

---

〔1〕 [德]维尔纳·弗卢梅:《法律行为论》,迟颖译,法律出版社2013年版,第720~723页。

〔2〕 当然,对于变动的权利范围,尤其是是否包括身份权,意见也不尽一致。参见朱庆育:《民法总论》,北京大学出版社2016年版,第143~145页;韩世远:《合同法总论》,法律出版社2018年版,第2~6页;田士永:《论合同变动的民事权利义务关系》,载《华东政法大学学报》2017年第3期。

〔3〕 李永军:《论民法典“合同编”与“总则编”和“物权编”的体系关联》,载《华东政法大学学报》2019年第2期,尤其参见第7页。

其他类型合同,如物权合同也应类推适用合同编总则之规定,[1]那么可以认为,中国立法表现得越来越倾向于广义合同说了。

但是,广义合同说似乎并非立法机关工作人员的本意。《合同法》制定过程中,曾经将“债权债务关系”作为合同的变动对象,[2]1999 年 1 月召开的全国人大常委会第七次会议上,全国人大法律委员会建议把“债权债务关系”修改为“民事权利义务关系”。立法机关工作人员曾经指出:“这一修改不是实质性修改。不能说合同法草案规定合同是债权债务关系的协议,合同法的适用范围比较窄,修改为民事权利义务关系后适用范围就宽了,没有这个意思。全国人大法律委员会是鉴于对债权债务关系一词容易引起不同的理解,建议把债权债务关系修改为民事权利义务关系。”[3]可见,在立法机关工作人员的想象中,合同应该只是作为债的发生事由的合同,[4]合同法应该只是债法领域的合同法。当然,这观念只是一种想象而已,司法实践早已打破了这种想象。[5]《合同编二审稿》第 256 条第 2 款规定:“依法成立的合同,仅对当事人具有法律约束力,但是法律另有规定的除外。”它继承了《民法总则》第 119 条“依法成立的合同,

---

〔1〕 朱晓喆:《民法典合同编总则草案若干规定解读和建议》,载《法治研究》2018 年第 2 期,尤其参见第 55 ~ 56 页。

〔2〕 1995 年 1 月《合同法(试拟稿)》第 2 条、1997 年 5 月 14 日《合同法(征求意见稿)》第 2 条、1998 年 8 月 20 日《合同法(草案)》第 2 条中使用的都是“债权债务关系”的表述,《合同法》第 2 条第 1 款则表述为“民事权利义务关系”。关于《合同法》制定过程中的各草稿,参见全国人大常委会法制工作委员会民法室编:《〈中华人民共和国合同法〉及其重要草稿介绍》,法律出版社 2000 年版,第 18 页、第 113 页、第 173 页。

〔3〕 全国人大常委会法制工作委员会民法室编:《〈中华人民共和国合同法〉及其重要草稿介绍》,法律出版社 2000 年版,第 224 页。同时参见胡康生主编:《中华人民共和国合同法释义》,法律出版社 2013 年版,第 3 ~ 6 页。

〔4〕 《民法通则》第 84 条第 1 款规定:“债是按照合同的约定或者依照法律的规定,在当事人之间产生的特定的权利和义务关系。享有权利的人是债权人,负有义务的人是债务人。”《民法总则》第 188 条第 2 款规定:“债权是因合同、侵权行为、无因管理、不当得利以及法律的其他规定,权利人请求特定义务人为或者不为一定行为的权利。”合同只是作为债的发生事由而已。《民法通则》第 85 条规定:“合同是当事人之间设立、变更、终止民事关系的协议。依法成立的合同,受法律保护。”《民法通则》第 85 条位于“债权”一节之下。

〔5〕 在司法实践中,“合同法显然已将合同的外延拓展至民事权利义务关系,而不再限于《民法通则》规定的债权框架之中”。参见江必新、何东宁等:《最高人民法院指导性案例裁判规则理解与适用 · 合同卷一》,中国法制出版社 2012 年版,第 7 页。

对当事人具有法律约束力”的规定,而“仅对当事人具有法律约束力”似乎旨在强调合同之债的相对性。

(二)狭义合同说与中国编纂民法典

《合同编二审稿》虽然在第255条倾向于广义合同说,但就整部法律而言,仍然将合同限定于债法,从而坚持了狭义合同说。但是,狭义合同说并不是中国民法的传统。

中国编纂民法典,自清末变法就已经开始了。1929~1930年民国民法出现,成为中国历史上第一部民法典。从法典本身来看,民国民法的“契约”规定在第二编“债编”,“契约”被规定为债的发生事由。但是,这种立法处理的不妥之处很早就受到了学者批评。[1] 其后的民法理论中,通说也没有采狭义合同说,而是认为存在其他契约,尤其是物权契约。[2] 民国民法的规定被认为是“一种便宜的规定”,“不能谓其于债权契约外,排斥其他契约之观念”。[3] 2009年我国台湾地区“民法”修正时,增订了第758条第2项,[4]其立法理由中专门明确提及“物权行为”,[5]通过“立法”行为进一步说明了学者的批评是正确的。

---

〔1〕 例如,梅仲协曾经明确指出:“按契约不以债之关系为限,其关于物权者,有物权契约,关于亲属事件如婚约、结婚、收养等亦系契约。我们现行‘民法典’,既设有总则之规定,则关于契约上之通常原则,似宜订明于总则篇,方足贯穿全部,前后呼应。乃民法起草者只认契约为债之发生原因之一种,规定于债编通则中,编制稍欠斟酌。论者或谓此种编制,系师承瑞士债务法法典,未可厚非。殊不知瑞士民法,并不设总则篇,且于其第7条明定:债务法中关于契约之订立、效力及其消灭之普遍规定,于民法事件,亦适用之。具徵其体制与我不同。”参见梅仲协:《民法要义》,中国政法大学出版社2004年版,第121页。

〔2〕 胡长清:《中国民法总论》,中国政法大学出版社1997年版,第189~190页。

〔3〕 胡长清:《中国民法总论》,中国政法大学出版社1997年版,第188页。

〔4〕 我国台湾地区“民法”第758条规定:“(第1项)不动产物权,依法律行为而取得、设定、丧失及变更者,非经登记,不生效力。(第2项)前项行为,应以书面为之。”

〔5〕 2009年1月23日修正理由为:“不动产物权之得、丧、变更之物权行为,攸关当事人之权益至巨,为示慎重,并便于实务上作业,自应依当事人之书面为之,现行条文第七百六十条之‘书面’,究为债权行为,或为物权行为,适用上有不同见解,爰增订第二项,并将上述第七百六十条删除。又此所谓‘书面’,系指具备足以表示有取得、设定、丧失或变更某特定不动产物权之物权行为之书面而言。如为契约行为,须载明双方当事人合意之意思表示,如为单独行为,则仅须明示当事人一方之意思表示。至以不动产物权变动为目的之债权行为者,固亦宜以书面为之,以昭慎重;惟核其性质则以于债编中规定为宜,第一百六十六条之一第一项已明定:‘契约以负担不动产物权之移转、设定或变更之义务为标的者,应由公证人作成公证书。’并此叙明。”参见陈忠五主编:《新学林分科六法·民法》,台北,新学林出版股份有限公司2018年版,第C~3页。

1949 年年初,中共中央发布《关于废除国民党六法全书和确定解放区司法原则的指示》,明确提出“六法全书应该废除”。《中国人民政治协商会议共同纲领》第 17 条也明确规定:“废除国民党反动政府一切压迫人民的法律、法令和司法制度,制定保护人民的法律、法令,建立人民司法制度。”从此,中国的民法学说开始进入了新的发展阶段,狭义合同说在相关文献中初露端倪,并且逐渐发展成长。例如,1958 年中央政法干部学校民法教研室编著《中华人民共和国民法基本问题》,认为“合同是双方当事人根据法律规范的要求,希望发生、变更或者消灭民事法律关系的协议”。[1] 这里的行文并未将合同限定于债法领域,但就该书体系而言,其所谓的“民事法律关系”应该主要是指债的关系,其所谓合同应该仅仅指作为债的发生依据的合同,因为该书关于合同的一般内容位于第 13 章“合同的一般原理”,其前是第 12 章“债的一般原理”,其后是第14 章“买卖合同”等各种具体的债法合同。此后的民法教科书等民法文献中,虽然在法律行为分类中会介绍合同,但关于合同的具体内容,一般会放在债权部分的合同之债中进行具体介绍,[2] 随着狭义合同说传播日渐广泛,合同被认为是债的发生依据之一,甚至等同于意定之债的发生依据,[3] 也就成了理所当然之事。

当然,随着中国民法学的发展,广义合同说得到越来越多的认同,甚至被认为已经成为了通说。[4] 《合同编二审稿》第 255 条第 2 款承认身份合同可以适用合同编,正是广义合同说在立法中的体现,也可以算是民事立法吸收民法理论发展方面的与时俱进。但是,必须注意到,编纂民法典中合同规范的设置,还远未适应广义合同说的要求。

---

〔1〕 中央政法干部学校民法教研室:《中华人民共和国民法基本问题》,法律出版社 1958 年版,第 197 页。

〔2〕 例如,中国人民大学法律系民法教研室编:《中华人民共和国民法原理》(上册),中国人民大学出版社 1981 年版,第 56 页、第 147 页、第 168 页以下。法学教材编辑部《民法原理》编写组编:《民法原理》,法律出版社 1983 年版,第 78 页、第 188 页、第 243 页以下。

〔3〕 恐怕也正是因为合同之债某种程度上等同于意定之债,悬赏广告等单方行为才被认为是一种合同行为。

〔4〕 谢鸿飞:《合同法学的新发展》,中国社会科学出版社 2014 年版,第 77 ~ 78 页。

(三)广义合同说与合同法律规范的设置

狭义合同说认为合同只涉及债法,在编纂民法典中当然就会在债法框架下设置合同法律规范。在立法例上,不乏其代表,《法国民法典》《奥地利民法典》《日本民法典》等即是。广义合同说认为,合同涉及民法不同领域,而不仅仅只是债法。因此,关于合同的一般规定应当区别于债法合同的规定。依照体系化的思路,如果民法典规定总则编,关于合同的一般规定就应当规定在民法总则中。《德国民法典》就是这种思路,即在总则编规定合同的一般规范,分则各编分别规定相应的合同规范。当然,如果民法典不设总则编,则另当别论。如果仅从立法技术考虑,《瑞士民法典》第7条[1]关于债法合同规则适用于其他合同的规定,似乎可以看作《合同编二审稿》第255条第2款的参考范本了。

关于合同的一般规定,主要是合同成立、生效、解释等方面的内容。例如,《德国民法典》在第一编"总则"的第三章"法律行为"的第三节"合同"(第145条至第157条)对合同作出一般性规定,就该节内容而言,除第157条为合同的解释外,第145条至第156条均为关于合同成立、生效的内容。这些内容适用于所有的合同,从体系化的角度分析,当然应当规定在民法典总则编。至于债法、物法、亲属法和继承法中的合同所涉及的特殊问题,分别规定在分则的不同编章中。例如,关于不动产物权契约涉及的登记问题,《德国民法典》就专门规定于第三编"物法"的第二章"关于土地权利的一般规定"。《民法总则》制定时有建议提出,既然《民法总则》是民法典各个部分的"公因式",就应该有合同的一般内容,应当在法律行为部分专门规定双方法律行为,特别是合意的形成,并就此提出了具体建议;[2]并且对民法典各分编制定过程中关于合同编与总则编的体系关联问题提出了意见,认为既然《民法总则》已经规定了"法律行为"这一"公因式",就应该将涉及双方法律行为的"合意"放进去,这样处理"照理说是极其自然和符合逻辑的","符合体系化的方式应该是将'合意'的一般规则放在民法典'总则编''法律行为'中的双方法律行为部分规定,以作为'公因

---

〔1〕《瑞士民法典》第7条规定:"《瑞士债法》关于契约的成立、履行和终止的一般规定,亦适用于其他的民事法律关系。"参见《瑞士民法典》,戴永盛译,中国政法大学出版社2016年版。

〔2〕李永军主编:《中国民法典总则编草案建议稿及理由:中国政法大学版》,中国政法大学出版社2016年版,"对草案的说明(代序言)",第3页、第261~292页。

式'适用于所有协议或者与合意有关的民事与商事法律行为"。〔1〕 当然,在总则编与分则各编设置合同规范,需要注意哪些合同规范规定在总则编中。例如,德国债法现代化改革中,将一般交易条款的规定规定在第二编"债务关系法"的第二章"通过一般交易条款来形成法律行为上的债务关系"(第 305 条至第 310 条),因此就产生了该章规定究竟是否可以适用于民法其他领域的问题,以至于被认为是"体系性瑕疵"。〔2〕

关于合同的成立与生效,《合同编二审稿》规定于第二章、第三章,其内容基本继承了《合同法》第二章、第三章的内容,但删除了关于效力待定合同的规定,将规范让诸《民法总则》第六章。〔3〕 但应当注意的是,《合同法》规定的效力待定合同,包括限制行为能力人订立的效力待定合同(《合同法》第 47 条)、无权代理订立的效力待定合同(《合同法》第 48 条)和无权处分的效力待定合同(《合同法》第 51 条)。对于《合同法》规定的三类效力待定合同,《合同编二审稿》的处理不尽合理。关于无权代理订立的合同效力待定问题,《合同编二审稿》规定了无权代理合同的追认(《合同编二审稿》第 295 条),需要同时适用《民法总则》第 7 章第 171 条规定的无权代理实施的法律行为效力待定的规定。关于限制行为能力人订立合同的效力待定问题,可以适用《民法总则》第 6 章第 145 条的相应规定。关于无权处分合同的效力待定问题,《合同编二审稿》删除了《合同法》第 51 条的相应内容,而《民法总则》中也没有一般性规定。这样的话,民法典中将没有关于无权处分合同的效力一般性规定。当然,《合同编二审稿》对此还是有所考虑的。《合同编二审稿》第 387 条第 1 款增加规定:"因出卖人未取得处分权致使标的物所有权不能转移的,买受人可以解除合同并要求出卖人

〔1〕 李永军:《论民法典"合同编"与"总则编"和"物权编"的体系关联》,载《华东政法大学学报》2019 年第 2 期。

〔2〕 [德]马丁 · 约瑟夫 · 舍尔迈尔:《德国债法改革:进步还是退步》,田士永译,载《中德私法研究》(第 5 卷),北京大学出版社 2005 年版。当然,罗歇尔德斯对此问题则给出了肯定的答案,认为"不能从债法总则中的体系位置中推断出适用范围。位置只应说明,一般交易条款法的重点在于债权合同"。参见[德]迪尔克 · 罗歇尔德斯:《德国债法总论》,沈小军、张金海译,中国人民大学出版社 2014 年版,第 127 页。

〔3〕 《合同编二审稿》第 299 条之一规定:"本编对合同的效力没有规定的,适用总则编第六章的有关规定。"

承担违约责任。"[1]该规定以现有司法解释为基础,解决了出卖人没有处分权时买卖合同所涉及的债务不履行问题,"在我国当下的民法学术背景下这种权宜之策具有一定的合理性"。[2] 但必须看到,这种处理方式只解决了出卖他人之物所涉及的负担行为的问题,并未解决处分行为的效力问题。必须注意到,无权处分所涉及的不仅只是买卖合同履行问题,还涉及债权让与等诸多处分行为,而且善意取得也以无权处分为前提。《合同编二审稿》删除关于无权处分效力待定的一般规定,这样处理显然过于武断和草率了,而第387条第1款增加出卖人欠缺处分权的违约责任的规定又不能解决无权处分问题。如果认为第387条第1款就是无权处分的一般规定,显然就属于体系错位了。在《民法总则》中规定无权处分应该才是正道,回避负担行为与处分行为的区别恐怕只会制造更多问题。[3] 因此,如果采广义合同说,如何协调好合同编与《民法总则》之间的关系,[4]就会是一个重要问题。

如果民法典总则编有合同的一般规定,保留在合同编中的应该就只有与债法有关的规则了,这也正体现了合同编实际就定位于债法,合同编中的"合同"仅仅具有债权效力。[5] 只是由于特定原因,债法的一般规则只能屈居于合同编之下了。

三、债法体系中的合同编

(一)合同编取代债编的现行方案

编纂民法典分则中,立法机关以《合同法》为基础完成了《合同编二审稿》。

---

〔1〕《最高人民法院关于审理买卖合同纠纷案件适用法律问题的解释》(法释〔2012〕7号)第3条规定:"(第1款)当事人一方以出卖人在缔约时对标的物没有所有权或者处分权为由主张合同无效的,人民法院不予支持。(第2款)出卖人因未取得所有权或者处分权致使标的物所有权不能转移,买受人要求出卖人承担违约责任或者要求解除合同并主张损害赔偿的,人民法院应予支持。"

〔2〕朱晓喆:《民法典合同编总则草案若干规定解读和建议》,载《法治研究》2018年第5期。

〔3〕张谷:《民法典合同编若干问题漫谈》,载《法治研究》2019年第1期。

〔4〕王利明在研究中也提出了"应当协调好合同编与《民法总则》之间的关系",参见王利明:《民法分则合同编立法研究》,载《中国法学》2017年第2期。

〔5〕《合同编二审稿》第256条规定:"依法成立的合同,仅对当事人具有法律约束力,但是法律另有规定的除外。"

该编虽然名为“合同编”,但其内容却相当于立法例中所谓的债编。对此,立法机构制定民法典分编之初就曾专门指出,合同编的工作是“补充完善债法的一般规则。债法的一般规则是民法的重要内容,考虑到现行合同法总则已规定了大多数债的一般规则,这次编纂不再单设一编对此作出规定,为更好规范各类债权债务关系,草案在现行合同法的基础上,补充完善债法的一般规则”。[1] 较之于《合同法》,《合同编二审稿》增加了很多债的一般规则,如选择之债(《合同编二审稿》第 306 条至第 307 条)、多数人之债(《合同编二审稿》第 308 条至第 312 条)。因此,以合同编取代传统的债编,是中国编纂民法典的现行方案。

立法机关之所以选择以合同编取代债编的现行方案,与中华人民共和国成立后的民法法典化工作相关。中华人民共和国成立后,曾于 1954 年、1962 年、1979 年、2001 年先后 4 次启动民法制定工作,前两次由于各种原因而未能取得实际成果;后两次经认真研究,决定按照“成熟一个、通过一个”的工作思路,先分别制定民事单行法律,条件成熟时再编纂民法典。[2] 1981 年制定《经济合同法》,[3] 1985 年制定《涉外经济合同法》,1987 年制定《技术合同法》,1993 年修订《经济合同法》。由于已经制定了单行法,1986 年制定《民法通则》时,虽然规定了债权,但对合同并未详细规定。“因为合同问题已有许多单行法规,如《经济合同法》和其他一些单行条例对合同问题作了较详细的规定,所以,在《民法通则》中只是提到了在质量、期限、地点、价款这些方面不明确的,确定不了的应如何处理,做了一些规定。”[4] 1993 年《宪法》修改明确提出“国家实行社会主

---

〔1〕 2018 年 8 月 27 日下午第十三届全国人大常委会第五次会议第一次全体会议上,全国人大常委会法制工作委员会主任沈春耀所作“关于提请审议《民法典各分编(草案)》议案的说明”。在“关于《民法典各分编(草案)》的说明”中,对民法典各分编的内容进行了介绍,载中国人大网:http://www.npc.gov.cn/COBRS_LFYJNEW/user/UserIndex.jsp? ID = 10051883,最后访问日期:2018 年 9 月 6 日。

〔2〕 2017 年 3 月 8 日第十二届全国人民代表大会第五次会议上,全国人民代表大会常务委员会委员长张德江所作“全国人民代表大会常务委员会工作报告”,载中国人大网:http://www.npc.gov.cn/npc/xinwen/2017 - 03/15/content_2018935.htm,最后访问日期:2019 年 5 月 28 日。

〔3〕 1981 年 12 月 13 日第五届全国人民代表大会第四次会议通过,1993 年 9 月 2 日第八届全国人民代表大会常务委员会第三次会议修正。

〔4〕 顾昂然等:《中华人民共和国民法通则讲座》,中国法制出版社 2000 年版,第 191 页。

义市场经济”(《宪法》第 15 条第 1 款),而“根据发展社会主义市场经济的要求,需要制定统一的合同法”。[1] 1999 年 3 月 15 日,第九届全国人大常委会通过了《合同法》。如前所述,在制定《合同法》的过程中,立法机关一直强调合同涉及的是债权债务关系。因此可以认为,规定合同编而不规定债编,在某种程度上是中国立法的“路径依赖”。由此,似乎也就可以理解立法机关在确定哪些内容纳入民法典各分编时,所谓“内容具有稳定性,是经过实践证明切实有效、可以长期使用的惯常规则”。因此,立法机关的思路应该就是,既然《合同法》已经比较成熟,在此基础上经过修补完善取代债编,这也未尝不可。对于立法机关的态度,有的学者主张民法典编纂应当设置债法总则篇,但考虑到立法机关的立法计划是设合同编而不设债法总则编,因此需要在民法典合同编中规定传统债法总则的规则,从而使合同编发挥“准债法总则”的功能。[2] 但是,必须认识到,合同法独立成编并取代债编,并不符合编纂民法典的体系化要求。

(二)现行方案不符合体系化的要求

债的概念是经过长期历史发展逐渐抽象而形成的,[3] 近代民族国家法典化中,对于债法规范的具体处置并不一致。有的法典采法学阶梯体系,并未设单独的债编,如《奥地利民法典》和《法国民法典》;有的法典则采学说汇纂体系,设有单独的债编,如《德国民法典》《日本民法典》《意大利民法典》。瑞士则在民法典之外单独制定了统一的债法。[4]

中国自清末法制改革以来,编纂民法典过程中的草案均有债权相关规定,民国民法第二编设置了专门的债编。可见,民法典中规定债编,是中国近代法制改革以来形成的传统。1949 年后,中国废止旧法,开始新的法治建设。历次民法典编纂中,债权一直也是重要的民事权利。《民法通则》第五章“民事权利”的第二节“债权”对债权予以专门规定。作为编纂民法典的第一步,《民法总则》第五章“民事权利”中,债权依然是一种重要的民事权利(《民法总则》第

---

[1] 1998 年 8 月第九届全国人大常委会第四次会议上,全国人大常委会法制工作委员会主任胡康生所作“关于《中华人民共和国合同法(草案)》的说明”。

[2] 王利明:《民法分则合同编立法研究》,载《中国法学》2017 年第 2 期。

[3] [奥]马克斯·卡泽尔、[德]罗尔夫·克努特尔:《罗马私法》,田士永译,法律出版社 2018 年版,第 32 节“债的历史和本质”,第 331 ~ 339 页。

[4] [德]迪特尔·梅迪库斯:《德国债法总论》,杜景林、卢谌译,法律出版社 2004 年版,第 26 ~ 28 页。

118条至第122条)。《民法通则》和《民法总则》都规定了债权,并且明确了合同、侵权行为、无因管理和不当得利都是债的发生原因。[1] 在《民法通则》中,关于合同、无因管理、不当得利都规定在“债权”一节。《民法总则》第118条至第122条规定债权,第118条是一般规定,第119条规定合同,第120条规定侵权行为,第121条规定无因管理,第122条规定不当得利。可见,1949年之后形成的中华人民共和国民法传统中,合同、侵权行为、无因管理、不当得利是作为债的发生依据而存在的,合同、侵权行为、无因管理和不当得利相关法律规范共同构成了债权法律规范。如此处理体现了债的法律效果的相同性:债权是因合同、侵权行为、无因管理、不当得利以及法律的其他规定,权利人请求特定义务人为或者不为一定行为的权利。[2]

2002年12月第九届全国人大常委会第三十一次会议审议的民法典草案初稿共分九编1209条,第一编总则,第二编物权法,第三编合同法,第四编人格权法,第五编婚姻法,第六编收养法,第七编继承法,第八编侵权责任法,第九编涉外民事关系的法律适用法。制定过程中,争论的重要问题之一是债法总则要不要独立成编。关于什么是债、债权、债务、债的发生原因、债的效力等,这些债的最基本概念、原理,民法典应当规定,但如果搞债法总则,其内容有相当部分和合同法的一般规定重复,而立法机关又将合同法、侵权责任法等单独成编,已经基本解决了债的有关问题,因此没有把债法总则独立成编,而是把债的最基本规定,包括债的发生原因、债的效力,先写在《民法总则》的民事权利一章中。[3] 2018年8月27日第十三届全国人大常委会第五次会议审议的《民法典各分编(草案)》共六编1034条,顺序为物权编、合同编、人格权编、婚姻家庭编、继承编、侵权责任编。《民法典各分编(草案)》补充完善债法的一般规则。债法的一般规则是民法的重要内容,考虑到现行《合同法》总则已规定了大多数债的一般规则,这次编纂不再单设一编对此作出规定。为更好规范各类债权债务关系,草案在现行合同法的基础上,补充完善债法的一般规则:一是明确非合同之

---

〔1〕 详见《中华人民共和国民法通则(2009修正)》第84条、《中华人民共和国民法总则》第118条。

〔2〕 详见《中华人民共和国民法总则》第118条第2款。

〔3〕 王胜明:《法治国家的必由之路——编纂〈中华人民共和国民法(草案)〉的几个问题》,载《政法论坛》2003年第1期。

债的法律适用规则(草案第259条)。二是细化无因管理、不当得利之债的规则。在《民法总则》规定的基础上,草案进一步规定了无因管理、不当得利两种债的具体规则(草案第二十七章、第二十八章)。2018年12月23日第十三届全国人大常委会第七次会议审议了《民法典合同编(草案)》。[1] 由此可以预见,民法典分编将会以现行《合同法》为基础设置合同编,并以债法一般规则相补充完善而不再单独设立债编,以合同编取代债编。

但是,合同编取代债编的做法并不符合编纂民法典的要求。编纂民法典作为一项重要的立法活动,需要坚持依法立法的要求。对此,《立法法》第4条规定:"立法应当依照法定的权限和程序,从国家整体利益出发,维护社会主义法制的统一和尊严。"因此,编纂民法典分则各编也应当"维护社会主义法制的统一和尊严",其中包括民法典分则各编应当与《民法总则》等现行法相互一致。《民法总则》是我国现行有效的法律,也是编纂民法典工作"两步走"第一步取得的成绩,应该成为编纂民法典分则各编的基础和依据。《民法总则》第五章关于各种民事权利的规定,是编纂民法典分则各编的基本依据,[2]合同编代替债编并不符合《民法总则》第118条至第122条关于债权的规定。首先,《民法总则》第118条至第122条关于债权的规定构成了关于债权的基本规范整体,这就要求民法典分则应当独立设置相应的债编,以涵盖现已公布的民法典分编中的合同编、侵权责任编的内容。债权是对合同、无因管理、不当得利、侵权、侵权行为共同法律效果的抽象,规定完整的债编可以合理规定债权的一般规定,体系化规定各种具体的债权关系,这才符合科学立法的要求。民法典各分编单独规定合同编和侵权责任编而未规定统一的债编,将债权的一般规范规定在合同编之中,这就使得"合同编"名实不符了:名为"合同编",实际只规定了债权合同,其他合同规定于其他编中;名为"合同编",实际上大量规范却是各种原因而

---

[1] 2018年8月27日下午第十三届全国人大常委会第五次会议第一次全体会议上,全国人大常委会法制工作委员会主任沈春耀所作"关于提请审议《民法典各分编(草案)》议案的说明"。在"关于《民法典各分编(草案)》的说明"中,对民法典各分编的内容进行了介绍,载中国人大网:http://www.npc.gov.cn/npc/xinwen/2017-03/15/content_2018935.htm,最后访问日期:2018年9月6日。

[2] 柳经纬批评认为:"在法的体系上,物权、债权、亲属权、继承权、知识产权等基本类型的民事权利恰恰是民法典分则或民事特别法的核心内容,理应回归民法典分则或民事单行法。"参见柳经纬:《民法典编纂的碎片化问题》,载《北方法学》2019年第2期。

不仅仅是合同所发生的债权的一般规范。

统一的债编是清末法律改革以来中国民法的传统,无论是《大清民律(草案)》还是民国民法,无论是《民法通则》还是《民法总则》,中国民法都是以债权来统领合同、无因管理、不当得利和侵权行为的相关规范。《民法典各分编(草案)》不规定统一的债编,不符合中国立法传统,实际上是对新中国改革成果的背离。《合同编二审稿》继承了《合同法》,《合同法》则是统一三部合同法的产物,而这三部合同法恰恰又是制定民法典条件不成熟,需要"摸着石头过河"的特定历史时期制定的单行法,属于立法上"成熟一个、制定一个"的临时性权宜之计,是在没有债权一般规范的前提下制定单行合同法的产物,而不是编纂民法典的体系化立法要求下的法律。〔1〕 新时代有新背景,编纂民法典不同于制定单行法,必然要求体系化地考虑民法典的各组成部分。关于合同在民法典中的定位,《民法通则》《民法总则》已经提出了原则性要求。因此,单列合同编和侵权责任编而不编纂完整的债编,不符合编纂民法典中体系化立法的要求。

编纂民法典应当以现有法为基础,但这并不意味着现有法的编章结构不能改变。民法典分则各编体系设置存在问题,很大程度上是因为"民法典编纂仍然未能摆脱改革开放之初形成的单行法思路的影响,以至于过度依赖现行民事法律"。〔2〕 由于现行法中合同单行立法而独立存在,就认为编纂民法典中需要合同单独成编并且不再需要单独的债编,完全是一厢情愿地自我设限,明显属于作茧自缚、画地为牢。《合同编二审稿》选择在合同编增补债的一般规则而不是单设债编,宁愿让合同编名不副实,也不愿依照编纂民法典第一步所取得的前期成果——《民法总则》——的要求制定单独的债编,从而实现民法典编纂中总则与分则的体系化要求,其原因有可能是懒政,不愿意费心费力思考《民法总则》对编纂民法典分则各编的要求,也有可能是藏拙,避免显现出对编纂民法典的准备并不充分。当然,还可能有其他方面的原因。但是,立法机关已经明确

〔1〕 顾昂然在介绍民法制定的步骤时指出:"近几年,根据中央'零售'的方针,根据需要和可能,把已经成熟的部分,用单行法的形式制定出来,先后制定了一批单行法律:《婚姻法》《经济合同法》《涉外经济合同法》《专利法》《商标法》。"参见顾昂然等:《中华人民共和国民法通则讲座》,中国法制出版社 2000 年版,第 9 页。

〔2〕 柳经纬:《民法典编纂的碎片化问题》,载《北方法学》2019 年第 2 期。

表示,民法典各分编编纂工作需要对“民事法律规范进行全面系统地编订纂修”,“连同之前已出台的《民法总则》,最后形成一部完整的具有中国特色、体现时代特点、反映人民意愿的民法典”[1]。如果以合同编取代债编而编纂完成民法典分则各编,“连同之前已出台的《民法总则》”就会发现二者是不一致的:一方面,《民法总则》中置于债权之下的合同,在分则中成了统领债法总则的单独一编;另一方面,在《民法总则》中同样置于债权之下而且与合同密切相连的侵权责任,在分则中已经不在债权之下,甚至与合同编还间隔着人格权编、婚姻家庭编、继承编三编内容。如此的分则各编与《民法总则》连同起来,实在难谓“体例科学、结构严谨、规范合理、内容协调一致”。[2]

立法例上,《法国民法典》曾经将债编一般规定规定在合同之债中,“债法通则的规范隐匿在合同规范之中,难以区分一般规则与特殊规则”。这种立法模式最终成为了改革的对象,2015 年法国议会授权政府修法的法律明确要求将债法一般规则与合同法在形式上相互分离,2016 年的《债法改革法令》先后设置了“债之渊源”和“债之通则”两个单元,将债的一般性规定从合同法中移出并置于“债之通则”。[3] 如果考虑到《法国民法典》的经验或者教训,就会发现中国编纂民法典中以合同编取代债编的现行方案,肯定不是取法乎上了,而且与“大陆法系国家普遍将债法一般性规定从合同法中分离出来”[4]的普遍做法背道而驰。

(三)合同编与合同必要性原则

债的发生的依据既有法律行为,也有侵权行为、无因管理、不当得利等法律行为以外的其他法律事实。不同的债的发生依据,发展历史不同,所体现的正当性基础也不尽相同。基于法律行为变动权利关系,体现着私人自治,但就债权关系而言,最能体现私人自治原则的则是合同之债。立法例上,法国民法中的意定之债的规则以合同法规则为中心,即所谓合同中心主义。[5] 对于债权

---

[1] 全国人大常委会法制工作委员会《关于提请审议〈民法典各分编(草案)议案〉的说明》,2018 年 8 月 27 日。

[2] 全国人大常委会法制工作委员会《关于提请审议〈民法典各分编(草案)议案〉的说明》,2018 年 8 月 27 日。

[3] 李世刚:《法国新债法:债之渊源(准合同)》,人民日报出版社 2017 年版,第 32 页、第 48 ~ 51 页。

[4] 李世刚:《法国新债法:债之渊源(准合同)》,人民日报出版社 2017 年版,第 51 页。

[5] 李世刚:《法国新债法:债之渊源(准合同)》,人民日报出版社 2017 年版,第 43 页以下。

关系而言,合同具有特殊重要的意义,立法例上,债法存在所谓合同必要性原则,即《德国民法典》第 311 条第 1 款所规定的内容:“通过法律行为设立债的关系或者变更债的关系的内容的,必须有当事人之间的合同,除非法律另有规定。”[1] 其他立法例也有类似规定。[2] 合同必要性与私人自治原则相联系,体现着私人自治原则的要求。任何一个人都享有以自己的意思形成自己私人法律关系的自由,即私法领域应当实行自决而非他决。因此,以单方法律行为变动权利关系(如设立遗嘱)就已经符合私人自治的要求了。然而,债权关系至少涉及两方面的主体,即一项债权关系(至少)包括债权人和债务人两个人。如果债权关系可以基于单方意思表示而变动,那么,另一方当事人的利益即使没有其参与也可能受到调整,从而使得另一方当事人被置于他决而非自决的境地,这不符合私人自治的要求。因此,债的关系中,只有双方法律行为——合同——才符合双方当事人私人自治的原则,这是因为当事人双方在这种法律行为中必须成立合意。尽管就任何一方当事人均不能单独作出决定而论,要求成立合意这一要件限制了各方当事人实现其私人自治,但这种限制是承认他方当事人享有自决权的必然结果。法律对于某些债法规范的设计,正体现了合同必要性的要求。例如,在某些情形,甚至是可以期待另一方当事人同意的情形,如赠与,只有受赠人获得利益,但因为需要受赠人参与其权利关系的变动,因此法律仍将其规定为合同而非单方行为。[3]

民法典编纂中,设置不设债编而设合同编,似乎是重视合同,但合同编却没有规定合同必要性原则,不能不说是一种缺憾。当然,这种缺憾并非始自这次民法典编纂。《大清民律草案》第 513 条就曾规定了合同必要性的相关内容,但在此后的立法中该条内容并未成为民国民法的内容,还好民法理论中一直都有相关认识。[4] 在 1949 年之后的立法中,《经济合同法》《合同法》等既有法律中,也均未规定合同必要性,这对于法律的解释适用产生了一定的影响。例如,

---

〔1〕 [德]迪特尔 · 梅迪库斯:《德国债法总论》,杜景林、卢谌译,法律出版社 2004 年版,第 54 页。2002 年德国债法现代化之前的第 305 条。

〔2〕 《意大利民法典》第 1987 条规定:“在法律确认的情况以外,给付一方的允诺不产生约束力。”

〔3〕 [德]迪特尔 · 梅迪库斯:《德国债法总论》,杜景林、卢谌译,法律出版社 2004 年版,第 54 ~ 55 页;朱庆育:《民法总论》,北京大学出版社 2016 年版,第 145 ~ 147 页。

〔4〕 陈自强:《契约之成立与生效》,台北,元照出版有限公司 2014 年版,第 149 ~ 150 页。

《合同法》没有规定合同必要性原则,在解释《合同法》有关规定时,似乎不甚重视合同的重要性,关于免除的法律性质及其构成的解释就是例证。《合同法》第105条规定了免除,解释上有的认为免除是单方法律行为,[1]也有的认为将免除解释为合同较为妥当。[2] 立法例中,《法国民法典》等法律明确规定免除需要债权人和债务人之间达成合同。[3]《合同编二审稿》仍然没有规定合同必要性原则,但在免除问题上的规定则较《合同法》有所进步。对此,《合同编二审稿》第365条以《合同法》第105条为基础,没有要求免除需要有合同,但却增加了债务人表示拒绝则不能免除的但书规定:"债权人免除债务人部分或者全部债务的,债权债务部分或者全部终止,但是债务人在知道或者应当知道免除之日起合理期限内拒绝的除外。"[4]关于新增加的但书规定,可以解释认为,如果没有债务人相反意思表示,即推定债务人同意免除,从而与债权人的意思表示达成一致。如果这种解释成立,对于免除的法律性质和构成要件问题,《合同编二审稿》第365条实际已经采取了合同说的立场。当然,如果《合同编二审稿》能一般性地规定采用合同必要性原则,相关问题的处理应该会更加顺理成章。

四、民法典合同编自身的体系

(一)合同编在民法典分则体系中的位置

关于合同编在民法典分则各编体系中的位置,《民法典各分编(草案)》中各编的排列顺序是:第一编物权、第二编合同、第三编人格权、第四编婚姻家庭、

---

〔1〕 胡康生主编:《中华人民共和国合同法释义》,法律出版社2013年版,第196页;王利明:《合同法研究》(第2卷),中国人民大学出版社2015年版,第307页以下;韩世远:《合同法总论》,法律出版社2018年版,第730~731页;王洪亮:《债法总论》,法律出版社2016年版,第190页。

〔2〕 张谷:《论债务免除的性质》,载《法律科学》2003年第2期;朱广新:《合同法总则》(下册),中国人民大学出版社2018年版,第548~550页。

〔3〕 2016年修订后的《法国民法典》第1350条规定:"债务免除系债权人使债务人摆脱其债务的合同。"《德国民法典》第397条第1款规定:"债权人通过合同免除债务人的债务的,债务关系消灭。"《瑞士债法》第115条规定:"债权可以通过合意全部或者部分废止,依照法律规定或者当事人约定,债务的成立必须采用特定形式的,其废止合意仍可以不采用特定形式。"

〔4〕 相关立法例可以参见《意大利民法典》第1236条规定,即"债权人免除债务的意思表示的通知送达债务人时,发生债的消灭,但是被通知的债务人在适当期间内不愿接受该意思表示的,不在此限。"

第五编继承、第六编侵权责任。《合同编二审稿》的条文也是按照《民法典各分编(草案)》公布的顺序处理的。《民法典各分编(草案)》这种体系安排与现行法不一致,不符合《立法法》第 4 条关于依法立法的要求,与《民法总则》第 2 条以及第五章确立的民事权利体系不尽一致。《民法总则》第 2 条规定:"民法调整平等主体的自然人、法人和非法人组织之间的人身关系和财产关系。"关于人身关系和财产关系的表述顺序是人身关系在先、财产关系在后。这种先后顺序不同于《民法通则》第 2 条财产关系在先、人身关系在后的顺序。与此相应,《民法通则》第五章规定各项民事权利的先后顺序是:第一节财产所有权和与财产所有权有关的财产权、第二节债权、第三节知识产权、第四节人身权。《民法总则》第五章并未分节,但其具体内容的顺序是:人格保护、身份权、物权、债权、知识产权、继承权、股权和其他投资性权利、其他民事权利和利益,以及权利的取得、行使等。这种顺序与《民法总则》第 2 条人身关系在先、财产关系在后的顺序是一致的。《民法典各分编(草案)》对各项民事权利的排列顺序依次是物权、债权(主要是合同)、人格权、身份权(亲属家庭中的权利)、继承权、债权(侵权责任),这种排列顺序则与《民法总则》第 2 条以及第五章规定民事权利顺序明显不一致,很难认为它符合"维护社会主义法制的统一和尊严"的要求。

编纂民法典,必须有科学的理论进行指导。编纂民法典分则各编的基础理论是什么?统领民法典分则各编顺序的内在逻辑是什么?这些问题直接影响着编纂民法典分则各编的科学性问题,对于如何科学设置民法典分则各编的顺序也有影响。至少,《民法典各分编(草案)》各编的编排顺序与《民法总则》的规定不尽一致,难谓符合体系化立法的要求。从体系化的角度出发,依照《民法总则》的规定,民法典各分编的编排顺序也许应当是:第一编人格保护、第二编婚姻家庭、第三编债的关系、第四编物权、第五编继承。之所以将人格保护和婚姻家庭的内容放在债的关系之前,除与《民法总则》等现行法规定保持一致之外,是因为债权与身份权一样,都属于人对人关系,而物权则属于人对物关系,在身份编之后规定债权,可以将对人关系两部分联系起来。此外,之所以将物权置于债的关系之后,是因为物权适用物权法定原则,民事主体自治空间较小,而债的关系中自治空间较大,将债的关系规定在前,更能体现意思自治的民法属性要求,也较符合普通与特别的关系。[1] 从法律传统上看,自清末民初立法以来,中国民事立法原来都是将债权置于物权编之前,编纂民法典中将债的关系或者合同编放在物权编之前,在某种程度上也可以说是继承弘扬了近代以来形成的中华传统法律文化。

(二)合同编设置分编的问题

编纂民法典现行方案中设置合同编时是否设置分编,立法机关一直在进行探索。较之于《民法典各分编(草案)》征求意见稿中的合同编,《合同编二审稿》分为三个分编:第一分编"通则"、第二分编"典型合同"和第三分编"准合同"。在征求意见过程中,有建议认为,为便于法律适用,建议在合同编之下再设分编,这样也可以使"无因管理"和"不当得利"的法律规范内容与合同编名称相匹配。宪法和法律委员会经研究认为,合同编草案的内容比较多,包括合同的一般性规则和多种典型合同,其中"无因管理"和"不当得利"两部分内容,既与合同规则同属债法性质,又与合同规则有所区别。为便于理解和适用,有必要对草案的体例结构进行一定调整。据此,建议将合同编草案设置为三个分编,分别为第一分编"通则"、第二分编"典型合同"和第三分编"准合同"。第三分编"准合同"包括"无因管理"和"不当得利"两章。[2] 在民法典分则各编增设分编的立法技术,不仅仅用于合同编,还用于物权编,即将物权编草案分为五个分编:通则、所有权、用益物权、担保物权、占有等分则相关各编,这样似乎使得分则各编更有条理。问题在于,这样处理是否必要。《物权法》设分编并对各编作出一般规定这种"提取公因式"的立法技术,早在《物权法》制定过程中就受到了批评。[3]《合同编二审稿》设分编的理由似乎也不尽充分。

合同编为什么设分编?从宪法和法律委员会的说明来看,第一个理由是合同编规则多,既有合同的一般性规则,又有多种典型合同,第二个理由是解决"无因管理"和"不当得利"规定于合同编的问题。合同编规则较多是事实,但这不足以说明需要设置分编,各编条文多但不设分编的立法例也有很多。至于

---

〔1〕 苏永钦:《体系为纲,总分相宜——从民法典理论看大陆新制定的〈民法总则〉》,载《中国法律评论》2017 年第 3 期,尤其参见第 75 页。

〔2〕 全国人民代表大会宪法和法律委员会关于《民法典合同编(草案)》修改情况的汇报。

〔3〕 朱庆育:《物权立法与法律理论》,载《中外法学》2016 年第 1 期。

“无因管理”“不当得利”规定于合同编并设置“准合同”,则更不足取。“准合同”的概念源自罗马法,自从合同之债限定于(依照市民法提起诉讼的)债务合同,合同之债和私犯之债的两分法就不再能够涵盖所有的债,除合同之债和私犯之债外,与合同相似的债,归入到了准合同之债,与私犯相似的债,归入到了准私犯之债。这样就产生了合同之债、准合同之债、私犯之债和准私犯之债这种债务关系四分法。〔1〕 但是,加上“准”字之后,被加者就成为一个杂类,彼此性质颇异的东西被拢在一类中。准合同成为一种立法者掌握的调控手段,把彼此间没有合同关系的人视为他们间有合同关系,按这种关系调整他们间的权利义务。所以,“准”字除了具有“杂类”的含义外,还有“指鹿为马”的含义。〔2〕 立法例中,1804 年《法国民法典》接受了“准合同”的概念,专设一章“准合同”,分别规定无因管理和非债清偿。2016 年修订的《法国民法典》虽然仍然保留了“准合同”的概念(第 1300 条),但在相关法律规范单元的名称上却用了“其他债之渊源”而放弃了“准合同”的名称。〔3〕

与其在合同编增设分编以理顺合同编的内在关系,还不如直接将合同编改为债编,因为“合同编”本来就名不副实,虽然名为“合同编”,但其内容所涉及的大多不是合同本身,而是合同所生债权债务的问题。例如,《合同编二审稿》第四章“合同的履行”规定的是合同所生的债权债务的履行,第六章“合同的变更和转让”中“转让”所涉及的是债权和债务的转让,第七章“合同的权利义务终止”主要是合同所生债权债务的消灭,第八章“违约责任”主要是合同债务违反的内容。更有甚者,第五章标题虽然是“合同的保全”,但整章行文并未见“合同”二字,究其原因恐怕在于需要保全的并不是合同而是合同所产生的债权。将现有合同编的内容调整为债编,其中涵盖无因管理、不当得利等规定在内应该就是顺理成章的事情,而且,如此调整还符合了《民法总则》第五章“民事权

〔1〕 优士丁尼《法学阶梯》也是以债务关系四分法为基础的(Inst. 3,23,2;3,27;4,1—4;4,5)。Inst. 3,27 标题为“准合同之债”(*De obligationibus quasi ex contractus*),其中,Inst. 3,27,pr. 提及:“在列举了合同的种类后,也探讨确实不被严格地认为产生于合同,但由于其存在不是产生于私犯,被认为产生于准合同的债。”关于优士丁尼《法学阶梯》的内容,参见徐国栋:《优士丁尼〈法学阶梯〉评注》,北京大学出版社 2011 年版,第 451 页以下。

〔2〕 徐国栋:《优士丁尼〈法学阶梯〉评注》,北京大学出版社 2011 年版,第 451 页。

〔3〕 李世刚:《法国新债法:债之渊源(准合同)》,人民日报出版社 2017 年版,第 59 ~ 63 页。

利”的规定,更加符合依法立法的要求。

(三)民法典中典型合同的体系化

民法典应当规定哪些典型合同,规定这些典型合同的顺序如何,这些属于编纂民法典中典型合同的体系化问题。关于民法典应当规定哪些典型合同问题,立法例经验并不相同。就中国合同立法经验而言,1981 年《经济合同法》中规定了 10 种典型合同,具体是:购销合同、建设工程承包合同、加工承揽合同、货物运输合同、供用电合同、仓储保管合同、财产租赁合同、借款合同、财产保险合同和科技合作合同。1987 年《技术合同法》规定了 4 种典型合同:技术开发合同、技术转让合同、技术咨询合同和技术服务合同。1999 年《合同法》规定了 15 种典型合同,具体是:买卖合同,供用电、水、气、热力合同,赠与合同,借款合同,租赁合同,融资租赁合同,承揽合同,建设工程合同,运输合同,技术合同,保管合同,仓储合同,委托合同,行纪合同和居间合同。《民法典各分编(草案)》合同编规定了 18 种合同类型的典型合同,基本继承了《合同法》分则关于典型合同的规定,在“借款合同”章后增加了第十三章“保证合同”,在“委托合同”章后增加第二十三章“物业服务合同”,“居间合同”章改名为“中介合同”章,在其后增加第二十六章“合伙合同”。《合同编二审稿》也规定了 18 种典型合同,较之于《合同法》的规定,在“借款合同”章后增加了第十三章“保证合同”、在“融资租赁合同”章后增加第十六章“保理合同”、在“委托合同”章后增加第二十四章“物业服务合同”,“居间合同”章改名为“中介合同”章,在其后增加第二十章“合伙合同”。对于比较成熟的而且具有典型意义的合同,在民法典中应当尽量予以规定。诸如保证合同、合伙合同、物业服务合同等合同进入民法典,似乎质疑不大。考虑到我国保理业务发展迅猛、体量庞大,纠纷较多,亟须立法加以规范,而保理业务作为企业融资的一种手段,在权利义务设置、对外效力等方面具有典型性,对保理合同作出明确规定有利于促进保理业务的健康发展,缓解中小企业融资难、融资贵的问题,进而促进我国实体经济发展,因此,专门规定保理合同也有一定合理性。[1] 但是,民法典应当规定多少类型的典型合同,其实并无具体数量要求,但如果认为典型合同的数量多少是评价合同法质量的一项

[1] 全国人民代表大会宪法和法律委员会关于《民法典合同编(草案)》修改情况的汇报。

重要指标,〔1〕就需要考虑是否还有其他典型合同需要规定在民法典中。例如,《担保法》专门规定了定金合同,最高人民法院关于定金合同也形成了一系列司法解释,〔2〕是否需要作为一种典型合同对定金合同加以规定?《合同法》在违约责任中对定金进行规定,但除违约定金外,定金还可能是立约定金、成约定金或者解约定金,因此,《合同法》的处理似乎与定金的性质不相符合,《合同编二审稿》继承《合同法》的做法,也就不尽合理了。立法例上,《德国民法典》《意大利民法典》将定金和违约金规定于合同之债的一般规定中,所强调的似乎在于它们是与合同订立有关的强化合同的手段。〔3〕

除了需要考虑民法典中规定哪些典型合同类型外,还需要考虑如何编排这些合同类型。《合同法》关于各种合同的编排逻辑是首先规定财产转让合同,其次规定财产许可使用合同,最后规定提供劳务的合同。〔4〕 这种编排顺序有一定合理性,立法例基本如此,〔5〕编纂民法典中发生债的关系的各种典型合同的编排可以继续遵循这种逻辑。就《合同编二审稿》整体而言,基本继承了《合同法》分则的编排顺序,同时将新增的典型合同置于相应的位置,整体上具有一定合理性,但也有不尽合理之处。例如,《合同编二审稿》将保证合同规定在借款合同之后、租赁合同之前,这种位置安排就值得讨论。正如《合同编二审稿》第 471 条规定所表明的那样,保证合同"是为保障债权的实现",〔6〕而不仅仅是为借款合同提供担保,因此将保证合同置于借款合同之后,理由可能就不尽充分了。关于保证的规定在民法典中的位置,立法例有的侧重于在法律构成上"保

〔1〕 宁红丽:《我国典型合同理论与立法完善》,对外经济贸易大学出版社 2016 年版,第 5 ~7 页。

〔2〕 最高人民法院《关于适用〈中华人民共和国担保法〉若干问题的解释》第 115 ~122 条。

〔3〕 [德]罗歇尔德斯:《德国债法总论》,沈小军、张金海译,中国人民大学出版社 2014 年版,第 290 页。

〔4〕 全国人大常委会法制工作委员会民法室编:《〈中华人民共和国合同法〉及其重要草稿介绍》,法律出版社 2000 年版,第 166 ~167 页。

〔5〕 梅迪库斯按照所约定的给付的种类将《德国民法典》中发生债务关系的合同分为六类:永久性让与的合同、定期交付的合同、劳务或者工作给付的合同、协力债务关系、风险合同、债权确认或者流通合同。参见[德]迪特尔 · 梅迪库斯:《德国债法分论》,杜景林、卢谌译,法律出版社 2007 年版,第 5 ~10 页。

〔6〕《合同编二审稿》第 471 条规定:"保证合同是为保障债权的实现,当债务人不履行到期债务或者发生当事人约定的情形时,保证人履行债务或者承担责任的合同。"

证债务与连带债务均为多数当事人债务”而将其规定于多数人之债中,如《日本民法典》,[1]有的则侧重于保证属于对人的担保而将其规定于债权中,并且因侧重于保证的成立而将其规定在各种债的关系中,如《法国民法典》《德国民法典》《瑞士债法》《意大利民法典》。[2] 我国民国时期的立法也采取了后一种立法模式。《合同编二审稿》并无债的效力的专门规定,仅在第四章“合同的履行”第308条至第312条下规定多数人之债,在此情形下,债的一般规定中显然难以容纳保证合同的相关内容。如果保证合同只能规定在各种典型合同中,将保证合同的位置移到典型合同的最后或者比较靠后的位置,也许是一种可以考虑的选择。

此外,还有一些规范的体系安置,也需要考虑。例如,《合同编二审稿》第七章规定“合同的权利义务终止”,其中第347条第1款明确规定债权债务终止的七项事由,其中第一种事由即“债务已经按照约定履行”。但是,关于合同履行的规定,却并未规定于本章而是规定于第四章“合同的履行”。《合同编二审稿》第四章标题为“合同的履行”,但其中又增加了很多债权的一般性规定,而不仅仅涉及“合同的履行”。例如,第308条至第312条关于多数人之债的规定,有些就不属于“合同的履行”的问题。例如,第309条第2款规定,“连带债权或者连带债务,由法律规定或者当事人约定”。关于连带之债的发生的规范,体系上却规定于“合同的履行”之下,略显尴尬。立法例上,履行大多规定在“债的消灭”的标题下。如果将履行之外的其他债的消灭事由规定在一起,《意大利民法典》第四编第一章第四节的标题“不同于债务履行的导致债的消灭的其他形式”的表达要更准确一些。

五、结　论

民法典编纂中设置了专门的合同编,合同编表现出了较强的商事性。从体

〔1〕［日］我妻荣:《我妻荣民法讲义:Ⅳ新订债权总论》,王燚译,中国法制出版社2008年版,第397页;［日］于保不二雄:《日本民法债权总论》,庄胜荣校订,台北,五南图书出版公司1998年版,第238页。

〔2〕史尚宽:《债法各论》,中国政法大学出版社2000年版,第879页。

系化的角度出发,如果考虑到《民法总则》对民事权利的规定,分则应当规定独立的债编而不是以合同编取代债编。基于体系化的考虑,应当在《合同编二审稿》的基础上,进一步完善债法规则,合理设置债法一般规范。同时,《合同编二审稿》相关内容也应当置于民法典的适当位置,各种典型合同的编排顺序应当更加体系化。

不合意规则论*

王洪亮**

内容摘要：合同的成立以当事人之间的合意为前提，而合意是指当事人的意思达成一致。对于合意的判断，须从客观受领第三人之角度进行规范性解释。如果当事人对本质要素未达成合意，则不会构成可以裁判的合同，在逻辑上不符合合同的概念，构成逻辑上的不合意。对非本质要素未达成合意的情况下，有必要考虑当事人摆脱合同的消极自由，具体规定公开不合意与隐藏不合意规则，即解释性不合意规则。在公开不合意的情况下，原则上合同不成立，但有相反的行为或意思的情况下，推定合同成立；在隐藏不合意的情况下，合同也不成立，除非未约定之点对于当事人是否订立合同并不重要。中国法上没有规定解释性不合意规则，反而规定了修改要约的承诺之规则，承诺修改的是非实质要素的，合同即以承诺为内容成立，该规则并没有兼顾当事人双方的消极自由。在格式条款情况下，相互矛盾的条款均没有订入合同，须通过解释性不合意规则予以确定，如果确定合同可以成立后，则由任意法替代或通过补充解释。

关键词：合意　不合意　公开不合意　隐藏不合意　修改要约的承诺　格式之争

合同是否成立，是合同法的核心问题，更是容易为当事人所争执之问题，在法律上应当予以明确。首先，合同成立的前提要件为何，是否达成合意即可，而

---

* 本文系清华大学自主科研计划文科专项“国际法与国内法视野下电子商务法律问题研究”(2017THZWYY0)的阶段性成果。

** 清华大学法学院教授，法学博士。

且,如何判定是否达成合意。其次,合意不可能是毫无内容的合意,如果经过规范性解释,当事人对于某些要素没有达成合意,如何处理。而合同要素又可以进一步被区分为本质要素与非本质要素,如此该问题又可以进一步区分为两个问题,如果当事人对于本质要素未达成合意,其法律效果如何?反之,当事人对非本质要素未达成一致,法律效果又如何?最后,在承诺人故意更改承诺内容的情况下,如何处理,是否达成合意,合同是否因而成立。对于这些问题,本文拟一一论述。

一、通过规范性解释确定合意

(一)合意作为合同成立的前提

在学理上,合同被界定为两个或多个指向合同订立的意思表示之间的合致。而双方相互作出的意思表示一致或合一,即为合意。[1] 在立法上,很少有国家在法律上规定合同的成立以当事人的合意为构成前提。但国际协定中却有规定者,如《欧洲合同通则》第 2:101 条规定了合同订立的条件,一是当事人意图受法律约束,二是当事人达成了充分的合意(agreement)。《德国民法典》第一草案第 77 条也曾规定,订立合同须订立合同者相互表示其一致的意思。但德国法起草者最终认为,通过合同本身的学理界定,即可以推知合同的成立前提为合意,故此删除了该条。《中华人民共和国合同法》(以下简称《合同法》)第 2 条虽然对合同进行了定义,但落脚点是协议,这里的协议可以解释为合意,所以,可以认为我国《合同法》规定了合同订立以达成合意为构成前提。而且,从《合同法》第 13 条规定来看:当事人订立合同,采取要约、承诺方式。该条规范意旨并非在于规定订立合同一定要采取要约、承诺方式,而是在强调通过要约、承诺方式达成合意是合同订立的典型方式。[2] 另参考《合同法》第 30 条第 1 句,该条规定承诺的内容应当与要约的内容一致。所以,虽然《合同法》

---

〔1〕 崔建远:《合同法》,北京大学出版社 2012 年版,第 37 页;王利明:《合同法研究》(第 1 卷),中国人民大学出版社 2011 年版,第 211 页;韩世远:《合同法总论》,法律出版社 2012 年版,第 72 页。

〔2〕 除了要约与承诺方式外,还有对文本同意模式、网络上订约模式、拍卖以及招投标等模式。Leenen, *BGB Allgemeiner Teil: Rechtsgeschäftslehre*, 2011, S. 126 ff.

没有明确将合同界定在合意之上,但从体系上解释可以得出,合同的成立需要合同当事人双方意思表示一致,也即合意。

（二）受领人理解视角下的客观解释

合意是当事人双方意思表示一致的结果,但从达成一致的过程来看,意思表示是如何达成一致的呢?

在法律世界中,合意并非一个自然物理的过程,而是规范上的结果。当任何一方当事人作出一个意思表示时,该意思表示即进入规范世界,需要按照法律视角予以解释并最终确定。在意思表示解释上,不应拘泥于文字,应探究当事人的真意。但问题是,探求的对象是什么?是内心的意思,还是外在的表示?在合同情况下,如果探求当事人"内心意思",就会导致如下结果:缔约人虽然使用了同样的文字,但各自理解的意义不同,因此往往会达不成合意。这是任何法律秩序都不希望发生的结果,不仅会造成大量合同不成立的情况,而且会造成交易费用的浪费。[1] 因此,在解释意思表示时,探求的是外在表示的含义,合同的成立原则上不取决于双方"意思"的合致,而是"表示"的相互一致。[2]

英国法采取的是更为客观主义的解释规则,合同是否具有拘束力,关键在于相对人的客观理解。因为没有办法确定隐藏的当事人内在主观意思,依靠法官或其他类似占卜的意思,则会造成不安全性,并危及法律的可管理性。如果合同基于客观约定而初步有效,则会促进商业的确定性以及与此关联的商业迅捷。另外,意思理论下,如何确定因信赖意思表示的客观意思而遭受的损害是比较困难的,但如果受诺人知道合同(客观解释)将被撤销的情况下,确定该受诺人的财产地位如何,则比较容易。[3]

进一步来看,是谁理解的客观表示呢,或者是从什么角度确认客观表示的呢?我国《合同法》第125条以及《民法总则》第142条关于意思表示解释的规则并没有明确规定解释的视角。《国际商事合同通则》第4.1条第2款规定,合同应根据一个与各方当事人具有同等资格的、通情达理的人在处于相同情况下

---

〔1〕 韩世远:《合同法总论》,法律出版社2012年版,第696页。

〔2〕 崔建远:《合同法总论》(上卷),中国人民大学出版社2008年版,第173页;Diederichsen, *Der logische Dissens*, S. 82。

〔3〕 Markesinis/Unberath/Johnston, *The German Law of Contract*, 2006, p. 134.

时,对该合同应有的理解来解释。[1]

依照我国学说的观点,对于表意人之表示应根据"与合同无利害关系的理性第三人通常理解",[2] 在此作为根据的并非受领人对表示的实际理解,而是理智的人处于受领人地位时根据情况须理解的含义。[3] 司法实践中也认为,在目的解释上,并非只按一方当事人期待实现的合同目的进行解释,而应按照与合同无利害关系的理性第三人通常理解的当事人共同的合同目的进行解释。[4] 也就是说,表示既不是表意人实际所欲的,也不是具体受领人所理解的那样,而是一种规范上的表示意义。[5]

那么,如何确定受领人理解的层面(*Verständnishorizont des Empfängers*)呢?首先应将自身置于表示受领人的地位,并考量所有情况,但只是那些在表示到达时,对于他来讲是知道的或者可能知道的情况,[6] 即那些对受领人而言进行适当注意即可认知的可能性。例如,在超市为顾客无偿提供保管箱的情况下,到底是寄存还是借用合同,并不取决于超市内在的意思,而是客观受领第三人的视角如何理解其意思表示,在此,应将表示内容解释为无偿保管合同,而非借用合同。[7]

在合同模式下,要从熟悉情况的理性第三人的视角,确定当事人双方表示的客观意义是否一致。[8] 例如,在甲的橱窗中有两套西服,蓝色为 120 元,灰色的为 220 元。乙步入该商店,向店主说:"我想要橱窗中的蓝色西服。"店主为其找到合适的号码,乙试穿后决定购买蓝色西服,此时才发现价格标错了,蓝色西服的价格应为 220 元。根据对表示的理解理论,对于乙的要约内容,从客观第

---

[1] 对外交易经济合作部条约法律司编译:《国际商事合同通则》,法律出版社 1996 年版,第 74 页。

[2] 崔建远:《合同法》,北京大学出版社 2012 年版,第 412 页。

[3] HKK/Vogenauer, §§ 133,157,S. 585.

[4] "枣庄矿业(集团)有限公司柴里煤矿与华夏银行股份有限公司青岛分行、青岛保税区华东国际贸易有限公司联营合同纠纷案",《最高人民法院公报》2010 年第 6 期。

[5] HKK/Vogenauer, §§ 133,157,Rn. 35.

[6] Larenz,*Methodenlehre der Rechtswissenschaft*,6. Aufl. S. 299.

[7] 类似的问题,参见汤征宇、陈亚男:《车辆保管合同与场地租赁合同之辨》,载《人民司法案例》2011 年第 4 期。

[8] Kötz,*Europäisches Vertragsrecht*,2. Aufl. 2015,S. 221.

三人的角度解释，乙拟以120元价格购买西服。而在本案中，橱窗中的蓝色西服的价格被标错了，甲内心意思是220元，而不是像上述乙的要约那样是120元。但与上述解释视角一样，承诺合同的意思表示并不取决于表示人的内心意思，而是取决于客观第三人的视角。该承诺之意思表示是对乙发出的，所以要根据诚实信用原则，并综合考虑本案的具体情况，考察一般人站在乙的角度应如何理解。由于甲是从乙的要约出发的，乙的要约内容为120元购买蓝色西服，甲对其进行承诺，所以，从客观受领第三人角度来看，承诺内容包含着的价款，即为橱窗中的标价，也即120元。也就是说，甲对乙的要约不加更改地进行了承诺。买卖蓝色西服的合同成立了，价款为120元。从结果上看，根据第三人角度解释客观表示，一方当事人的内心意思与外在表示可能是不一致的，比如上述案例中，价款120元的表示与买受人的内心意思一致，但与出卖人的内心意思是不一致的。如果强调内心意思，只能说，这里实现的只不过是一半的自治，即仅实现一方的意思。[1]

在客观受领第三人视角下的客观解释，即使内在或自然的合意未达成，也可能达成规范的合意。任何一方内心意思与外在表示不一致的，只能基于错误予以撤销。[2] 如美国人与加拿大人在澳大利亚订立买卖合同，约定价款是1000“dollar”，则依据客观受领第三人视角予以规范解释，这里的“dollar”应是澳大利亚“dollar”，要约与承诺合致，合同成立，但规范的意思可能与当事人双方的意思都不符合，此时，当事人双方都享有基于错误撤销的权利。

鉴于上述，有学者提出，自合理第三人理解标准解释合同，常常会出现非表示人所愿或者非受领人所愿的结果，违背了当事人的真实意思。[3] 但在实际上，从客观第三人视角理解合同，并不意味着自决的意思完全没有了意义，在探求该真意时，并不能完全脱离表示人的设想。[4] 而且，在当事人的内心意思与外在表示发生分歧时，可以通过错误等规则予以撤销，最终实现自己的意思。

---

〔1〕 Leenen, *BGB Allgemeiner Teil: Rechtsgeschäftslehre*, 2011, § 5, Rn. 41. S. 64.

〔2〕 Diederichsen, *Der logische Dissens*, S. 83.

〔3〕 李永军：《论合同解释对当事人自治否定的正当性与矫正性制度安排》，载《当代法学》2004年第2期。

〔4〕 Larenz/Wolf, AT, § 28, Rn. 13.

那么,为什么要从受领人角度理解意思表示呢?首先,意思表示所产生的效果侵入到受领人的权利范围,受领人因而须为此而做准备工作,所以,只能按照其如何理解的含义对自己产生影响。其次,表示人可以控制其使用的表达方式以及表达形式。所以,表意人应当对受领人所理解的客观表示含义负责。法律秩序保护表示受领人信赖,使表示在他根据情况应该并且能够理解的含义上发生效力。〔1〕表示主义的基础并不是受领人主观的甚或不理智的理解,而是对表示通常含义的有权信赖,所以又被称为信赖理论。〔2〕个人自治工具的意思表示并不存在于社会真空中。通过表示主义乃至效力主义解释观,自自由主义立场上的合同理论转化为人之行为的社会结果视角。〔3〕

(三)可归因性

与规范性表示含义紧密关联的是解释结果的可归因性,即所探究的表示含义是否可以归因于参与人。〔4〕如果受领人不知道、也不应知道表示人不同的真意,而且其得认为自己的理解是正确的,则意思表示具有受领人理解的含义。在此,要考察受领人是否尽到可期待的努力去探求表意人通过所使用的文句所表达的意思,而且,在此受领人不会或不必对表示人真意感到异常。例如,受领人知道或应当知道表意人真意,则在真意与表示不一致的情况下,有询问表意人的义务。

如果相对人知悉或通过可期待的谨慎即可知悉表意人真意,此时,并无可保护的相对人之信赖,可以通过解释确定当事人之间的实际意思的合致,那么当事人之间即达成事实上的合意。〔5〕纵然当事人用语有所不当或者错误,只要意思受领人对表示的理解同表意人所表达的内容相符合,则仍然以表意人的意思表示为准。例如,甲出卖黑板,价格为 190 元,错打为 109 元,如果乙知道甲的意思是 190 元,则合同以 190 元的价格为内容成立。甲所意欲的,既可能是乙从甲的表示中可推断的,也可能是乙知道甲的内心意思。

---

〔1〕 Larenz/Wolf, AT, 28, Rn. 6.

〔2〕 HKK/Vogenauer, §§ 133, 157, S. 586.

〔3〕 Zimmerman, *The Law of the Obligation: Roman Foundations of the Civilian Tradition*, 1996, pp. 621 – 650.

〔4〕 Larenz/Wolf, AT, § 18, Rn. 19.

〔5〕 朱庆育:《民法总论》,北京大学出版社 2016 年版,第 268 页。

在判断当事人是否达成合意的情况下，应当先行通过规范性解释予以确定，如果从客观受领人角度考察当事人意思表示，发现在当事人没有就某些合同要素达成意思合致时，会形成所谓的不合意。而针对不合意涉及的是否为必要要素，在法律上会有不同的处理，在构成与法律效果上也会有所不同。

二、不 合 意

所谓不合意，就是当事人之间的意思没有达成合致。按照意思自治的模式，合同双方当事人的意思表示应就所有合同条款均得达成合意。在概念上，可以区分两种类型的不合意。第一种是当事人对合同的本质要素（或必要之点）没有达成合意，从合同概念就可以得出，缺少本质要素，合同就不成立。[1] 基于这一逻辑，这种类型的不合意，也被称为逻辑上的不合意。第二种是当事人主要对合同的非本质要素没有达成合意的情况，根据解释规则确定当事人没有达成合意，所以，也被称为解释上的不合意。[2]

（一）逻辑上不合意

在当事人没有就特定合同类型的本质要素（重要因素）达成一致，在逻辑上，就没有订立合同，此时，并无适用实体解释规则或者程序解释规则的余地。

有疑问的是，何为合同的本质要素？从制度目的角度来看，本质要素（essentialia negotii）是每种合同类型的主要成分，是通过任意法规定的自然因素（naturalia negotii），如买卖合同中的当事人、标的、价款。[3] 如果当事人想变更或者补充合同类型的自然构成，那么就要另行规定合同因素，这些因素被称为非本质要素（accidentialia negotii）。

对于本质要素，《合同法》上并没有予以规定，但最高人民法院《关于适用〈中华人民共和国合同法〉若干问题的解释（二）》（以下简称《合同法解释二》）第1条第1款予以补充规定。根据该条，当事人对合同是否成立存在争议，人

---

〔1〕 Mugdan, 1899 (neudruck 1979), S. 623; Flume, *Allg. Teil II*, 4. Aufl. 1992, § 34 6 b. Diederichsen, *Der logische Dissens*, S. 81.

〔2〕 Diederichsen, *Der logische Dissens*, S. 81.

〔3〕 Diederichsen, *Der logische Dissens*, S. 90.

民法院能够确定当事人名称或者姓名、标的和数量的,一般应当认定合同成立。这里提到的要素,原则上都是本质要素。当事人对于本质要素存在公开的不合意或隐藏的不合意的,法律效果都是不构成法律行为,并没有解释的空间。

进一步的问题是,在当事人没有就本质要素达成合意的情况下,为什么合同不成立。主要的原因在于当事人若就本质要素没有达成合意,那么其真实的意思就是合同尚未成立,并不具有拘束力。而且,在诉讼情况下,法官只有在现存合同规则的帮助下,才能够借助任意法或者通过补充解释约定中的漏洞。如果在任何本质要素上都是不能实现的义务,那么就构不成法律意义上的义务,也就不会存在合同。[1]

对于非典型合同,任意法上没有规定其概念上的本质要素。所以,就不存在逻辑上不合意的问题,只能通过解释决定就合同部分达成合意,是否具有拘束力。

(二)解释上的不合意

即使当事人对于非本质要素没有达成合意,合同也应该是没有成立的。否则,合同就成为了一方强加另一方的工具。但如此又会产生一方当事人利用就合同未达成合意,而在事后情况变化时,主张合同不成立之问题,故此,有必要在法律上规定相应的解释规则。

《瑞士债法》第2条第1款即规定:当事人间就合同全部实质性条款达成合意,非实质性条款尚未确定的,应当认为合同具有拘束力。该规定过于严格,没有考虑当事人的意思状态,以法律推定的意思完全替代当事人的合意,绝对地认定合同成立,并不具有正当性。

在德国法上,在进行合同漏洞补充之前,还须考察当事人是否愿意合同成立。在技术上,不是从正面再要求当事人协商确认,而是从反面看,是否出现了公开不合意与隐藏不合意,通过解释规则,尊重当事人的消极自由。基于这两种规则的解释本质特征,故其又被称为解释之不合意。

按照《合同法解释二》第1条第2款,对合同欠缺当事人名称、标的与数量以外的其他内容,当事人达不成协议的,人民法院依照《合同法》第61条、第62

〔1〕 Jung, *Die Einigung über die essentialia negotii als Voraussetzung für das Zustandekommen eines Vertrages*, Jus 1999, S. 29.

条、第125条等有关规定予以确定。也就是说,在双方当事人对于非本质要素未达成一致的情况下,当事人可以协议补充。协议补充不成时,根据合同条款以及交易习惯连同第125条规定的解释要素,进行漏洞补充解释。如果补充解释仍不能确定合同内容,那么就可以根据第62条实体解释规则予以确定。整体来看,在合同存有漏洞的情况下,法官的补充解释工作比较重。不仅补充解释规则优先于实体解释规则,而且,在此也缺少判断不合意是否会影响合同成立的判断规则。

如果合同通过当事人的意思决定而产生,那么问题是,在意思一致存在瑕疵的情况下,法律效果如何。从客观受领第三人视角进行解释,如果涉及的是表示与意思不一致,那么此时涉及的是意思表示错误这个问题。但如果当事人有意识地不对所有对一方很重要的要点达成一致,那么有疑问时,合同不成立,此即所谓的公开不合意。如果当事人一方或双方错误地认为,对于所有要点均已经达成一致,则存在隐藏不一致,如果可以推定当事人共同意图是即使存在未达成一致的内容合同也成立,那么以当事人的意图为准。[1]

在这里,不仅涉及对当事人意思的尊重,还涉及法院解释工作的压力。如果规定有不合意规则,则会大大减少法院的补充解释工作。

三、公开不合意

(一)公开不合意的界定

公开不合意是指当事人对合同的内容没有完全达成合意、而且是明知存在合意瑕疵的情况下。当事人对合同内容公开不合意的,无论是对本质要素还是非本质要素公开不合意,合同都不成立。对于公开不合意,可能是双方当事人一致同意就部分要点先不达成合意,也有可能是一方当事人让人可以知道,其认为某一要点是合同的必要之点。甚至可能通过默示行为形成公开的不合意,如建筑合同文本与附件文本就合同要点规定了不同的内容。[2] 对于格式条款

〔1〕 HKK/Oestmann, §§145-156, Rn. 7.

〔2〕 Palandt/Ellenberger, 154, Rn. 1.

是否订入合同,当事人之间也可能存在公开的不合意。

在通过谈判模式缔约的情况下,即使已经就部分合同要点签订了草约,也不构成公开不合意,而是不具有拘束力。

公开不合意的问题,本质是一个解释问题。在一般情况下,当事人之间公开不合意,当然合同不应成立。但是在当事人有相反的行为或者相反的意思的情况下,应当认为合同还是成立了。比如,双方当事人同意开始履行该不完全的合同,或者基于交易习惯可以推出部分未合意,也受约束的情形。[1] 一方当事人或者双方当事人负有强制缔约义务的情况下,也可以推出合同成立。再如,当事人通过诉讼行为排除了疑义,如以合同成立为前提主张违约责任。[2]

具体举例来讲,甲装修房屋,安装了橱柜与卫生间家具,共计20,000元。甲装修完之后将房屋出卖给乙。在就家具是否一并转让的问题谈判时,二人没有就买卖价格达成协议。但甲还是将家具交付给了乙。后来二人就家具的价款产生争议,甲要求乙支付25,000元,而乙只支付了20,000元。本案中,当事人就价款范围存在公开的不合意,但从当事人之间交付与受领家具的行为判断,对于合意是不存在疑义的,故此,合同已经成立。至于合同价款的范围,可以通过任意法规则或者解释规则予以确定。

(二)公开不合意的法律效果

不合意的法律效果如何,现行法并没有规定。学说上有学者认为,当事人未达成合意,合同不成立。[3] 另外,还有一种思路,即在公开不合意情况下,订约人意思恰恰是合同还没有订立,因此不能发生效力,可以类推适用部分的无效原则上导致全部无效之规则。如果原则上认为有效,然后通过法官的决定补充未规定之点,无疑是在对当事人意思实施暴力。只有在当事人有意识地同意,尽管存在合同漏洞,还是通过实施行为而使合同发生效力的情况下,当事人在未约定之方面才受拘束。然后,可以根据已经约定并发生效力的主要要素,公平解释出未规定之点。[4]

---

〔1〕 MünchKomm/Kramer, § 154, Rn. 6 f.

〔2〕 Jauernig/Stürner, § 154, Rn. 2.

〔3〕 崔建远:《合同法》,北京大学出版社2012年版,第62页。

〔4〕 Flume, *Allgemeiner Teil des Bürgerlichen Rechts*, 1965, § 34, 7, S. 634.

从公开不合意规则内容来看,首先,不合意不是无效事由,其次,在公开不合意情况下,从构成要件上看,应是没有构成法律行为。[1] 所以,在公开不合意的情况下,应当是不存在法律行为,既没有要约,也没有承诺,更没有合意或者合同的成立。

另外,值得注意的是,公开不合意与《合同法》第 30 条、第 31 条的关系的问题。这两条规定的是修改要约之承诺规则,主要继受的是《联合国国际货物销售合同公约》第 19 条的规则。但并没有强调承诺不得修改要约的原则,而仅规定了在非实质变更情况下,除了要毫不迟延提出异议、要约表明不得对要约内容作出任何变更的,变更要约的承诺有效,合同的内容以承诺的内容为准。所以,若依照该规则,在公开不合意情况下,如果涉及本质要素,则合同不成立,涉及非本质要素,则以承诺为准成立。

对此,笔者并不赞同。修改要约的承诺规则与解释上的不合意制度相比,解决的并不是一个问题,修改要约的承诺之规则并非指向不合意,而是一方修改了对方要约的情况。而且,二者的适用范围也不同:公开合意是有意识的,当事人双方合意地从合意中排除某点;而在修改要约的承诺情况下,则是承诺人表达了完整的承诺,但是在重要之点上与要约并不相同。[2] 根据《合同法》第 31 条,如果承诺所修改的要约之点并非实质性要素,那么最终以承诺内容为准成立合同。在结果上并不符合当事人意思,也没有道理。

四、隐藏的不合意

(一)隐藏不合意的界定

在当事人没有意识到没有完全达成合意或者错误地认为已经达成合意的情况下,即为隐藏不合意。只有一方当事人错误地认为合同已经订立,而另一方当事人知道存在合意瑕疵的情况下,也构成隐藏不合意。[3] 所以在是否约定了价款的问题上,没有达成合意的,合同即不成立,没有补充解释或者适用法

---

〔1〕 Palandt/Ellenberger, 154, Rn. 1.

〔2〕 Stadtler, AT, 2009, § 19, Rn. 40.

〔3〕 Palandt/Ellenberger, § 155, Rn. 1

定实体解释规则的余地。《合同法》第 62 条第 2 项针对的是价款或者报酬不明确的情况。也就是说,当事人还是约定了价格,或者就合同的有偿性达成了合意,只是对于价款多少以及范围没有达成合意。

隐藏的不合意具体可以分为如下几种类型:第一种,一方在订立合同时忽视了至少按照一方的表示需要达成一致的合同要素,比如忘记或者忽略了需要约定的要点,即所谓的隐藏的不完整。第二种,由于没有排除误解,双方的意思表示没有达成一致。也就是说,双方作出了外在并不相同的表示,而且意思也不相同,当时当事人却认为,意思表示是一致的。[1] 具体如双方听错了或者读错了,又如要约是原装 IBM 印刷盒,承诺是 IBM 印刷盒,当事人在表示上不合意。[2] 第三种,使用了多义的概念,而当事人又理解不透,即所谓的表见合意,比如自有资本、股票等概念的就是多义的。[3]

(二)隐藏不合意的法律效果

如果当事人双方对合同法本质要素没有达成合意,那么合同无论如何都不会成立,所谓的逻辑上的不合意。比如,一方当事人想出卖某物,而另一方当事人意思是作为赠品赠与,此时合同就确定的不成立。

如果双方当事人对非本质要素没有达成合意,依照当事人的意思,原则上合同也应是不成立的。但隐藏不合意情况下,虽然合同不完整,但假若因此而阻碍合同规则发生效力,那么法律行为交易会负担严重的不确定性,会招致滥用该规则阻碍合同成立的危险。[4] 而且,如果这里的约定无例外地都被处理为不生效力,那么也违背交易上尽量维持合同利益的原则。所以,应当认为,如果未约定之点对于当事人而言是如此的不重要,即使他们知道对该点没有达成一致,也会认为合同订立了,那么约定还是发生效力的。[5] 该缺少的合同要素对当事人是否重要,需要根据当事人可推知的意思通过解释予以确定。[6] 例如,甲、乙两个开发商约定共同投标买地,取得土地使用权一方,将项目公司股

---

〔1〕 Leenen, Abschluss, *Zusandkommen und Wirksamkeit des Vertrags*, AcP, 188, 1988, S. 407.

〔2〕 Hamm, NJW-RR 98, 1747.

〔3〕 Palandt/Ellenberger, § 155, Rn. 4.

〔4〕 Leenen, Abschluss, *Zusandkommen und Wirksamkeit des Vertrags*, AcP, 188, 1988, S. 404.

〔5〕 Flume, *Allgemeiner Teil des Bürgerlichen Rechts*, 1965, § 34, 7, S. 634.

〔6〕 Stadtler, AT, 2009, § 19, Rn. 43.

权49%转让给对方，但未约定股权价格以及移转时间等，现在甲取得了土地使用权，乙主张49%的股权。现双方就股权价格及移转时间产生争议，对此两个要素，当事人之间存在隐藏的不合意，通常情况下当事人还是认为这两个要素可以嗣后补充约定，并不重要，并不足以影响是否订立合同的。对于格式条款的订入，存在隐藏不合意的，解释上一般不影响合同的成立。

对于所欠缺的非必要要素，可以通过任意法规、补充解释予以及实体解释规范以填补。根据《合同法解释二》第1条第2款，对非本质要素未达成合意，不影响合同成立，法院可以结合《合同法》第61条、第62条以及第125条，通过补充解释、实体解释规范以及任意法予以补充，几乎全部可以填充合同内容。[1] 可以说，只要双方当事人就订立合同的标的和数量达成一致，合同就无可争议地成立了，之后，就是法官进行漏洞填补的事情了，其间并没有不合意解释规则的适用，由此忽略了当事人推出合同的消极自由。

最后，值得注意的是，如果一方当事人通过其可归责的行为（如多义的表述）导致不合意，基于缔约上过失，其需要承担损害赔偿责任。[2]

五、修改要约之承诺的解释规则

从合同的定义出发，承诺要与要约完全一致，合同方可成立（《合同法》第30条第1句）。据此，对要约进行任何改动的承诺，都不能发生合同成立的效力。所以，《德国民法典》第150条第2款规定，对要约扩张、限制或变更的承诺，视为拒绝要约，但该修改要约的承诺被拟制为新要约，这一规则被称为“镜像规则”（mirror image rule）。[3]

如果承诺对要约修改的是不重要的要素，在要约人事后发现合同无利，就主张不成立时，其有可能构成投机行为。尤其在商人之间，此种行为更容易发生。所以，《联合国国际货物销售合同公约》采取了不同的立法模式，区分承诺

---

〔1〕 沈德咏、奚晓明主编：《最高人民法院关于合同法司法解释（二）·理解与适用》，人民法院出版社2009年版，第15页。

〔2〕 Palandt/Ellenberger, § 155, Rn. 5.

〔3〕 Vgl. Staudinger/Magnus, 2005, § 19, Rn. 7.

修改的要素重要与否而为判断。在非实质变更情况下,除非要约人及时反对,否则仍构成承诺,合同内容以要约内容以及承诺所载的变更为准。只有在实质变更情况下,修改要约的承诺,才为拒绝要约,而该承诺被拟制为新的要约。[1]变更或添加货物价格、付款、货物质量和数量、交货地点和时间、赔偿责任范围或解决争端等,均为实质变更。

我国《合同法》原则上继受了《联合国国际货物销售合同公约》第 19 条的规则(《合同法》第 30 条、第 31 条)。但没有强调承诺不得修改要约的原则,而仅规定了在非实质变更情况下,除了要毫不迟延提出异议、要约表明不得对要约内容作出任何变更的,变更要约的承诺有效,合同的内容以承诺的内容为准。另外,在实质变更的范围上也有所不同,增加了标的、履行方式,并将"赔偿责任"这一要点扩大为"违约责任"。

对于这一规则,首先可以质疑的是,《联合国国际货物销售合同公约》第 19 条的规则主要是为商人之间的交易起草的,故对镜像规则进行了一定的松动,但中国《合同法》继受这一规则,并将之适用于私人之间乃至私人与商人之间,有对私人参与的交易要求过高之嫌。

其次,在承诺对要约进行非实质变更的情况下,要以承诺的内容为合同的内容成立合同,但从当事人意思出发,为什么不能让原来的要约继续有效呢?进而以要约的内容为合同内容呢?[2]

最后,何为实质性变更,其范围无法通过法律确定。比如,甲对乙发出要约出卖商品,乙对免责条款进行了修改,此时是否构成实质性变更呢?对此,还应从解释出发,具体确定该条款对于要约人的重要性。如果对于要约人很重要,即应认为对于该要约内容的修改为重大变更,但依照此思路,任何合同要素对于当事人而言都可能很重要。在继受《联合国国际货物销售合同公约》规则上,《合同法》也体现了随意性,增加了标的、履行方式,并将赔偿责任扩大为违约责任。

实质上,《联合国国际货物销售合同公约》第 19 条第 3 款列举的实质性变更要约的条款,不过是解释性的,是否为实质性变更,需要根据交易惯例或习

---

〔1〕《联合国国际货物销售合同公约》第 19 条,比较 Art. 38 CESL, Art. 2:208 PECL, Art. 2. 1. 11 (2) PICC。

〔2〕 Kötz, *Europäisches Vertragsrecht*, 2. Aufl. 2015, S. 43 f.

惯。例如，争议解决条款具有实质性，但如果在交易中，仲裁作为争议解决条款是通常做法，那么承诺人将要约人解决争议条款改为仲裁，即并非实质性改变要约。[1]

在性质上，《合同法》第31条属于实体解释规则。在承诺对要约进行并非重大变更（非本质性变更）的情况下，只要不会导致要约人受到损害，理性的一般人都会认为其会同意这些非本质性变更。[2]

在结果上，修改要约之承诺的规则，修改了公开不合意以及隐藏不合意规则。在承诺修改要约的情况下，不再考察是否存在疑义，也不再考察当事人对于所缺乏合意的条款是否看重，而是直接从实质要素角度判断，当事人受合同拘束的意思。承诺修改的是非实质要素的，合同即以承诺为内容成立。如果涉及的是实质要素，通常会构成逻辑上的不合意，其法律效果是合同不成立。

比较棘手的是，确认信表明以其格式条款为准，但对要约进行了实质性修改，而此时要约人没有明示或默示意思表示，而是沉默，并进行了履行。那么有疑问的是，此时合同是否成立了？例如，甲公司向乙公司发出要约，出卖给乙公司350吨煤，价格确定，分批交货。甲公司要约中有管辖权条款，乙公司在寄回的合同书中删除该条款，并加入一个仲裁条款。合同书被甲公司员工放在经理办公桌上。甲公司随后转运第一批货物，乙公司也受领了。第二批货物装运前，煤炭价格上涨，甲公司主张合同不成立。此时，可以将履行行为视为默示的承诺。[3] 但是，如果该履行并非是在合理期间进行的，根据《合同法》第23条，不能被认定为承诺，反而是新要约，此时，又需要相对人的承诺。所以，这里的问题是，在格式条款相争的情况下，如果已经履行了，是否为通过默示行为予以确认呢？如上所述，在最后一个格式条款到达与履行行为之间间隔比较长的情况下，履行行为作为默示行为超过合理期间，而成为无效的承诺，会被认为是新要约。而且，在格式条款中有防御条款情况下，双方都最终要求以自己的格式

---

〔1〕 欧洲民法典研究组、欧盟现行私法研究组编：《欧洲私法的原则、定义与示范规则：欧洲示范民法典草案》（第2卷），高圣平等译，法律出版社2014年版，第298页。

〔2〕 Kötz, *Europäisches Vertragsrecht*, 2. Aufl. 2015, S. 44.

〔3〕 欧洲民法典研究组、欧盟现行私法研究组编：《欧洲私法的原则、定义与示范规则：欧洲示范民法典草案》（第2卷），高圣平等译，法律出版社2014年版，第299页。

条款为准,也无法通过默示行为确认是否达成合意。

由此又会产生如下疑问:如果双方采取格式条款形式进行要约、承诺,而承诺修改要约的情况下,如何处理?如果双方都要求以自己的格式条款为准,如何处理?《荷兰民法典》第 6:225 条第 3 款采取的是最先一击规则(the first blow doctrine):"要约和承诺涉及不同的一般条款和条件的,承诺中的一般条款和条件不发生效力……"据此,要约人的格式条款优先。但为什么要约人的格式条款要优先,并无充分正当性基础,为什么要约人有权利决定合同内容?而且,该规则与交易习惯不符合,要约与反要约不断进行,何以确定是哪个要约?对此规则,《荷兰民法典》规定有例外,若承诺表示中明确通过所谓的防御条款(Abwehrklauseln),拒绝适用要约中的格式条款,最终要求以自己的格式条款为准,那么,不适用要约人格式条款优先规则。但在现实中,很多当事人都会在自己的格式条款中设立这种防御条款,所以,该规则并没有真正解决问题。

对格式之争问题的解决,国际上更为常见的解决规范是最后言词规则(the last shot doctrine),我国学说上也接受这一规则,[1]从要约承诺、合同即成立规则也可以解释出我国采取的是最后言词规则。根据最后言词规则,给予最后发出的意思以优先地位,买受人无异议地接受货物,可以被评价为实际上同意出卖人格式条款。最后言词规则有利于出卖人,缺点比较明显,会导致不好的结果:如果根据最后出卖的格式条款交付货物,那么买方必须首先拒绝受领,以免自动将交付格式条款定入合同,然后通过法律专业人士找到分歧之处,进行谈判。但在实践中,当事人通常不会这么做,因为会产生很大的交易费用,甚至大于因谈判获得的有利于其规则的获益。而且,谁的格式条款在最后,实属偶然。所以,德国联邦法院拒绝了最后言词规则。[2] 而且,一方当事人不顾格式条款间有矛盾,而进行履行,不能认为其服从了或同意了相对方的格式条款。[3] 所以,依照德国通说,此时应认为相互矛盾的条款均没有订入合同,通过不合意规

---

〔1〕 朱广新:《论合同订立过程中的格式之战问题》,载《法学》2014 年第 7 期;韩世远:《合同法总则》,法律出版社 2011 年版,第 108 页。

〔2〕 BGHZ 18,212;Bamberger/Roth/Becker § 305,Rn. 82;Palandt/Grueneberg § 305 Rn. 55.

〔3〕 BGH NJW 1985,1839.

则确定合同可以成立后,由任意法替代[1]或通过补充解释,这一规则又被称为相互击倒规则。[2] 在格式条款中含有防御条款的情况下,在解释结果上,也是合同当事人没有同意对方增加的条款。

《民法典合同编(草案)》(2017 年 8 月 8 日民法室室内稿)第 42 条曾规定:双方当事人在订立合同时都提供了格式条款,并对格式条款之外的内容协商一致的,合同根据当事人一致同意的内容及实质上相同的格式条款内容订立,但这些内容不具备合同的主要条款,或者当事人一方事先明确表示或者事后及时通知对方其不愿意继受这种合同约束的除外。从内容上来看,采纳的是类似德国法的模式,只有一致同意的条款才订入合同。然后判断缺少的条款是否为主要条款(本质要素),如果缺少主要条款,合同还是不成立,如果缺少非主要条款,则要看当事人一方的明确表示以及嗣后通知与否,在本质上,是在判断当事人是否存在疑义,只有不存在疑义的情况下,合同才成立。

六、结　论

合同的成立以当事人之间的合意为前提,而合意是指当事人的意思达成一致。对于合意的判断,须从客观受领第三人之角度进行规范性解释。合意不能是毫无内容的合意,为了提供给法官可以进行法律适用的根据,当事人需要对本质要素达成合意。如果对本质要素未达成合意,则不会构成可以裁判的合同,在逻辑上不符合合同的概念,也就形成所谓的逻辑上的不合意。

根据《合同法解释二》第 1 条第 2 款,在双方当事人对于非实质性要素未达成一致的情况下,可以直接适用补充解释、任意法,在结果上导致当事人就本质要素达成一致、合同即成立的强制效果,其并没有充分考虑当事人的意思自由。所以,本文建议借鉴德国法上公开不合意与隐藏不合意的解释规则,在公开不合意的情况下,判断当事人是否有合意的意思;在隐藏不合意的情况下,判断当事人是否有退出合同的意思。然后才能通过解释规则、任意法乃至解释实体规

[1] Amberger/Roth/Becker § 305, Rn. 82; Kötz, *Europäisches Vertragsrecht*, 2. Aufl. 2015, S. 45.

[2] 金晶:《合同法上格式之战的学说变迁与规范适用》,载《环球法律评论》2017 年第 3 期。

则补充合同漏洞。

修改要约之承诺的规则,修改了公开不合意以及隐藏不合意规则。在承诺修改要约的情况下,不再考察是否存在疑义,也不再考察当事人对于所缺乏合意的条款是否看重,而是直接从实质要素角度判断,当事人受合同拘束的意思。承诺修改的是非实质要素的,合同即以承诺为内容成立。如果涉及的是实质要素,则构成逻辑上的不合意。在格式条款情况下,相互矛盾的条款均没有订入合同,须通过解释性不合意规则予以确定,如果确定合同可以成立,则由任意法替代或通过补充解释。

论国家对国有建设用地使用权的优先购买权*

戴孟勇**

一、引　言

为了实现保障城市规划的实施、保障公共设施建设用地、调控土地市场价格或者增加储备土地来源等政策目标，德国、法国、荷兰、日本等国的法律规定了政府对土地的优先购买权。[1] 以德国为例，其《建筑法典》第二章第三节用6个条文详细规定了乡镇对土地的法定优先购买权。根据该法的规定，乡镇对建筑规划区内特定用途的土地、置换区内的土地、正式确定的重建区和城建开发区内的土地等七类被出卖的土地享有优先购买权，但对《住宅所有权法》上的权利和地上权的买卖不享有优先购买权（第24条第1款、第2款）。乡镇还可以通过章程（*die Satzung*）在建筑规划区内创设乡镇对无建筑物的土地的优先购买权（第25条第1款第1项第1目）。出卖人应将买卖合同的内容不迟延地通知乡镇，买受人的通知可以取代出卖人的通知（第28条第1款）。乡镇优先购买权只能在收到买卖合同的通知后两个月内，通过行政行为（*der Verwaltungsakt*）向出卖人行使。在收到买卖合同的通知后，为保障乡镇的土地所有权移转请求权，乡镇有权请求在土地登记簿中进行预告登记（第28条第2款）。如果约定的购买价格明显超过市场价值，乡镇可以根据买卖之时土地的市场价值来确定

---

* 本文系国家社科基金一般项目“民法典制定中优先购买权制度的体系性建构研究”（16BFX096）的阶段性成果。

** 中国政法大学民商经济法学院教授，法学博士。

〔1〕 王全兴、王甜甜：《我国政府优先购买权的功能审视与制度重构》，载《现代法学》2017年第2期。

应付金额。于此情形,出卖人有权在行使优先购买权的行政行为变为不可撤销后的一个月内解除合同。如果乡镇未在适当期间内将土地用于行使优先购买权所追求的目的,应当向出卖人支付约定的买卖价格与市场价值之间的差额(第28条第3款)。

在我国,由于土地属于国家或者集体所有,禁止任何组织和个人买卖或者以其他形式非法转让土地(《宪法》第10条),故不会存在类似德国等国外法律规定的那种政府对土地的优先购买权。不过,《城镇国有土地使用权出让和转让暂行条例》(以下简称《条例》)第26条第1款倒是规定了一种以土地使用权为标的的优先购买权:“土地使用权转让价格明显低于市场价格的,市、县人民政府有优先购买权。”结合《条例》的其他规定和《物权法》第135条以下关于建设用地使用权的相关规定可知,《条例》第26条所称的土地使用权仅指国有建设用地使用权,不包括集体建设用地使用权、宅基地使用权、土地承包经营权和地役权。可见,《条例》第26条第1款规定的优先购买权的标的实际上仅限于国有建设用地使用权。原国家土地管理局发布的有关文件曾称之为土地优先购买权,〔1〕显然不够准确,因为该优先购买权的标的并非土地。原国土资源部发布的有关文件曾称之为政府优先购买权。〔2〕 学界也大多称之为政府优先购买权。〔3〕 由于市、县人民政府并非为了自身的利益独立享有和行使优先购买权,而是在代表国家行使优先购买权,所以准确地说,该权利应当称为国家对国有建设用地使用权的优先购买权。为简化表述,下文一般以政府指代市、县人民政府,以土地使用权或土地使用权人指代国有建设用地使用权或国有建设用地使用权人,并以国家优先购买权指代该权利,仅在引述他人观点时才使用“政

〔1〕 原国家土地管理局《关于加强地价管理规范土地估价行为的通知》(〔1995〕国土[籍]字第190号)、原国家土地管理局《关于在国有企业改革中加强地籍管理工作的若干意见》(〔1997〕国土[籍]字第192号)第7条。前者已被国土资源部《关于停止执行部分规范性文件的通知》(国土资发〔2003〕48号)废止。

〔2〕 例如,国土资源部《关于印发〈土地资产管理“十五”计划纲要〉的通知》(国土资发〔2002〕110号)称:“建立土地交易价格申报制度,充分运用政府优先购买权。”

〔3〕 蔡养军:《我国法律中的优先购买权评析》,载《学海》2002年第5期;杨遴杰、周文兴:《中国政府土地优先购买权功能分析》,载《中国土地科学》2011年第2期;王全兴、王甜甜:《我国政府优先购买权的功能审视与制度重构》,载《现代法学》2017年第2期。

府优先购买权”一语。

目前，我国学界对《条例》规定的国家优先购买权关注不多，已有的相关研究成果也偏重于分析该制度的缺陷或提出完善建议，[1]而忽视从解释论的角度对该制度进行规范分析。本文拟从我国现行法律、行政法规、地方政府规章及有关规范性文件的规定出发，结合优先购买权的一般理论、相关实务及域外立法，深入研究国家优先购买权制度的立法目的、构成要件、法律特征、行使规则、权利竞合等基础性问题，以期有利于理论和实务界对该制度的理解与适用。

二、国家对国有建设用地使用权的优先购买权的立法目的

从《条例》第26条的内容看，第1款规定的国家优先购买权仅适用于“土地使用权转让价格明显低于市场价格”的情形，第2款规定的则是“土地使用权转让的市场价格不合理上涨时，市、县人民政府可以采取必要的措施”。这两款针对土地使用权转让价格过低或者过高的情形分别规定了不同的调控手段，二者相互配合，共同起到调控土地使用权转让价格、防止转让价格过低或者过高的作用。这与《条例》第1条规定的立法目的，即“为了改革城镇国有土地使用制度，合理开发、利用、经营土地，加强土地管理，促进城市建设和经济发展”，基本上是一致的。由此可知，第26条第1款规定国家优先购买权的立法目的，应当是合理调控土地使用权转让价格，防止因转让价格过低而扰乱土地使用权二级市场交易秩序。[2] 最高人民法院的有关裁判也指出，该规定的立法目的“在于更有效地强化对国有土地使用权转让价格合理范围的控制”。[3]

有观点认为，根据原国家土地管理局《关于加强地价管理规范土地估价行为的通知》(〔1995〕国土[籍]字第190号)中关于“对转让宗地的地价低于标定地价的，市、县人民政府可行使土地优先购买权，按申报地价收回土地，或者按

〔1〕 杨遴杰、周文兴：《中国政府土地优先购买权功能分析》，载《中国土地科学》2011年第2期；王全兴、王甜甜：《我国政府优先购买权的功能审视与制度重构》，载《现代法学》2017年第2期。

〔2〕 蔡养军：《我国法律中的优先购买权评析》，载《学海》2002年第5期；常鹏翱：《论优先购买权的法律效力》，载《中外法学》2014年第2期。

〔3〕 最高人民法院(2016)最高法民申2373号民事裁定书。

照标定地价征税"的规定，政府行使优先购买权和按照标定地价征税同样能达到规则所预设的目的，故可推论政府行使优先购买权的目的之一是防止当事人偷逃国家税收。[1] 从该制度与税收的关系来说，它不过是使政府可以通过行使优先购买权而破坏当事人之间的交易关系，以此威慑当事人不敢或不能借助"阴阳合同"来偷逃税收而已。就此而言，该制度具有防止当事人逃避税收的作用。[2] 不过，《条例》第 26 条第 1 款的文义并未涉及税收问题，结合第 2 款规定的内容也无法解释出第 1 款具有防止当事人偷逃税收的目的。可见，防止当事人偷逃税收并非该制度的立法目的。

也有观点认为，政府优先购买权制度具有增加土地储备来源、实施公共建设规划等政府管制功能。[3] 笔者认为，虽然政府可将其行使优先购买权取得的土地纳入土地储备库，并在将来重新出让或划拨土地时将其用作公共建设用地，甚至实施一定的公共建设规划，但这不过是该制度产生的附带效果而已，并非《条例》第 26 条第 1 款本身的立法目的或功能所在，何况《条例》出台时我国尚未开展土地储备制度。这与德国等国外法律规定政府对土地的优先购买权的立法目的明显不同。

三、国家对国有建设用地使用权的优先购买权的构成要件

(一)转让人与受让人依法订立土地使用权转让合同

根据《条例》第 26 条第 1 款可知，国家优先购买权的构成要件之一，是转让人须依法转让土地使用权，也即与受让人依法订立土地使用权转让合同。实践中一般承认，无论是出让还是划拨的土地使用权，均可成为国家优先购买权的

[1] 蔡养军:《我国法律中的优先购买权评析》，载《学海》2002 年第 5 期。

[2] 王全兴、王甜甜:《我国政府优先购买权的功能审视与制度重构》，载《现代法学》2017 年第 2 期。

[3] 杨遴杰、周文兴:《中国政府土地优先购买权功能分析》，载《中国土地科学》2011 年第 2 期；常鹏翱:《论优先购买权的法律效力》，载《中外法学》2014 年第 2 期。

标的。[1] 故此所谓依法转让，主要是指转让人转让其通过出让或划拨方式取得的土地使用权时，除需符合法律行为的一般生效要件外，还应符合相关法律为这两类土地使用权规定的特殊转让条件。[2] 当然，转让人转让其通过买卖、赠与、继承等方式取得的土地使用权的，也应符合法律行为的一般生效要件和相关法律规定的特殊转让条件。有些地方政府规章将国家优先购买权的标的限定为转让人以出让等“有偿方式”取得的土地使用权。[3] 这种做法既忽视了划拨土地使用权经批准后进行转让时须补交土地使用权出让金(《条例》第45条第1款)、因而被转让的土地使用权亦属以有偿方式取得的事实，又把转让人转让其通过赠与、继承等无偿方式取得的土地使用权的情况排除在外，故不妥当。

由于我国现行法对土地使用权与地上建筑物及其附属设施的处分实行一体主义，权利人转让土地使用权时须将地上建筑物及其附属设施的所有权一并转让，[4] 故在政府依法对土地使用权行使优先购买权时，其效力应当及于地上建筑物及其附属设施的所有权。由此引发的问题是，当权利人转让地上建筑物及其附属设施时，因其占用范围内的土地使用权须一并转让，故有可能出现二者的转让价格“明显低于市场价格”的情况，此时政府能否行使优先购买权？有观点主张，政府不能对房地产转让行使优先购买权，只能对未建成房屋的土地或者对已建成房屋以外的空地的分割转让行使优先购买权。[5] 这会导致国家优先购买权的适用范围大大限缩。笔者认为，鉴于《条例》第26条第1款的立

---

〔1〕 国务院《关于深化改革严格土地管理的决定》(国发〔2004〕28号)第17条指出：“经依法批准转让原划拨土地使用权的，应当在土地有形市场公开交易，按照市场价补缴土地出让金；低于市场价交易的，政府应当行使优先购买权。”这说明，在土地使用权人低价转让划拨土地使用权时，国家有权行使优先购买权。《海南省土地储备整理管理暂行办法》(2006年施行)第6条第6项、第7条第2项关于由政府依法行使优先购买权的原出让、划拨土地应当进行储备的规定，也说明国家有权依法对被转让的划拨土地使用权行使优先购买权。《萍乡市划拨国有土地使用权管理办法》(2008年施行)第15条则规定：“划拨国有土地使用权转让价格比基准地价或标定地价低20%以上的，市、县人民政府有优先购买权。”

〔2〕 《条例》第19条第2款、第45条；《城市房地产管理法》第38～40条。

〔3〕 《天津市土地整理储备管理办法》(2008年施行)第18条第2款；《呼和浩特市土地储备实施办法(试行)》(2005年施行)第13条第1款。

〔4〕 《条例》第23条、第24条；《城市房地产管理法》第32条；《物权法》第146条、第147条。

〔5〕 白新亚：《政府不能忽视土地优先购买权中的程序问题》，载《国土资源》2007年第9期。

法目的是调控土地使用权的转让价格,而非调控地上建筑物及其附属设施的转让价格,故结合其所称"土地使用权转让价格"来看,只有在转让的标的是或者主要是土地使用权的情况下,政府才能行使优先购买权。如果转让的标的主要是地上建筑物及其附属设施,如转让住宅、商铺或者停车库,则尽管其占用范围内的土地使用权随之转让,也没有成立国家优先购买权的余地。在实践中,有的地方政府规章就明确将住宅楼房的买卖排除在国家优先购买权之外。[1] 在判断转让的标的是否以土地使用权为主时,可结合土地及地上建筑物的主要用途(例如,土地是工业用地还是居住用地)、地上建筑物的使用寿命(例如,是新建的建筑物还是设计使用期限即将届满的建筑物)、受让人购买不动产的主要目的(例如,是为了获得土地使用权还是建筑物所有权)、转让价格的基本构成(例如,是以建筑物的价值还是以土地使用权的价值为主)等因素,综合衡量后予以认定。

(二)土地使用权的转让价格"明显低于市场价格"

根据《条例》第 26 条第 1 款可知,国家优先购买权的另一个构成要件是,土地使用权的转让价格须"明显低于市场价格"。该市场价格是指当事人订立土地使用权转让合同时的市场价格,[2] 而非向土地管理部门申请土地使用权转移登记时的市场价格。如果采用后一个标准,其结果无异于要求当事人在订立转让合同时,就应预测到并参照将来申请土地使用权转移登记时的市场价格来确定转让价格,以免日后因约定的转让价格"明显低于市场价格"而引发国家优先购买权。这明显属于强人所难,会严重破坏土地使用权二级市场交易秩序。

如何判断土地使用权的转让价格是否"明显低于市场价格"? 在实践中,曾有政府以拍卖成交价格明显低于经评估的拍卖保留底价为由,对他人拍卖成交

---

〔1〕 《沈阳市土地储备办法》(2004 年施行)第 9 条第 1 款规定:"转让以出让等有偿方式取得的土地使用权(含以买卖房屋名义同时转让土地使用权的,住宅楼房除外,下同)时,必须依法向土地管理部门申报转让价格,在同等条件下,政府可以优先收购方式予以储备。"

〔2〕 实践中有的法院就持此见解。例如,在"长沙泉昇置业有限公司与长沙金霞开发建设有限公司建设用地使用权转让合同纠纷二审民事判决书"中,一审法院认为:"虽然目前涉案土地使用权的转让价格已高于 2003 年双方签订《土地使用权转让协议》约定的价格,但并无证据证明双方签订《土地使用权转让协议》时,涉案土地使用权的转让价格明显低于当时的宗地评估价格……"参见湖南省高级人民法院(2016)湘民终 277 号民事判决书。

的土地使用权行使优先购买权,法院对此也予以支持。[1] 这种做法与有关规范性文件的规定并不一致。1993 年发布的原国家土地管理局《关于加强宏观调控管好地产市场的通知》(〔1993〕国土[办]字第 120 号)[2] 规定:"对低于基准地价转让的土地,政府有权优先购买。"此系以"低于基准地价"作为判断标准。[3] 有些地方政府规章也采纳了该标准。[4] 原国家土地管理局《关于加强地价管理规范土地估价行为的通知》(〔1995〕国土[籍]字第 190 号)规定:"对转让宗地的地价低于标定地价的,市、县人民政府可行使土地优先购买权。"此系以"低于标定地价"作为判断标准。[5] 这两个判断标准对"低于"基准地价或标定地价的比例未作任何限定,显然弹性过大。国家计委《城市国有土地使用

---

〔1〕《长沙首次启用土地优先购买权》,载新浪网:http://finance.sina.com.cn/house/house/2000-07-17/41660.html,最后访问日期:2019 年 7 月 7 日。

〔2〕该文件已被国土资源部《关于停止执行部分规范性文件的通知》(国土资发〔2003〕48 号)废止。

〔3〕关于基准地价的界定,实践中发生过变化。1993 年发布的《城镇土地估价规程(试行)》第 1.1.2 条规定:"基准地价是对城镇各级土地或均质地域及其商业、住宅、工业等土地利用类型评估的土地使用权单位面积平均价格。基准地价评估以城镇整体为单位进行。"1995 年《国家计委城市国有土地使用权价格管理暂行办法》(计价格〔1995〕1628 号)第 5 条第 2 款第 1 句规定:"基准地价是城市规划区内一定时期的不同土地区域或级别、不同用途的土地使用权的平均价格。"2001 年《城镇土地估价规程》(GB/T 18508—2001)附录 D"名词解释"第 6 条将基准地价解释为:"是指在城镇规划区范围内,对现状利用条件下不同级别或不同均质地域的土地,按照商业、居住、工业等用途,分别评估确定的某一估价期日上法定最高年期土地使用权区域平均价格。"代替上述标准的《城镇土地估价规程》(GB/T 18508—2014)第 3.3 条规定:基准地价是指"在土地利用总体规划确定的城镇可建设用地范围内,对平均开发利用条件下,不同级别或不同均质地域的建设用地,按照商服、住宅、工业等用途分别评估,并由政府确定的,某一估价期日法定最高使用年期土地权利的区域平均价格。"

〔4〕《深圳市土地储备管理办法》(2006 年施行)第 11 条;《宁夏回族自治区土地储备办法》(2003 年施行)第 11 条。

〔5〕关于标定地价的界定,实践中也发生过变化。1993 年发布的《城镇土地估价规程(试行)》第 1.1.2 条规定:"宗地地价是城镇内某一宗地土地使用权的评估价格。宗地地价按评估目的可分为标定地价、出让底价和交易底价等。"其中未对标定地价加以界定。1995 年《国家计委城市国有土地使用权价格管理暂行办法》(计价格〔1995〕1628 号)第 5 条第 2 款第 2 句规定:"标定地价是以基准地价为基础确定的标准地块的一定使用年期的价格。"2001 年《城镇土地估价规程》(GB/T 18508—2001)附录 D"名词解释"第 7 条对标定地价的解释是:"标定地价是政府根据管理需要,评估的某一宗地在正常土地市场条件下于某一估价期日的土地使用权价格。它是该类土地在该区域的标准指导价格。"代替上述标准的《城镇土地估价规程》(GB/T 18508—2014)第 3.4 条规定:标定地价是指"政府为管理需要确定的,标准宗地在现状开发利用、正常市场条件下,于某一估价期日法定最高使用年期下的土地权利价格。"

权价格管理暂行办法》(计价格〔1995〕1628 号)第 14 条第 1 款规定:“土地使用权转让价格低于基准地价或标定地价一定比例的,城市人民政府有优先购买权。”该规定虽然要求转让价格须低到“一定比例”,但仍未规定具体比例是多少。直到国务院《关于加强国有土地资产管理的通知》(国发〔2001〕15 号)才对此作了明确规定:“申报土地转让价格比标定地价低 20% 以上的,市、县人民政府可行使优先购买权。”国土资源部《关于整顿和规范土地市场秩序的通知》(国土资发〔2001〕174 号)也强调:“凡土地转让申报价格比标定地价低 20% 以上的,市、县人民政府可行使优先购买权。”受此影响,有些地方政府规章也规定,转让价格须低于基准地价或标定地价的 20%。〔1〕

四、国家对国有建设用地使用权的优先购买权的法律特征

与按份共有人优先购买权等私法上的法定优先购买权相比,《条例》规定的国家优先购买权具有如下法律特征:

(一)国家优先购买权的享有主体是国家,政府只是代表国家行使优先购买权

虽然《条例》第 26 条第 1 款采用了“市、县人民政府有优先购买权”的表述,似乎表明享有优先购买权的主体是市、县人民政府,但真正享有优先购买权的主体实际上是国家,政府只是代表国家行使优先购买权而已。理由如下:第一,根据《条例》的相关规定可知,土地使用权出让中的真正出让方是国家(第 8 条),政府仅负责土地使用权的具体出让工作(第 9 条、第 10 条),土地管理部门也只是代表国家与土地使用者签订土地使用权出让合同(第 11 条)。既然在土地使用权出让时,政府及其土地管理部门都是在代表国家从事具体出让工作,那么在出让后的土地使用权被低价转让时,享有优先购买权的主体也应是国家才符合逻辑。第二,政府因行使优先购买权而取得的土地使用权并非归政府自身享有,而是直接归属于国家,并因与国家的土地所有权发生混同而消灭。正因如此,嗣后土地管理部门才能代表国家将收回的土地重新以出让或者划拨

〔1〕《海南省土地储备整理管理暂行办法》(2006 年施行)第 6 条第 6 项;《江苏省国有土地储备办法》(2003 年施行)第 6 条第 1 项。

的方式为他人设立土地使用权。这也表明优先购买权的享有主体是国家。不少地方政府规章规定,在政府作出行使优先购买权的决定后,由土地储备机构[1]负责办理行使优先购买权、收回土地的手续。[2] 此类规定并不能证明政府或者土地储备机构是优先购买权的享有主体,只能说明政府是在代表国家行使优先购买权,土地储备机构则是在辅助政府行使优先购买权。这与国家对珍贵文物的优先购买权中权利的享有主体是国家、行使主体是文物行政部门指定的国有文物收藏单位[3]十分类似。

《条例》第 26 条第 1 款所称的市人民政府,在实践中不限于县级市,也包括县级以上或者说设区的市人民政府。[4] 有的地方政府规章将优先购买权的行使主体扩张到省人民政府,[5]显然超出了《条例》第 26 条第 1 款所称“市、县人民政府”的文义,有失妥当。

(二)国家优先购买权成立于当事人依法订立土地使用权转让合同且转让价格“明显低于市场价格”之时

根据《城市房地产转让管理规定》第 7 条的规定,房地产转让应当按照下列

---

〔1〕《土地储备管理办法》(2018 年施行)规定:“土地储备机构应为县级(含)以上人民政府批准成立、具有独立的法人资格、隶属于所在行政区划的国土资源主管部门、承担本行政辖区内土地储备工作的事业单位。”

〔2〕《南昌市土地储备管理办法》(2012 年施行)第 16 条;《汕头经济特区土地储备管理办法》(2012 年施行)第 12 条;《吉林市土地储备管理办法》(2011 年施行)第 10 条;《长春市土地储备管理办法》(2010 年施行)第 11 条;《长沙市土地储备管理办法》(2009 年施行)第 14 条;《合肥市土地储备实施办法》(2008 年施行)第 13 条;《哈尔滨市土地储备办法》(2007 年施行)第 8 条第 3 项;《深圳市土地储备管理办法》(2006 年施行)第 11 条;《海口市土地储备办法》(2005 年施行)第 12 条;《呼和浩特市土地储备实施办法(试行)》(2005 年施行)第 13 条。

〔3〕戴孟勇:《论国家对珍贵文物的优先购买权》,载《烟台大学学报》(哲学社会科学版)2015 年第 4 期。

〔4〕《南昌市土地储备管理办法》(2012 年施行)第 16 条;《汕头经济特区土地储备管理办法》(2012 年施行)第 12 条;《吉林市土地储备管理办法》(2011 年施行)第 10 条;《长春市土地储备管理办法》(2010 年施行)第 11 条;《长沙市土地储备管理办法》(2009 年施行)第 14 条;《合肥市土地储备实施办法》(2008 年施行)第 13 条;《哈尔滨市土地储备办法》(2007 年施行)第 8 条第 3 项;《深圳市土地储备管理办法》(2006 年施行)第 11 条;《湖南省土地市场管理办法》(2005 年施行)第 21 条;《海口市土地储备办法》(2005 年施行)第 12 条;《呼和浩特市土地储备实施办法(试行)》(2005 年施行)第 13 条。

〔5〕例如,《海南省土地储备整理管理暂行办法》(2006 年施行)第 7 条第 2 项规定:“下列土地应当由省政府储备:……(二)省政府依法行使优先收购权的经国务院或者省政府批准出让、划拨的土地……”

程序办理:(1)当事人签订书面转让合同;(2)当事人在转让合同签订后 90 日内持房地产权属证书、转让合同等有关文件向房地产管理部门提出申请,并申报成交价格;(3)房地产管理部门对提供的有关文件进行审查,并在 7 日内作出是否受理申请的书面答复,7 日内未作书面答复的,视为同意受理;(4)房地产管理部门核实申报的成交价格,并根据需要对转让的房地产进行现场查勘和评估;(5)当事人按照规定缴纳有关税费;(6)房地产管理部门办理房屋权属登记手续,核发房地产权属证书。实践中土地使用权转让的程序与房地产转让的程序大体相同。

从《条例》第 26 条第 1 款的规定看,只要"土地使用权转让价格明显低于市场价格",政府就"有优先购买权"。结合《城市房地产转让管理规定》第 7 条规定的房地产转让程序可知,此所谓"土地使用权转让价格"涉及两种情况:一是当事人在依法订立的土地使用权转让合同中约定的转让价格;二是当事人向土地管理部门申报并经其核实的成交价格。除非当事人另外订立虚假的转让合同并将其提交给土地管理部门审查,否则这两个转让价格应当是一致的,只不过出现的时间有先后之分而已。由此产生的问题是,国家优先购买权究竟是成立于当事人依法订立转让合同且其约定的转让价格"明显低于市场价格"之时,还是成立于土地管理部门经审核并确定当事人申报的成交价格"明显低于市场价格"之时?笔者赞成前者,主要理由是:第一,土地使用权转让价格是否"明显低于市场价格",根据转让合同中约定的转让价格和订立合同时的标定地价这两个事实就已经确定了,而非等到土地管理部门对当事人申报的成交价格进行核实后才能确定。既然《条例》第 26 条第 1 款规定的要件事实在当事人依法订立转让合同时就已具备,那么国家优先购买权自然也应在此时成立。第二,如果认定国家优先购买权在当事人依法订立转让合同之时就已成立,那么即便当事人未向土地管理部门申报成交价格,政府也可在获知转让价格"明显低于市场价格"的事实后主动行使优先购买权,这样更有利于实现该制度的立法目的。

(三)国家优先购买权无须公示就具有对抗效力

有观点认为,《条例》第 26 条第 1 款的目的在于防止土地低价交易、维护土地转让秩序、增加政府财政收入,并具有增加土地储备来源、实施公共建设规划等政府管制功能。为了实现这些目的,政府优先购买权必须具有对抗效力;即便交易双方的土地使用权转让登记已经完成，也没有法律效力，只能由政府根据同等条件受让土地使用权。[1] 笔者赞成国家优先购买权具有对抗效力的观点，但认为上述理由值得商榷，原因如下：第一，国家优先购买权虽具有一定的行政管理目的，甚至可以说具有一定的公益目的，[2]但仅从该制度的目的及功能就认定其具有对抗效力，难免忽视该权利能否公示和善意第三人保护问题，割裂权利的对抗效力与权利公示之间的内在联系。第二，如果政府决定行使优先购买权，土地管理部门就不应为当事人办理土地使用权转移登记，故通常不会出现当事人已完成的转移登记因政府行使优先购买权而失去效力的现象。如果政府决定放弃优先购买权，土地管理部门即应为当事人办理土地使用权转移登记，嗣后政府自不得再以行使优先购买权为由否定转移登记的效力。

笔者认为，首先，虽然《条例》没有规定国家优先购买权的公示方法，该权利事实上也无法通过登记方式获得对抗效力，但因受让人在订立转让合同时就知道或者应当知道转让价格是否"明显低于市场价格"，进而预见到是否会产生国家优先购买权，故赋予该权利以对抗效力并不会使受让人遭受不测损害。其次，在政府放弃行使优先购买权之前，因当事人无法完成转移登记，受让人不可能取得土地使用权，故国家优先购买权具有阻止受让人取得土地使用权的作用，[3]由此体现出对抗受让人的效力。最后，在因政府行使优先购买权而形成的转让人与政府、转让人与受让人之间的双重转让关系中，为实现国家优先购买权制度的立法目的，亦有必要使政府优先于受让人取得土地使用权，而不能按照一般的双重转让处理。该目的只有通过赋予国家优先购买权以对抗效力才能实现。基于上述理由，解释上宜认定，国家优先购买权无须公示就具有对抗效力。

从比较法来看，《德国建筑法典》规定的乡镇优先购买权并无物权性效力，

---

〔1〕 常鹏翱：《论优先购买权的法律效力》，载《中外法学》2014 年第 2 期。

〔2〕 有观点认为该优先购买权是"为保护国家和社会公共利益而创设的优先购买权"。参见蔡养军：《我国法律中的优先购买权评析》，载《学海》2002 年第 5 期。

〔3〕 我国有些地方政府规章径直规定，土地使用权人拒绝政府优先购买而擅自转让土地使用权的，土地管理部门不予办理转让手续。参见《南昌市土地储备管理办法》（2012 年施行）第 16 条；《昆明市土地储备管理办法》（2010 年施行）第 24 条。

也不能在土地登记簿中进行登记。[1] 不过,因该法第 28 条第 1 款明确规定,只有在经证明乡镇不行使优先购买权或者优先购买权不成立的情况下,土地登记局才能根据买卖合同将买受人作为所有权人登入土地登记簿,故足以保障乡镇优先购买权得到实现。这种做法与我国实践中政府如不放弃优先购买权,当事人就无法完成转移登记的情况有类似之处,其对优先购买权人的保护效果甚至强于赋予优先购买权对抗效力。

(四)政府不负有行使国家优先购买权的义务

有观点认为《条例》第 26 条第 1 款规定的国家优先购买权性质上属于征收,[2] 显然忽视了该权利在行使条件、行使程序、行使效果、法律依据等方面与《物权法》第 42 条规定的征收制度之间的区别。问题是,国家优先购买权既然服务于调控土地使用权转让价格的公法目的,那么政府是否负有行使优先购买权的义务?

从有关规范性文件的表述看,原国家土地管理局《关于加强宏观调控管好地产市场的通知》(〔1993〕国土[办]字第 120 号)称:"政府有权优先购买",国家计委《城市国有土地使用权价格管理暂行办法》(计价格〔1995〕1628 号)第 14 条第 1 款称:"城市人民政府有优先购买权",国土资源部《关于整顿和规范土地市场秩序的通知》(国土资发〔2001〕174 号)称:"市、县人民政府可行使优先购买权",三者均未要求政府必须行使优先购买权。从原国家土地管理局《关于加强地价管理规范土地估价行为的通知》(〔1995〕国土[籍]字第 190 号)有关"对转让宗地的地价低于标定地价的,市、县人民政府可行使土地优先购买权,按申报地价收回土地,或者按照标定地价征税"的规定看,在转让价格低于标定地价的情况下,政府有权在行使优先购买权和"按照标定地价征税"之间进行选择,亦非必须行使优先购买权。国务院《关于深化改革严格土地管理的决定》(国发〔2004〕28 号)称:"经依法批准转让原划拨土地使用权的,应当在土地有形市场公开交易……低于市场价交易的,政府应当行使优先购买权。"有的地

---

〔1〕 Battis/Krautzberger/Löhr/Reidt, *BauGB*, 2014, § 28, Rn. 8.

〔2〕 白新亚:《政府不能忽视土地优先购买权中的程序问题》,载《国土资源》2007 年第 9 期。

方政府规章也有类似规定。[1] 这类规定似乎认为政府有义务行使优先购买权,只是仅限于依法转让原划拨土地使用权的情况而已。

笔者认为,从文义解释来看,《条例》第26条第1款仅提及"市、县人民政府有优先购买权",并未规定政府必须行使该权利。从立法目的来看,虽然该制度旨在调控土地使用权在二级市场的转让价格,但政府调控转让价格的手段并非仅限于此。而且,政府决定是否行使优先购买权时,还要综合考虑土地所处地理位置、土地开发利用情况、土地使用权交易行情、政府收购资金来源等诸多因素。如果要求政府必须行使优先购买权,一方面未必是调控土地使用权转让价格的最佳手段,另一方面也可能因缺乏资金等原因而难以实施。鉴于此,解释上应认为,政府不负有行使优先购买权的义务。从比较法来看,在《德国建筑法典》规定的乡镇优先购买权中,乡镇就不负有行使优先购买权的义务。[2]

实际上,不论是法定优先购买权还是约定优先购买权,也不论法定优先购买权是规定在私法中还是公法中、是旨在保护私益还是公益,本质上都属于民事权利,权利人自可决定行使或者放弃该权利。当然,政府在决定放弃优先购买权时,为实现调控土地使用权转让价格的目的,可依法采取"按照标定地价征税"[3]或者"要求土地使用者重新申报"交易价格[4]等其他行政措施。

五、国家对国有建设用地使用权的优先购买权的行使规则

在德国,根据《建筑法典》第28条第2款的规定,《德国民法典》第463条、第464条第2款、第465~468条和第471条关于债权性优先购买权的规定适用于乡镇优先购买权。不过,乡镇优先购买权在法律性质、成立、行使和效果方面

---

〔1〕 例如,《湖南省土地市场管理办法》第21条第2句规定:"划拨土地使用权低于市场价格转让的,县(市)以上人民政府应当行使优先购买权。"

〔2〕 Battis/Krautzberger/Löhr/Reidt, *BauGB*, 2014, §28, Rn. 4.

〔3〕 原国家土地管理局《关于加强地价管理规范土地估价行为的通知》(〔1995〕国土[籍]字第190号)。

〔4〕 国家土地管理局地籍管理司《关于做好土地增值税征管中地籍管理工作的通知》(〔1996〕国土[籍价]字第12号)第4条。

都有别于《德国民法典》中的优先购买权。[1] 可见,二者在法律适用上处于特别法与一般法的关系。

我国现行法不仅缺乏关于优先购买权的一般性规定,而且对其他法定优先购买权的规定也与国家优先购买权差异较大,导致国家优先购买权的行使问题几乎无法可依。尽管如此,结合优先购买权的一般理论和相关法律、行政法规、司法解释、地方政府规章等规定,仍可勾勒出国家优先购买权的基本行使规则。

(一)行使条件

私法中的优先购买权一般有两个行使条件:一是出卖人与第三人就优先购买权的标的订立买卖合同;二是优先购买权人以同等条件表示购买。国家优先购买权的行使条件原则上也是如此。详言之,第一,转让人与受让人依法订立土地使用权转让合同,这既是国家优先购买权的成立条件,同时也是其行使条件。虽然实践中通常是在当事人申报转让价格时,政府才审核转让价格是否"明显低于市场价格"并决定是否行使优先购买权,但并不妨碍在当事人申报转让价格前,政府就已获知转让价格"明显低于市场价格"并主张行使优先购买权。第二,实践中政府通常以转让人申报的转让价格作为行使优先购买权的同等条件,该转让价格正是转让合同中约定的价格。例如,原国家土地管理局《关于加强地价管理规范土地估价行为的通知》([1995]国土[籍]字第 190 号)就曾要求政府行使优先购买权时应当"按申报地价收回土地"。有些地方政府规章也规定,土地储备机构应当根据政府行使优先购买权的决定,按照土地使用权人申报的转让价格及相关付款条件向其支付土地价款;[2] 或者规定政府可以按成交价格直接行使优先购买权;[3] 或者规定由土地储备机构按照转让价格与土地使用权人签订土地使用权收购合同。[4] 除此之外,关于国家优先购买权的行使条件,还有以下两个问题需要专门讨论:

---

[1] Hanns Prütting, *Sachenrecht*, 2017, § 82, Rn. 942.

[2] 《汕头经济特区土地储备管理办法》(2012 年施行)第 12 条第 1 项;《吉林市土地储备管理办法》(2011 年施行)第 10 条第 1 项;《长春市土地储备管理办法》(2010 年施行)第 11 条第 1 项;《长沙市土地储备管理办法》(2009 年施行)第 14 条第 1 项。

[3] 《海口市地价管理办法》(2019 年修正)第 14 条第 1 款。

[4] 《深圳市土地储备管理办法》(2006 年施行)第 11 条。

1. 土地使用权“转让”的界定

从《条例》第 26 条第 1 款的规定看，只要当事人依法订立转让合同且转让价格“明显低于市场价格”，政府就可以行使优先购买权。问题是，应如何界定土地使用权“转让”？

结合《条例》第 19 条第 1 款关于“土地使用权转让是指土地使用者将土地使用权再转让的行为，包括出售、交换和赠与”的规定可知，《条例》第 26 条第 1 款所称的土地使用权“转让”，从体系解释来说应当包括出售、交换和赠与，不包括出资入股和继承在内。转让人出售土地使用权，是政府可以行使优先购买权的典型情形。在交换也即互易的情况下，如果受让人的对待给付为代替物，而政府也能提出同类给付的，亦得行使优先购买权。[1] 这两种情况都与其他优先购买权的行使条件相同。有疑问的是，在赠与的情况下，政府能否行使优先购买权？应当看到，国家优先购买权系以“土地使用权转让价格明显低于市场价格”为构成要件，并具有防止土地使用权转让价格过低的立法目的。这与其他法定优先购买权明显不同。根据举轻明重的法律解释方法可知，既然在“转让价格明显低于市场价格”时国家享有优先购买权，那么在赠与的情况因转让价格为零，更符合“明显低于市场价格”的要求，故政府自然也可以行使优先购买权。如此解释不仅有利于贯彻该制度的立法目的，也能够防止当事人以赠与之名掩盖低价转让行为。当然，在这种情况下，政府不能够无偿受让土地使用权，而应以标定地价作为行使优先购买权的同等条件。由上可见，《条例》第 26 条第 1 款所称的土地使用权“转让”，应当包括出售、赠与和有条件的交换（互易）。另外，鉴于以物抵债与出售在性质上相似，故应将此所谓“转让”扩张解释为包括以物抵债在内。有些地方政府规章对此作了明文规定。[2]

在司法拍卖中，有关司法解释承认优先购买权人得以竞买人的身份，在拍

---

〔1〕 戴孟勇：《先买权的若干理论问题》，载《清华大学学报》（哲学社会科学版）2001 年第 1 期；丁春艳：《论私法中的优先购买权》，载《北大法律评论》2005 年第 1 期。

〔2〕 例如，《哈尔滨市土地储备办法》（2007 年施行）第 8 条规定：“有下列情形之一的国有土地，由市土地储备机构依法收购后予以储备：……（三）企业改制和法院裁定抵偿债务等土地使用权的转让价格低于市场价格，政府行使优先购买权的土地……”《海口市土地储备办法》（2005 年施行）第 12 条第 1 项规定：“下列土地交易时，在同等条件下，经报市人民政府批准后，由市土地储备整理中心予以优先收购：（一）法院裁定抵偿债务的闲置土地……”

卖程序中行使优先购买权。[1] 在任意拍卖中,有的司法解释也允许优先购买权人在拍卖程序中行使优先购买权。[2] 不过,在拍卖土地使用权的情况下,由于拍卖成交前无法确定转让价格及其是否"明显低于市场价格",国家优先购买权尚未产生,政府自不可能在拍卖程序中行使该权利。实际上,从《条例》第 26 条第 1 款的文义和目的来看,只有在拍卖程序结束后,拍卖成交价格"明显低于市场价格"时,国家优先购买权才成立,政府也才能行使优先购买权。

2. 政府作出的购买决定的性质

我国现有的私法中的优先购买权性质上属于形成权,其行使方式是由优先购买权人向出卖人作出单方的、需受领的意思表示。与这种行使方式不同,根据一些地方政府规章的规定,政府在行使国家优先购买权时,通常是以作出优先购买决定或者收购决定的方式进行的。[3] 这种决定虽然也需要送达给转让合同的当事人,但其法律性质却非意思表示,而是属于具体行政行为。转让人或者受让人对该决定不服的,可以依法申请行政复议或者提起行政诉讼。[4] 在实践中,有的法院就是这样处理的。例如,在"海口市国土资源局与关闭海南发展银行清算组不服行政决定行政一审判决书"[5] 中,法院就以"被告于 2014 年 5 月 12 日作出海土资处字(2014)50 号《收回国有建设用地使用权决定书》,认定当年法院裁定抵债低于基准地价于法无据"为由,判决撤销海口市国土资源局作出的《收回国有建设用地使用权决定书》。从比较法来看,在德国,根据《建筑法典》第 28 条第 2 款的规定,乡镇行使优先购买权的行为就是一种行政

---

〔1〕 最高人民法院《关于人民法院民事执行中拍卖、变卖财产的规定》(法释〔2004〕16 号)第 14 条、第16 条;最高人民法院《关于人民法院网络司法拍卖若干问题的规定》(法释〔2016〕18 号)第16 条、第 19 条、第 21 条。

〔2〕 最高人民法院《关于审理城镇房屋租赁合同纠纷案件具体应用法律若干问题的解释》(法释〔2009〕11 号)第 23 条。

〔3〕 《海口市地价管理办法》(2019 年修正)第 14 条第 2 款;《山东省国有土地储备办法》(2015 年修订)第 14 条;《南昌市土地储备管理办法》(2012 年施行)第 16 条;《吉林市土地储备管理办法》(2011 年施行)第 10 条;《长春市土地储备管理办法》(2010 年施行)第 11 条;《长沙市土地储备管理办法》(2009 年施行)第 14 条。

〔4〕 《海口市地价管理办法》(2019 年修正)第 24 条就明确规定,当事人"对市人民政府行使优先购买权的决定持有异议的,有权依法申请行政复议或提起行政诉讼"。

〔5〕 见海南省海口市龙华区人民法院(2014)龙行初字第 17 号行政判决书。

行为,[1]不适用《德国民法典》第464条第1款关于以意思表示的方式行使优先购买权的规定。买受人和出卖人对该行为不服的,均可向行政法院提起撤销之诉。[2]

(二)行使程序

根据一些地方政府规章的规定,政府行使优先购买权的大致程序如下:(1)土地管理部门在对土地使用权转让双方申报的成交价格进行审核时,[3]如发现符合国家优先购买权的构成要件,政府可以作出优先购买决定或者收购决定。[4] (2)由土地储备机构或者土地管理部门根据政府作出的决定,与土地使用权人签订土地使用权储备合同或者收购合同;合同内容按照土地使用权人申报的转让价格及相关付款条件确定。(3)由土地储备机构或者土地管理部门向土地使用权人支付转让价款。(4)由土地管理部门根据土地使用权人的申请或者依职权办理土地使用权注销登记手续,将所购土地纳入土地储备。[5] 结合上述程序,需要专门讨论以下几个问题:

第一,根据《德国建筑法典》第28条第1款、第2款的规定,土地的出卖人应将买卖合同的内容不迟延地通知乡镇,乡镇应在收到通知后的两个月内行使优先购买权。我国《条例》第26条第1款缺乏类似规定。那么,转让人是否负有通知义务?政府又应在什么期间内行使优先购买权?

从理论上说,当转让人与受让人以"明显低于市场价格"的转让价格订立转

---

〔1〕 该行政行为属于私法形成性行政行为(*Privatrechtsgestaltenden Verwaltungsakt*)。Battis/Krautzberger/Löhr/Reidt, *BauGB*, 2014, § 28, Rn. 2.

〔2〕 [德]M. 沃尔夫:《物权法》,吴越、李大雪译,法律出版社2004年版,第218页;Battis/Krautzberger/Löhr/Reidt, *BauGB*, 2014, § 28, Rn. 21。

〔3〕 国务院《关于加强国有土地资产管理的通知》(国发〔2001〕15号)规定:"国有土地使用权转让,转让双方必须如实申报成交价格。土地行政主管部门要根据基准地价、标定地价对申报价格进行审核和登记。"

〔4〕 《海口市地价管理办法》(2019年修正)第14条第2款规定:"市人民政府行使优先购买权时,制作《国有土地使用权优先购买决定书》,并送达土地使用权转让双方当事人。《国有土地使用权优先购买决定书》的内容应包括优先购买宗地的位置、面积、用途、权属状况,行使优先购买权的原因等。"

〔5〕 参见《山东省国有土地储备办法》(2015年修订)第14条;《南昌市土地储备管理办法》(2012年施行)第16条;《汕头经济特区土地储备管理办法》(2012年施行)第12条;《吉林市土地储备管理办法》(2011年施行)第10条;《长春市土地储备管理办法》(2010年施行)第11条;《长沙市土地储备管理办法》(2009年施行)第14条;《深圳市土地储备管理办法》(2006年施行)第11条、第12条。

让合同时,国家优先购买权就随之产生并可以行使。为保障政府能够及时获悉优先购买权的行使条件以决定是否行使优先购买权,根据诚实信用原则,转让人应当对政府负有通知义务。相应地,转让人向土地管理部门申报成交价格,可以视为转让人履行了通知义务。当然,在实践中,政府一般是在审核当事人申报的成交价格时,确定转让价格"明显低于市场价格"后才行使优先购买权的。于此情形,使转让人在订立转让合同后就对政府负有并应履行通知义务,对政府行使优先购买权其实帮助不大,因为转让人为了向受让人履行转移土地使用权的义务,迟早都要向土地管理部门申报成交价格,政府自可在审核成交价格后行使优先购买权。

关于国家优先购买权的行使期间,应区分两种不同情况:其一,转让人在转让合同成立后、申报成交价格前向政府履行通知义务的,行使期间应当为政府收到通知后的合理期间。该期间可以类推适用最高人民法院《关于适用〈中华人民共和国物权法〉若干问题的解释(一)》(法释〔2016〕5号)第11条第1项、第2项予以确定,即原则上为通知送达之日起15日,但通知中载明的行使期间长于15日的,以该期间为准。其二,转让人通过申报成交价格的行为履行通知义务的,参照《城市房地产转让管理规定》第7条规定的房地产转让程序看,行使期间应当为当事人按照规定缴纳有关税费之前,最迟也应在土地管理部门为当事人办理完转移登记手续之前。原因在于,政府一旦通知当事人缴纳有关税费,或者为当事人办理完转移登记手续,通常就意味着政府已放弃行使优先购买权。在转移登记手续办理完毕后,除非存在当事人故意提交虚假的转让合同、申报虚高的成交价格以骗取登记等特殊情况,政府不得再主张行使优先购买权。

第二,政府作出行使优先购买权的决定后,土地储备机构或者土地管理部门只需将该决定通知转让人,即可与之成立以同等条件为内容的转让合同,而无须取得转让人的同意。这是由国家优先购买权的形成权性质所决定的,也是政府行使优先购买权的行为不同于征收行为和一般收购行为的地方。该转让合同原则上属于民事合同,但与一般民事合同相比又有特殊性。例如,转让人拒绝履行转移土地使用权的义务的,政府可以自行办理相关登记手续。不过,政府对转让人负有的付款义务及其履行问题,应当适用《合同法》的相关规定。

在德国,乡镇行使《建筑法典》中规定的优先购买权之后,出卖人与乡镇之间的合同清算纠纷即由民事法律裁判,并属于民事法院管辖。[1]

第三,政府与转让人之间成立土地使用权转让合同后,根据物权变动理论,应当先将土地使用权转移登记到土地储备机构或者土地管理部门名下,然后再基于物权混同的法理认定该土地使用权因与土地所有权混同而消灭,并办理土地使用权注销登记手续。不过,从实践操作的角度看,这种先办理转移登记、后办理注销登记的做法过于烦琐。就此而言,实践中采取由土地管理部门依申请或者依职权直接办理土地使用权注销登记的做法,虽然不尽符合物权变动理论,却不失为一种简便易行的办法。

第四,如果当事人并未向土地管理部门申报成交价格和申请土地使用权转移登记,而是由法院依据生效裁判文书向土地管理部门发出协助执行通知书,要求土地管理部门协助受让人办理土地使用权转移登记手续,则即便土地管理部门发现生效裁判文书中认定的土地使用权转让价格"明显低于市场价格",也不得以《条例》第 26 条第 1 款的规定为由拒绝协助执行或者主张行使优先购买权,以免与《民事诉讼法》中有关生效裁判和协助执行的规定发生冲突。[2] 为防止当事人通过生效裁判及强制执行程序规避国家优先购买权,法院在审理受让人请求转让人履行土地使用权转移登记义务的案件中,应当审查土地使用权转让价格是否"明显低于市场价格",并在认定成立国家优先购买权时,通知政府作为第三人参加诉讼,以便政府能够知道优先购买权的存在并决定是否行使该权利。

(三)政府行使优先购买权对转让人和受让人之间的转让合同的影响

政府行使优先购买权之后,虽然在转让人与政府之间成立以同等条件为内容的转让合同,但转让人与受让人之间的转让合同未必因此失去效力,由此难免在转让人与政府、转让人与受让人之间形成双重转让关系。于此情形,因国

---

〔1〕 [德]M. 沃尔夫:《物权法》,吴越、李大雪译,法律出版社 2004 年版,第 218 页。

〔2〕 在"苏州工业园区清风明月餐饮管理有限公司与苏州市国土资源局、苏州工业园区国土房产局一审行政判决书"中,法院就认为,被告苏州市国土资源局以"拍卖不能成立""政府有优先购买权"等理由不予协助执行,不履行将涉案土地使用权过户至原告名下的协助执行义务的行为,应当确认违法。参见苏州工业园区人民法院(2015)园行初字第 00006 号行政判决书。

家优先购买权无须公示就具有对抗效力,故政府应当优先于受让人取得土地使用权。从实践操作的角度说,由于土地管理部门或者土地储备机构系代表政府行使优先购买权,而土地管理部门本身就负责办理土地登记事务,土地储备机构则是隶属于土地管理部门的事业单位,故受让人实际上也不可能通过完成转移登记而取得土地使用权。问题是,此时受让人能不能追究转让人的违约责任?

笔者认为,鉴于政府行使优先购买权是为了维护公益,若因此而使转让人向受让人承担不能履行的违约责任,对转让人未免过于苛刻,对受让人也显得过于优待。为解决此一问题,可以运用默示条款理论和附解除条件的合同理论来解释转让人与受让人之间的转让合同。详言之,因转让人和受让人均知道或者应当知道国家优先购买权的构成要件,故在双方以"明显低于市场价格"的转让价格订立转让合同时,应当视为双方默示地为该合同附加了一个解除条件,即以将来政府行使优先购买权为解除条件。之后,如果政府行使优先购买权,转让人与受让人之间的转让合同即因解除条件成就而失去效力,转让人自不必向受让人承担违约责任;如果政府不行使优先购买权,解除条件确定地不成就,双方就可以正常履行转让合同。之所以选择附解除条件而非附停止条件的合同理论,主要是因为转让人与受让人之间的转让合同在政府行使优先购买权之前就已生效,并且通常已进入履行阶段,附停止条件的合同理论难以圆满解释此一现象。[1]

---

〔1〕 我国台湾地区"最高法院"1976 年度第 2 次民庭庭推总会议决议(二)称:"丙向某市政府通信投标购买因土地重划而由市政府出售之抵费地(出售土地得价抵缴土地所有人应负担之工程受益费),经市政府通知中标,并收取第一、二期价款后,土地之原所有人丁主张,就该地有优先承购权('实施都市平均地权条例台湾省施行细则'第一百六十九条第二项),曾于标售当日委任代理人到场表示优先承购,为市政府所拒。遂对市政府提起诉讼,经三审判决命市政府将该土地优先出卖并办理所有权移转登记与丁确定。丙声请法院准就该土地假处分后,诉请市政府于受领尾款之同时将土地所有权移转登记与丙。查标售须知载明抵费地之原土地所有人有优先承购权,即系附解除条件之买卖,土地之原所有权人丁既已表示承购,则解除条件已成就,丙与某市政府间之普通买卖契约即失其效力,法院不能使无优先承购权之丙,依据该失效之契约,获得胜诉之判决。"该决议在解决因行使优先购买权而产生的双重买卖纠纷时,对于出卖人与第三人之间的买卖合同就采用了附解除条件的合同理论,可供参考。

六、国家优先购买权与按份共有人优先购买权的竞合

由于国家优先购买权的标的是土地使用权或者以土地使用权为主，房屋承租人优先购买权的标的则是租赁房屋，两者的标的明显不同，故不会发生权利竞合。不过，当土地使用权的按份共有人向第三人转让共有份额时，如果转让价格"明显低于市场价格"，国家就会对该共有份额享有优先购买权，由此产生按份共有人优先购买权与国家优先购买权的竞合。从比较法来看，根据《德国建筑法典》第 28 条第 2 款的规定，乡镇因行使优先购买权而取得土地所有权的，土地上的意定优先购买权归于消灭。这说明乡镇的法定优先购买权优先于在土地上设立的私法上的优先购买权，包括已获得物权性保障的优先购买权。[1] 不过，这种做法对解决前述权利竞合问题并无帮助，因为我国的按份共有人优先购买权属于法定优先购买权。笔者认为，从以下两个方面考虑，按份共有人优先购买权应当优先于国家优先购买权：

（一）对抗效力论

从对抗效力的角度看，按份共有人优先购买权无须公示就具有对抗效力，[2] 国家优先购买权也无须公示就具有对抗效力，似乎无法据此确定何者应优先行使。不过，由于按份共有人优先购买权成立于按份共有关系形成之时，国家优先购买权成立于转让合同生效且转让价格"明显低于市场价格"之时，前者成立和取得对抗效力的时间明显早于后者，故可参照"先取得对抗效力的物权优先于后取得对抗效力的物权"理论，[3] 认定前者应优先于后者行使。从比较法来看，我国台湾地区"土地法"第 104 条第 1 项规定："基地出卖时，地上权人、典权人或承租人有依同样条件优先购买之权。房屋出卖时，基地所有权人有依同样条件优先购买之权。其顺序以登记之先后定之。""祭祀公业条例"第

---

〔1〕 Battis/Krautzberger/Löhr/Reidt, *BauGB*, 2014, § 28, Rn. 7.

〔2〕 戴孟勇：《按份共有人优先购买权若干争议问题探析》，载《烟台大学学报》（哲学社会科学版）2011 年第 4 期。

〔3〕 戴孟勇：《物权的优先效力：反思与重构》，载戴孟勇：《民法原理与实例研究》，中国政法大学出版社 2010 年版，第 243 页。

52条规定:“依前条规定代为标售之土地,其优先购买权人及优先级如下:一、地上权人、典权人、永佃权人……”“前项第一款优先购买权之顺序,以登记之先后定之”。二者根据各优先购买权所依附的基础权利的登记顺序来确定各自的行使顺序,实际上就是以各优先购买权取得对抗效力的先后时间来确定各自的行使顺序。

(二)利益衡量论

按份共有人优先购买权有助于减少共有人的人数,简化或消除共有关系,提高共有物的利用效率。[1] 国家优先购买权旨在防止因土地使用权转让价格过低而扰乱土地使用权二级市场交易秩序。如让前者优先于后者行使,由于土地使用权共有份额的受让人仅限于其他按份共有人,故不会扰乱土地使用权二级市场交易秩序,无损于国家优先购买权制度的立法目的。反之,如让后者优先于前者行使,政府就会通过受让共有份额而加入共有关系,其结果不仅导致共有关系变得复杂,不利于对共有土地使用权的利用和处分,而且政府获得的共有份额也难以纳入土地储备范围。[2] 可见,从利益衡量的角度看,也应让前者优先于后者行使。

七、国家对国有建设用地使用权的优先购买权的扩张适用

根据《条例》第26条第1款的文义可知,国家优先购买权只能适用于“土地使用权转让价格明显低于市场价格”的情况。然而,在一些地方政府规章中,国家优先购买权的适用范围却被不适当地扩张了。例如,《天津市土地整理储备管理办法》(2008年施行)第18条第1款规定:“使用划拨土地的企业,实施企业产权交易涉及土地使用权转让的,在同等条件下,人民政府对土地资产有优先购买权。”该款笼统地规定政府对企业转让的划拨土地使用权享有优先购买

[1] 胡康生主编:《中华人民共和国物权法释义》,法律出版社2007年版,第231页;王利明:《物权法研究》(上卷),中国人民大学出版社2007年版,第737~738页;王泽鉴:《民法物权》,北京大学出版社2010年版,第221页。

[2] 田峰:《我国土地收购储备制度中国家优先购买权制度研究》,载《中国人口·资源与环境》2011年第S2期。

权,而不区分其转让价格是否"明显低于市场价格",显然扩大了《条例》第26条第1款的适用范围。《呼和浩特市土地储备实施办法(试行)》(2005年施行)第13条第1款关于"以出让等有偿方式取得土地使用权的土地转让时,在同等条件下,由市收储中心代表政府优先收购"的规定,也存在类似的现象。

又如,《海口市土地储备办法》(2005年施行)第12条规定:"下列土地交易时,在同等条件下,经报市人民政府批准后,由市土地储备整理中心予以优先收购:(一)法院裁定抵偿债务的闲置土地;(二)划拨地;(三)企业改制土地;(四)农村企业留用地;(五)其他可以优先收购的土地。"该规定不仅完全抛开《条例》第26条第1款关于"土地使用权转让价格明显低于市场价格"的限定条件,还将国家优先购买权的标的扩张至"农村企业留用地"。

再如,《深圳市工业楼宇转让管理办法(试行)》(2013年试行)第6条规定:"依照本办法规定限整体转让的工业楼宇,自用地批准文件生效之日起或土地使用权出让合同签订之日起不满20年进行整体转让的,政府在同等条件下享有优先购买权。""本办法第四条第二款第(一)、(二)、(三)、(四)、(五)、(六)、(九)项规定的工业楼宇分割转让的,政府在同等条件下可以优先购买。"该规定一方面将国家优先购买权的标的扩张到工业楼宇,另一方面又未采用"转让价格明显低于市场价格"的限定条件。

此外,不少地方政府规章还规定,集体建设用地使用权的流转价格明显低于政府备案或公布的价格的,政府可行使优先购买权。[1] 这种做法显然借鉴了《条例》第26条第1款的规定。正如有批评意见所指出的,一方面,集体建设用地使用权的流转价格一般会低于市场基准价,若允许政府行使优先购买权,会变相地使政府垄断农村集体建设用地一级市场;另一方面,农民集体在流转建设用地使用权时,往往会因附加了提供就业机会等额外条件,导致其仅以较

---

〔1〕《昆明市集体建设用地使用权流转管理办法》(2010年施行)第32条;《韶关市辖三区集体建设用地使用权流转管理实施办法》(2008年施行)第39条;《东莞市集体建设用地使用权流转管理办法》(2005年施行)第36条第1款;《大连市集体建设用地使用权流转管理暂行办法》(2003年施行)第17条第2款。《长沙市集体建设用地使用权流转管理办法》(2013年施行)第36条规定:"集体建设用地使用权流转参照城乡一体化地价体系确定的基准地价或标定地价,交易价格明显偏低的,集体土地所有者享有优先回购权。集体土地所有者放弃优先回购权时,市、县(市)人民政府有优先购买权。"该条赋予集体土地所有者以第一顺位的优先购买权,赋予政府以第二顺位的优先购买权。

低的价格出让集体建设用地使用权。因政府往往无法实现这些附加条件,若允许其行使优先购买权,显然与实际流转事实不符,也侵害了农民的土地权益。[1]

应当看到,法定优先购买权在对优先购买权人提供优待保护的同时,会严重影响出卖人与买受人之间的合同关系,给交易安全带来极大的威胁,故在解释适用上应当尽量从严把握,以尽可能减少该制度的负面效应。然而,上述地方政府规章却反其道而行之,随意扩张甚至完全突破《条例》第 26 条第 1 款的适用范围。这种做法一方面会破坏土地使用权市场交易秩序,损害受让人的利益;另一方面也与上位法的规定相抵触,导致地方立法凌驾于国家立法之上,明显不妥。

〔1〕 张鹏、王亦白:《对农村集体建设用地使用权流转试点的思考》,载《法学》2006 年第 5 期。

论物权对抗要件即其公示形式*

——最高人民法院《物权法》第 24 条新解释质疑

李锡鹤**

内容摘要:特定物权人以法定形式,告知不特定人特定物权之存在,不特定人须履行不作为义务,不得妨碍权利人依法行使特定物权,此即公示物权之对抗效力。公示是对抗之根据,对抗是公示之目的;无公示不得对抗,可对抗必已公示;公示构成对抗之充要条件,物权法定对抗要件即法定公示形式。物权对抗效力是对世效力,即请求义务人不为妨碍行为。请求义务人为特定行为,是对人效力,属债权性对抗。特殊动产转让关系中,转让合同内交付优先于登记;受让人如与第三人冲突,登记优先于交付。《物权法》第 24 条规定,登记是特殊动产物权唯一对抗要件,当然就是特殊动产物权唯一公示形式。否定特殊动产物权登记即公示形式,即否定第 24 条,违背物权公示—对抗法理。

关键词:物权变动　物权公示　物权对抗　无权处分　善意取得

一、前　　言

所谓公示物权,法理上指特定物权人以法定形式,告知不特定人特定物权之存在,不特定人须履行不作为义务,不得妨碍特定物权人依法行使该特定物权,此即公示物权之对抗效力。物权未经公示,不得对抗善意第三人。例如,买受人善意,可对抗标的物所有人,从物权外观人(具有物权法定公示形式之主

---

* 本文系上海市教委第五期重点学科建设(J51104)的阶段性成果。

** 华东政法大学民商法教研室教授。

体)处,取得标的物所有权。这意味着,公示物权之对抗关系中,公示是对抗之根据,对抗是公示之目的;无公示不得对抗,可对抗必已公示;公示构成对抗之充要条件。可以得出明确的结论:物权的法定对抗要件即其法定公示形式。上述一本正经的推导,包括过程和结论,均属物权理论常识。

近年来,最高人民法院连续以司法解释的形式,实际上规定,特殊动产物权之对抗要件非其公示形式,并提出各种"理由"为其辩护。此类"理由"涉及许多法理,特撰本文,予以澄清。

二、《物权法》相关规定及其演绎

当事人双方达成机动车买卖协议,完成交付,但未过户(变更登记);出卖人又与不知情第三人达成该机动车买卖协议,不交付而过户;第一买受人与第二买受人就该机动车归属发生争议。现实生活中,此类纠纷经常发生,但学界观点严重对立。

机动车属《物权法》规定之特殊动产,上述问题只能根据《物权法》相关条文解决。当然,《物权法》则应根据民法法理制定。

从物权变动是否需要合意以外程序之角度,物权变动的立法模式分为意思主义和形式主义:前者当事人达成合意即可变动;后者除合意外,尚需其他程序,必须表现于外。《物权法》中,动产物权的变动模式规定如下:

第23条:"动产物权的设立和转让,自交付时发生效力,但法律另有规定的除外。"条文之"动产"前,无任何限制,应包括一般动产和特殊动产。此处"法律另有规定的除外",无疑应解释为:如法律另有规定,未经交付,动产物权变动亦可生效。

第24条:"船舶、航空器和机动车等物权的设立、变更、转让和消灭,未经登记,不得对抗善意第三人。"条文规定特殊动产的物权变动,不附但书。

第27条:"动产物权转让时,双方又约定由出让人继续占有该动产的,物权自该约定生效时发生效力。"此即占有改定制度,条文之"动产"前无任何限制,应适用特殊动产。

根据《物权法》上述规定,可直接或间接得出以下结论:

1. 动产分为一般动产和特殊动产，两者物权的法定对抗要件完全不同：前者是占有，后者是登记，必须严格区分。

需要指出，动产之交付指移转标的物控制，通称移转占有，包括所谓“直接占有”和“间接占有”：前者即行为人亲自占有；后者指行为人对占有人享有标的物返还请求权。如此区分值得商榷。

此处之控制和占有，均是使行为对象处于自己支配范围之行为，此为共性，但两者存在区别。传统民法理论认为，民法之占有包括两个要件：心素和体素，前者指使行为对象处于自己支配范围之意志，称占有意志；后者指使行为对象处于自己支配范围之外观，称占有外观。据此，占有必须表现于外，“占有外观”实属文义重复。而控制只有心素要件，并无体素要求。这意味着占有是具有外观形式之控制，是控制之下位概念。控制可分为直接控制和间接控制：前者行为人通过亲自占有而控制，有控制外观；后者行为人通过他人占有而控制，无控制外观。占有不能分为“直接占有”和“间接占有”。通说所谓“间接占有”，如出质、出租、出借、寄托，行为人欠缺控制外观，并非一种占有类型，其实是间接控制。称间接控制为“间接占有”，混淆占有和控制。占有是一般动产物权之公示形式，即一般动产物权外观。无外观之控制不能公示任何一般动产物权，行为人必须通过行使标的物返还请求权，占有标的物后，方能公示一般动产物权。主张“间接占有”为占有，违背物权公示原则。两个以上主体占有意志一致，均有控制外观，发生共同占有。除共同占有外，一物之上不能同时存在两个以上占有，包括所谓“直接占有”和“间接占有”。任何占有均须有控制外观，在这一意义上，可以说一切占有均为直接占有。[1]

物权的法定公示形式构成法定对抗要件之充要条件，法定对抗要件即法定公示形式。登记是特殊动产物权唯一的法定对抗要件，当然就是唯一的法定公示形式。物权变动生效要件与对抗要件或有区别，如特殊动产以交付为生效要件，登记为对抗要件；但物权公示形式与对抗要件必然相同，绝无例外。主张特殊动产物权的公示形式与对抗要件不同，登记仅是对抗要件，并非公示形式，交付（占有）方是公示形式，交付后之公示方有对抗效力，既无立法根据，也是对物

---

〔1〕 李锡鹤：《物权论稿》，中国政法大学出版社2016年版，第20～22页、第49～53页。

权公示—对抗法理的根本性误解。

2. 特殊动产物权变动不得对抗善意第三人之原因,是未经登记,而非未经交付。特殊动产交付与否,与其物权对抗效力是否发生,是否完全,并无关系。

需要指出,物权未经公示不得对抗善意第三人,通常表述为无对抗效力,但此类表述只是一种习惯说法,并不严谨。

权利是法律确认的行为资格,受法律保护,可对抗义务人,权利效力其实就是权利对抗效力。权利与义务是相对概念,各以相对方为自己的存在为前提。权利人享有权利,意味着义务人承担义务。一方的权利即另一方的义务,两者同时发生,同时消灭。权利人行使权利,以义务人履行义务为前提;义务人履行义务,以义务人知悉义务为前提。义务人一旦知悉义务,即必须维持此法律关系,给付不得逾期。这意味着权利始于义务人"应知"。义务人知悉程度,即权利对抗程度。物权是绝对权,对抗效力因是否公示而不同:公示物权有完全对抗效力,可对抗不特定人;未公示物权有不完全对抗效力,可对抗从其他途径知悉权利内容之人。此外,不特定人均应知悉自己并非特定未公示物权之权利人,均应承担与此知悉程度相当之不作为义务。例如,特殊动产买受人占有标的物后,取得所有权,虽未登记,除善意第三人外,可对抗任何占有妨碍人,包括出卖人。因此,严格地说,未经公示之物权并非无任何对抗效力,而是无完全对抗效力,但通常表述为无对抗效力,本文从之。

3. 特殊动产买卖双方可不过户而转让标的物所有权,有不同方式:

(1)达成一般买卖协议,交付转让所有权。

(2)达成占有改定协议,不交付而转让所有权。

两种情况下,转让之所有权均无对抗效力。

为使不过户——包括交付与不交付——而受让之特殊动产所有权发生对抗效力,标的物必须过户。作为特殊动产物权公示形式,此类过户之效力并非转让所有权,而是转让对抗效力。

4. 特殊动产买卖双方可不交付而转让所有权,与是否过户无关。换言之,双方通过约定,不交付,亦不过户,可转让所有权;通过约定,不交付而过户,亦可转让所有权:

(1)通过约定,不交付,亦不过户,转让特殊动产所有权,转让协议生效,即时转让无对抗效力所有权。

(2)通过约定,不交付而过户,转让特殊动产所有权,又可分为:

①以过户为占有改定协议生效条件,过户完成,即时转让有对抗效力所有权;

②不以过户为占有改定协议生效条件,占有改定协议生效,即时转让无对抗效力所有权,此后又完成过户,即时转让对抗效力,法理上视为先后达成两个物权合同。

上述(1)、(2)项均具备《物权法》第27条所规定之物权转让条件——“出让人继续占有该动产”,因此均属第23条之“法律另有规定”。学理上称此类交易方式为占有改定,通说解释为从出卖人“直接占有”改为买受人“间接占有”,不能成立,实际上是出卖人从自主占有改为他主占有。

需要指出,特殊动产交易关系中,交付和过户,均未必转让所有权,前者如出租、寄存、质押;后者可能仅转让对抗效力。区别在于:前者非特殊动产物权公示形式,交付完成,占有人可能成为所有人,但其所有权无对抗效力。后者是特殊动产物权公示形式,过户完成,登记人即成为有公信力之所有人,其所有权有对抗效力,登记人又可通过交付而不过户,转让所有权,成为非所有人。

5. 我国动产物权变动采形式主义模式,交付移转所有权,此属原则;但特殊情况下,不交付亦可移转所有权,此属例外。前者有外观表现,称现实交付。后者无外观表现,称观念交付、拟制交付,属意思主义模式,占有改定即在其列。

买卖一般动产,占有改定程序为:达成买卖合意,约定不移转控制(通称占有)而即时转让所有权,无外观表现,属观念交付、意思主义。但从上文可知,买卖特殊动产,占有改定可不过户,亦可即时过户,法理上视为以过户为占有改定协议生效条件。前者无外观表现,属观念交付,意思主义,即时转让无对抗效力之所有权;后者有外观表现(过户),即时转让有对抗效力之所有权,在这一意义上,可视为现实交付、形式主义,而非观念交付、意思主义。据此,特殊动产之占有改定包括有外观表现和无外观表现两种情况,在这一意义上,动产之现实交付与占有改定存在交集。

6. 特殊动产买卖双方之过户,可发生于不同场合:

(1)已转让所有权,包括未交付与已交付。两种情况下,过户之宗旨均非转让所有权,而是转让所有权之对抗效力。

(2)未转让所有权,包括两种情况:未交付,此时过户视为占有改定协议生效,即时转让有对抗效力之所有权;已交付,此类情况常见于简易交付,过户视为即时转让所有权之对抗效力。

7. 买卖一般动产或特殊动产,当事人双方均可通过交付转让所有权;亦均可通过占有改定,不交付而转让所有权。但一般动产不发生过户问题,特殊动产发生是否过户问题:不过户,转让无对抗效力之所有权;过户,转让有对抗效力之所有权,或所有权之对抗效力。

8. 特殊动产买卖双方不交付,亦不过户,转让特殊动产所有权后,当事人之间不发生交付与登记冲突问题,受让人可以转让合同对抗转让人(登记人)。

9. 特殊动产买卖双方不过户而交付,转让特殊动产所有权后,受让人可以转让合同和合法占有对抗转让人(登记人),表现为可请求转让人变更登记,意味着此类情况下,如登记与交付发生冲突,交付优先于登记。但此类优先仅发生于买卖双方之间,与第三人无关。具体言之,此类情况下,买受人不仅是标的物之物权人,可支配标的物;也是出卖人之债权人,可请求出卖人过户。出卖人既是买受人标的物所有权之义务人——履行不作为义务之不特定人,也是买受人债权之债务人——履行特定行为义务之特定人。买受人可请求出卖人过户,但请求人身份是债权人,非物权人。

物权是绝对权,发生对世效力,可请求义务人不作为,即不妨碍权利人行使权利,支配标的物。债权是相对权,发生对人效力,可请求义务人为特定行为,含不作为,即不为指定行为,区别于对世效力义务人之不作为。任何可请求特定人为特定行为之效力均非物权效力,而是债权效力。特殊动产物权变动关系中,如交付优先于登记,反映转让合同双方关系,法理上属债权效力,非物权效力。

10. 所有人通过交付而不过户,转让特殊动产所有权后,如又通过过户,向不知情第三人转让标的物所有权,构成对第一受让人标的物所有权之无权处分。转让人与第三人之过户,法理上属占有改定协议。第三人有理由相信名义登记人是所有权人,可善意取得有对抗效力之所有权;第一受让人须承担标的物所有权欠缺公示之风险,不能请求第二受让人变更登记。这意味着此类情况下,如登记与交付发生冲突,登记优先于交付。此类优先反映特殊动产受让人与第三人关系(涉及特殊动产善意取得要件,后文将作分析),非转让合同双方关系。

以上10个结论,都是以《物权法》第23条、第24条、第27条为前提,遵循形式逻辑演绎之当然结论。

三、最高人民法院当年解释

《物权法》公布于2007年3月16日。2007年3月由最高人民法院物权法研究小组编著的《〈中华人民共和国物权法〉条文理解与适用》(以下简称《物权法条文理解与适用》)一书,曾举例解释特殊动产物权变动:

> 在审判实践中,船舶、航空器和机动车等物权的设立、变更、转让和消灭在未进行登记之前,如果有善意第三人对同一标的物主张物权的,则该善意第三人的主张应当依法予以支持。例如,甲公司将一架飞机出售与乙公司,乙公司支付了全部价款,但未办理过户手续,后甲又以更高的价格将该架飞机出售给丙公司,因该架飞机仍登记在甲公司名下,丙公司确信飞机为甲公司所有,遂支付了大部分价款,并办理了所有权转移登记手续。本案中,乙公司与甲公司的买卖合同虽然在先,并支付了全部价款,但丙公司在先办理了所有权转移登记,乙公司不得以其所有权对抗丙公司。丙公司完成登记后,即取得完整的物权,乙公司的物权即完全消灭。因此,乙公司和丙公司如因此涉讼,法院应依法支持丙公司的主张。[1]

引文未说明甲乙之间是否已交付标的飞机,但“乙公司不得以其所有权对抗丙公司”,说明乙已取得所有权。据此,如非占有改定,应已现实交付;如为占有改定,应属意思主义,无对抗效力。

《物权法条文理解与适用》由最高人民法院物权法研究小组编著,理应代表

---

〔1〕 最高人民法院物权法研究小组编著:《〈中华人民共和国物权法〉条文理解与适用》,人民法院出版社2007年版,第115~116页。

最高人民法院当时对《物权法》的理解。其中,关于第 24 条的解释,实际上就是:特殊动产之物权变动,登记始有对抗效力,故即其公示形式,交付无对抗效力,故非公示形式。可概括为:特殊动产物权变动涉及第三人时,"登记优先于交付",符合《物权法》第 24 条立法宗旨。引文简单介绍观点,未作详细分析,应是由于此乃第 24 条直接、明确之文义,属物权理论常识。

四、最高人民法院新解释及疑问

然而,在《物权法》未作任何修改的情况下,近年来,最高人民法院先后制定了《关于审理买卖合同纠纷案件适用法律问题的解释》(以下简称《买卖合同司法解释》)和《关于适用〈中华人民共和国物权法〉若干问题的解释(一)》(以下简称《物权法司法解释(一)》),对《物权法》第 24 条作出了与当年完全相反的解释。

(一)《买卖合同司法解释》第 10 条

《物权法》颁布仅 5 年,2012 年 5 月 10 日颁布,7 月 1 日起施行的《买卖合同司法解释》第 10 条规定:"出卖人就同一船舶、航空器、机动车等特殊动产订立多重买卖合同,在买卖合同均有效的情况下,买受人均要求实际履行合同的,应当按照以下情形分别处理:……(四)出卖人将标的物交付给买受人之一,又为其他买受人办理所有权转移登记,已受领交付的买受人请求将标的物所有权登记在自己名下的,人民法院应予支持。"

据此,无权处分特殊动产,善意买受人与第三人的关系中,交付优先于登记。

1. 第 10 条之"理由"

2012 年 6 月出版,最高人民法院民事审判第二庭编著的《最高人民法院〈关于买卖合同司法解释〉理解与适用》(以下简称《理解与适用(买卖)》),为《买卖合同司法解释》第 10 条辩解,为避免断章取义,详细引用如下:

类型五:甲将其 A 船卖与乙,已交付但未办理过户登记手续;后又卖与丙,未交付但已办理过户登记。

【研析】此类情形构成多重买卖中交付与登记的严重冲突,如何确定标的物所有权归属，争议颇大。第一种观点认为，根据《物权法》第 24 条之规定，因丙已经办理过户登记，故乙不能对抗丙，丙取得 A 船所有权。第二种观点认为，乙由于已受领给付，因此取得了 A 船的所有权；但因尚未办理过户登记，故不能对抗善意第三人。丙若不知甲已将 A 船卖与乙的事实且无重大过失时，构成善意，乙将不能对抗丙。但是，丙和甲之间没有交付 A 船的行为，按照《物权法》第 23 条的规定，丙并未取得 A 船的所有权。此时交付与登记之间形成“死扣”，故应当准用《物权法》第 19 条第 1 款关于“权利人、利害关系人认为不动产登记簿记载的事项错误的，可以申请更正登记。不动产登记簿记载的权利人书面同意更正或者有证据证明登记簿确有错误的，登记机构应当予以更正”之规定，乙有权凭 A 船买卖合同和基于合法占有该船的事实，请求登记部门更正登记。丙若书面同意更正，则问题迎刃而解；若不同意，因证据确凿，登记部门也应予以更正。更正后，乙及时办理登记，对抗他人。同时，甲也有义务和权利请求登记部门注销登记，因丙的 A 船所有权不符合事实。（原注：崔建远：《再论动产物权变动的生效要件》，载《法学家》2010 年第 5 期。）我们赞同第二种观点。

类型六：甲将其 A 船卖与乙，尚未交付但已办理过户登记手续；后又卖与丙，已交付但未办理过户登记手续。

【研析】于此场合，也构成多重买卖中交付与登记的冲突。丙因受领交付而取得了 A 船的所有权，但因尚未办理过户登记手续，故不能对抗善意第三人。乙若不知甲已将 A 船卖与丙的事实且无重大过失时，构成善意，丙也不能对抗乙。但乙和甲之间毕竟没有交付 A 船的行为，按照《物权法》第 23 条之规定，乙并未取得 A 船的所有权。在这种情况下，仍应准用《物权法》第 19 条第 1 款之规定，丙有权凭 A 船买卖合同和基于合法占有该船的事实，请求登记部门更正登记。乙若书面同意更正，登记部门注销乙的登记，将 A 船的所有权登记在丙的名下；乙若不同意，因证据确凿，登记部门亦应予以更正。更正后，丙应及时办理登记以对抗他人。同时，甲也有义务和权利请求登记部门注销登记，因乙的 A 船所有权不符合事实。[1]

---

〔1〕 最高人民法院民事审判第二庭编著：《最高人民法院〈关于买卖合同司法解释理解与适用〉》，人民法院出版社 2012 年版，第 179 ~ 180 页。

2. 第10条辩解之“硬伤”

(1)交易顺序交代冲突

《理解与适用(买卖)》之“类型五”为:甲与乙订立A船买卖协议,已交付,未过户;后又与丙订立A船买卖协议,已过户,未交付。也就是说,交付在前,过户在后。

“类型六”为:甲与乙订立A船买卖协议,已过户,未交付;后又与丙订立A船买卖协议,已交付,未过户。也就是说,过户在前,交付在后。

“类型六”与“类型五”交易方式明显不同。但引文“类型六”之分析称:“乙若不知甲已将A船卖与丙的事实且无重大过失时,构成善意,丙也不能对抗乙。但乙和甲之间毕竟没有交付A船的行为……”引文中,“乙若不知”,当然指甲乙过户时,乙不知甲已将A船卖与丙,即甲丙交付在前,甲乙过户在后,这不就是“类型五”吗?为何重复讨论?引文案例专为区别交易方式,却重复同一交易方式。

(2)“死扣”说违背法理

《理解与适用(买卖)》之“分析”称:“类型五”中,A船先占有之买受人与后登记之买受人之间,发生所谓“死扣”关系。

此处之“死扣”,即不同主体之权利“冲突”。权利是法律确认的行为资格,受法律保护,除立法冲突外,权利不可能冲突,所谓权利冲突是伪命题。[1] 权利主体依法行使权利,可请求任何妨碍人排除妨碍。任何人均不享有妨碍他人依法行使权利之“权利”。当然,任何现实权利均有法律确认之权限,任何权利主体均不能超越权限行使权利。不同主体之权利,其权限可以并存,也应该并存。这意味着除立法冲突外,不同主体的权利不可能冲突,如果“冲突”,至少一方滥用了权利,实际上是各权利主体的意志发生冲突。称权利主体意志冲突为权利冲突,不符合事实。“类型五”中,如果占有与登记发生“死扣”,只有一个原因:立法冲突;如立法不冲突,“死扣”说必然误解了立法。《理解与适用(买卖)》是否认为相关立法冲突了呢?

---

〔1〕 李锡鹤:《民法原理论稿》,法律出版社2012年版,第305~323页。

3. 第10条辩解质疑

《理解与适用(买卖)》之“分析”称:类型五中,“第二种观点认为,乙由于已受领给付,因此取得了A船的所有权;但因尚未办理过户登记,故不能对抗善意第三人。丙若不知甲已将A船卖与乙的事实且无重大过失时,构成善意,乙将不能对抗丙。但是,丙和甲之间没有交付A船的行为,按照《物权法》第23条的规定,丙并未取得A船的所有权”。

引文称:“类型五”中,“丙若不知甲已将A船卖与乙的事实且无重大过失时,构成善意,乙将不能对抗丙。”但“类型五”之“分析”又称:“乙有权凭A船买卖合同和基于合法占有该船的事实,请求登记部门更正登记。”

民法所谓可对抗他人,即对抗人主张与他人主张冲突时,对抗人主张可获法律支持,具体地说,可请求他人为特定行为,或不为妨碍行为,包括可拒绝他人请求。乙可请求更正丙之权利登记,难道不算可对抗丙?

甲丙之A船交易形式是不交付而过户。据《物权法》第23条,动产物权变动交付生效,“但法律另有规定的除外”。因此,断言甲丙之间因未交付不能转让所有权,直接挑战第23条。据《物权法》第27条,动产不交付亦可转让所有权,并未区分一般动产与特殊动产,亦未区分特殊动产过户与否,因此,断言甲丙交易不属第23条之例外,直接挑战第27条。据《物权法》第24条:特殊动产物权登记发生对抗效力,并未区分标的物交付与否。因此,断言甲丙因未交付故丙之登记无对抗效力,直接挑战第24条。

可以发现,面对《物权法》第23条、第24条、第27条白纸黑字、文义明确的规定,引文有自说自话之嫌。引文实际上认为:《物权法》第24条所规定登记之对抗效力,仅发生于交付之后,即交付后之登记方有对抗效力,虽过户而不交付,无对抗效力。这意味着特殊动产物权之对抗要件实际上是占有而非登记,公示形式当然也是占有而非登记,与一般动产并无区别,从根本上否定了第24条。

4. 善意取得法理分析

“类型五”中,甲乙达成A船买卖协议,甲向乙交付A船后,丧失A船所有权,甲再向丙出售A船,构成对A船之无权处分。

通说认为:无权处分关系中,标的物所有权欠缺法定公示形式,如所有人拒绝无权处分后果,虽然处分协议(非买卖协议)不生效,善意买受人可因受领标的物而对抗原所有人,取得标的物所有权,此即善意取得制度之基本法理。王轶教授概括为:"受让人的善意仅可补足权利取得的缺陷,而不能补正无权处分行为效力的欠缺。"[1]通说解释涉及善意、法律行为、行为生效、无权处分等民法范畴,须作澄清。

学界认为,民法"善意"指不知或不应知特定权利状态。实际上,"知"属主观状态,有时难以界定,只能以是否"应知"为判断根据。所谓"应知"之"应",只能解释为不欠缺必要注意。至于何为"必要",最终只能由法官依法认定。

民法之法律行为是有民事效果,含效果意思的行为。民法之合同是按缔约人意志发生法律效力之协议,由"要约+承诺"或"给付+受领"组成。通说视合同为单数行为,否定要约、承诺、给付、受领是法律意义上之行为,连行为都不是,遑论法律行为。然而,无论要约、承诺,还是给付、受领,均有法律效力,均含效果意思,证明其不仅是法律意义上之行为,而且是法律行为。因此,合同并非单数法律行为,而是法律行为组合。[2]

在法理上,法律行为生效与否之唯一标志,就是行为人是否实现效果意思;协议生效与否之唯一标志,就是当事人双方之法律行为是否均实现效果意思;无权处分协议生效与否之唯一标志,就是标的权利是否移转。善意取得关系中,既然无权处分相对人取得标的物权,仍认定处分协议不生效,如何服人?

据通说,善意取得过程有两个阶段:(1)无权处分人与善意买受人订立买卖合同后,标的物交付前;(2)标的物交付后。既然物权未经公示不得对抗善意第三人,可以推论,未经公示之所有权可对抗之人均非善意第三人。第一阶段,善意买受人发生合同债权,可请求无权处分人依约交付标的物,但尚未取得物权,所有人可对抗善意买受人,拒绝处分标的物,意味着未受领之善意买受人尚非善意第三人。第二阶段,善意买受人取得所有权,原所有人已无所有权,不发生原所有权对抗问题,意味着受领给付后之善意买受人已非善意第三人。那么,善意取得过程中,所谓物权未经公示不能对抗之善意第三人,究竟诞生于何时何地呢?换

[1] 王轶:《物权变动论》,中国人民大学出版社2001年版,第258页。
[2] 李锡鹤:《民法原理论稿》,法律出版社2012年版,第823~831页。

言之，善意买受人什么时候才是原所有权不得对抗之善意第三人呢？

前文指出：民法之“善意”即无法律上过错，不欠缺必要注意；逆向解释，民法之“恶意”即有法律上过错，欠缺必要注意，包括故意和过失。可以推论：民法区分“善意”与“恶意”，只为根据行为人之心理状态——是否欠缺必要注意，决定行为性质，区分法律后果。所谓善意取得，其实就是以“善意”为物权取得要件。[1]

民法有善意占有概念，学界解释为行为人不知（或不应知）无权占有而为占有。例如，承租人擅自出借标的物，借用人“不知”而占有。不难发现，善意占有与善意取得均属“善意”行为，但通说评价不一：善意取得属有权取得，当然必须保护；善意占有属无权占有，当然必须禁止。需要指出，学界认为法律保护无权占有，违背基本法理，不能成立。[2] 因此，严格地说，民法有“善意”术语，无“善意”概念；有具体善意行为概念，无抽象善意行为概念。通说对“善意”之矛盾评价反映对“善意”之误解。

在法理上，由于民法“善意”指不欠缺必要注意，善意行为应属合法行为，善意占有应为有权占有。[3] 据此，无权处分善意相对人因不欠缺必要注意，可完成标的物受领行为——一般动产为控制，不动产为登记，特殊动产为控制或登记。

民法保护“善意”，是由于行为人“不应知”；行为人一旦“应知”，“不应知”所受保护即应终止。例如，法律保护善意占有，行为人可取得使用收益，不构成不当得利，不承担侵权责任；但物权人出示权利证据，请求返还标的物，行为人不能对抗，必须返还，否则构成恶意占有，发生侵权责任。法律保护善意不当得利，行为人可完成受领行为，不构成侵权；但行为人知悉所得利益无法律根据后，应返还现存利益，否则构成侵权。据此，“不应知”当事人可完成行为，但自“应知”起，不能保持行为后果。

然而，善意取得不在其限。无权处分关系中，如处分权人接受处分协议（非买卖协议，下同，实为同意处分标的物，表现为同意处分人之处分表示），视为有权处分，处分协议生效，标的物权因处分协议生效而移转，处分相对人取得标的物权；如处分权人拒绝处分协议（实为不同意处分标的物，表现为不同意处分人

〔1〕 李锡鹤：《物权论稿》，中国政法大学出版社2016年版，第35页。

〔2〕 李锡鹤：《物权论稿》，中国政法大学出版社2016年版，第23～30页。

〔3〕 李锡鹤：《物权论稿》，中国政法大学出版社2016年版，第31～46页。

之处分表示),处分相对人与处分权人意志发生冲突,立法者必须并已经作出选择:相对人如"恶意",受领构成侵权,须恢复原状;如"善意",受领不构成侵权,但可否保持行为后果呢?

以一般动产交易为例,无权处分协议订立前,占有人非所有人。交付即移转控制,买受人受领后,方知悉处分人无权处分:如可保持行为后果,意味着受害人承担物权外观欠缺风险;如不可保持行为后果,意味着受领人承担处分人之处分权欠缺风险。显然,要求受领人在受领前,知悉物权外观人有无处分权,实属苛刻;要求受害人知悉物权外观欠缺风险,不谓过分。根据物权公示公信原则,善意受领人有理由相信物权外观人为物权人,有处分权。这意味着善意受领人不欠缺必要注意,可保持行为后果,取得标的物权。

在法理上,一般动产和不动产之交易中,无权处分之相对人应区分受领人和受让人:前者指从处分人处取得控制,或者处分人为其登记之人,即取得物权外观。后者指权利取得人,即从处分人处取得标的物权。简言之,通常情况下,受领指取得物权外观,受让指取得标的物权。可以概括通常情况下善意取得之法理逻辑:处分相对人因不欠缺必要注意,可对抗原所有权,完成受领——登记或控制(包括直接控制和间接控制:前者即占有;后者可请求占有人返还标的物,取得占有),保留行为后果,决定处分协议生效,实现效果意思,取得标的物权,从受领人成为受让人,从物权外观人成为物权人。

可见,通常情况下,善意取得之直接对象并非标的物权,而是标的物之物权外观,间接对象才是标的物权。在时间上,受领与受让难分先后;在逻辑上,受领当然先于受让。

概括言之:通常情况下,无权处分关系中,所谓物权未经公示不能对抗之善意第三人,即善意物权外观人;详言之,即从非物权人处善意取得物权外观之人,包括善意占有人和善意登记人,可对抗特定物权,尚非物权人。通说认为,善意第三人是物权人,违背法理。最高人民法院民事审判第一庭编著的《最高人民法院物权法司法解释(一)·理解与适用》(以下简称《理解与适用(物释一)》)认为:"善意第三人应对标的物具有正当物权利益……所谓物权利益系指该人与转让人具有物权关系”。[1] 在法理上，物权利益只能归属于物权人。物权转让之债权协议生效后，物权转让前，转让人是物权人，享有物权利益；受让人是债权人，享有债权利益，并无物权利益。物权转让后，受让人是物权人，不发生对抗特定物权问题，不能成为善意第三人。无权处分关系中，善意买受人通称善意第三人，在法理上，只有在受领向受让转化之瞬间，即物权外观向物权转化之瞬间，善意买受人方是善意第三人，是只见作用，不见踪影的“隐身人”，只生活于理论中，现实中并不存在。[2]

需要指出，特殊动产物权变动之生效要件与公示形式不同，无权处分善意相对人可保留之行为后果，包括占有和登记，并构成特殊动产善意取得要件，后文将作分析。

5. 遵循法理之路径

“类型五”中，甲乙达成 A 船买卖协议，甲向乙交付 A 船后，丧失 A 船所有权，甲与善意之丙买卖 A 船，逻辑上可有三种方式：

(1)先后通过债权合同和物权合同两个阶段：①订立买卖合同，甲的允诺是：保证以 A 船所有权交换价金；乙的允诺是：保证以价金交换 A 船所有权。②履行买卖合同(实即发生物权合同)，甲在乙配合下，通过过户而非交付，转让有对抗效力之所有权，法理上是在债权性质的买卖协议基础上，以过户为生效条件，达成占有改定协议。(2)直接发生物权合同：以过户为生效条件，达成占有改定协议，即时转让有对抗效力之 A 船所有权。(3)先后发生两个物权合同：甲丙达成不过户之占有改定协议，转让无对抗效力之所有权；此后，又达成过户协议，转让对抗效力。

甲向丙出售 A 船，构成无权处分，侵害乙之 A 船所有权。在法理上，此处分行为(非负担行为)应由乙决定效力，即效力待定：乙接受，转让生效；乙拒绝，转让不生效，丙如恶意，受领构成侵权，发生侵权责任；如善意，发生对抗效力。上述类型中：

---

[1] 杜万华主编、最高人民法院民事审判第一庭编著：《最高人民法院物权法司法解释(一)·理解与适用》，人民法院出版社 2016 年版，第 180 页。

[2] 关于善意取得法理之详细分析，可参见李锡鹤：《物权论稿》，中国政法大学出版社 2016 年版，第 258 ~ 295 页。

第1种:甲丙买卖协议(非处分协议)不侵害乙之所有权,应该生效;[1]丙因善意,可对抗乙之所有权,配合甲完成过户,取得物权外观,保留行为后果,决定转让生效,取得有对抗效力之所有权。

第2种:丙因善意,可对抗乙之所有权,与甲订立以过户为生效条件之占有改定协议,配合甲完成过户,取得物权外观,保留行为后果,决定转让生效,取得有对抗效力之所有权。

第3种:丙因善意,本可对抗乙之所有权,与甲订立处分协议,但该处分形式是不过户之占有改定合意,无任何行为后果可以保留。甲丙企图在此不过户之占有改定协议基础上,再达成过户协议,法理上应视为:从达成过户协议起,直接达成以过户为生效条件之占有改定协议,即第2种类型,构成法律行为转换。

上述三种情况(第3种可归入第2种),均符合《物权法》第24条、第27条,属第23条但书内容;主张丙虽善意,不能取得所有权,无任何根据。

6. 占有改定后之无权处分

为进一步说明特殊动产无权处分之法律关系,现就特殊动产占有改定后之转让关系作分析。

特殊动产所有人通过不过户之占有改定,向第一买受人转让标的物所有权后,再向善意之第二买受人转让标的物,亦构成无权处分,第二买受人不欠缺必要注意,受相应保护,可完成特定行为。由于处分方式不同,后果亦不同:

(1)通过不过户之占有改定,向第二买受人转让标的物所有权,转让协议效力由第一买受人决定。第二买受人虽有善意,但并无行为后果可以保留。

(2)通过过户之占有改定,向第二买受人转让标的物所有权,转让协议效力

---

〔1〕《合同法》第51条规定:"无处分权的人处分他人财产,经权利人追认或者无处分权的人订立合同后取得处分权的,该合同有效。"条文规定无权处分关系之债权协议效力待定。其中"合同"究竟指要约与承诺组合,还是给付与受领组合,法理上存在异议。2012年6月5日,最高人民法院颁布《买卖合同司法解释》,其中第3条第1款规定:"当事人一方以出卖人在缔约时对标的物没有所有权或者处分权为由,主张合同无效的,人民法院不予支持。"第2款规定:"出卖人因未取得所有权或者处分权致使标的物所有权不能移转,买受人要求出卖人承担违约责任或者要求解除合同并主张损害赔偿的,人民法院应予支持。"可以发现,《买卖合同司法解释》在不正面挑战《合同法》第51条的前提下,逆向确认无处分权人出卖标的物之买卖协议生效,终于填补了《合同法》的一个大窟窿。

本应由第一买受人决定，但第二买受人因善意，可对抗第一买受人，配合转让人完成过户，取得物权外观，保留行为后果，实现效果意思，决定受让行为生效，取得有对抗效力之所有权，从物权外观人成为物权人，第一买受人丧失标的物所有权。此类关系中，第二买受人保留之行为后果是登记，构成特殊动产物权外观，对抗第一买受人之根据即此物权外观。

(3)通过交付，向第二买受人转让标的物所有权，转让协议效力本应由第一买受人决定，但第二买受人因善意，可对抗第一买受人，配合转让人移转控制，保留行为后果，实现效果意思，决定受让行为生效，取得无对抗效力之所有权，从债权人成为物权人，第一买受人丧失标的物所有权。此类关系中，第二买受人保留之行为后果是占有(直接控制即占有，间接控制可取得占有)，并可以此对抗第一买受人。占有并非特殊动产物权外观。如果登记人又以过户形式向善意第三买受人无权处分标的物，则回到本文开头案例：第三买受人因善意，可对抗第二买受人未公示之所有权，配合转让人完成登记，取得物权外观，保留行为后果，实现效果意思，决定受让行为生效，取得有对抗效力之所有权，从物权外观人成为物权人，第二买受人丧失标的物所有权。

(二)《物权法司法解释(一)》

2016 年 2 月 22 日颁布，3 月 1 日起施行的最高人民法院《物权法司法解释(一)》第 6 条和第 20 条，实际上坚持《买卖合同司法解释》第 10 条逻辑，否定《物权法》第 24 条。

1. 关于《物权法司法解释(一)》第 6 条

(1)第 6 条与其“理由”

《物权法司法解释(一)》第 6 条：“转让人转移船舶、航空器和机动车等所有权，受让人已经支付对价并取得占有，虽未经登记，但转让人的债权人主张其为物权法第二十四条所称的‘善意第三人’的不予支持，法律另有规定的除外。”

《理解与适用(物释一)》为第 6 条辩解，为避免断章取义，详细引用如下：

> 基于交付所取得之特殊动产所有权，未经登记仅欠缺对抗效力，非无物权效力。将转让人的债权人排除于善意第三人之外，意在贯彻物权优先效力。善意第三人保护机制仅系协调民事权利冲突方法之一，无法完美化解所有问题。

以破坏物权优先效力为代价,对特定债权人施以对抗保护,理据孱弱。善意第三人应对标的物具有正当物权利益:所谓善意是指不知道也不应该知道已经发生的物权变动;所谓第三人是指对抗力问题存在于外部关系且系向后发生,转让方及其继承人、连环交易的前后手等均不得针对登记欠缺主张对抗利益。甄别其与善意取得在制度目的、适用场合等方面的差异,有助于善意第三人保护制度功能的精确发挥。[1]

对于强制执行债权人,从参考立法例看,日本和法国都将其作为绝对不可对抗的第三人,但这是与其意思主义物权变动模式相对应的。在意思主义物权变动模式下,即便没有进行交付,也发生了物权变动。因此,这个物权变动仅在当事人之间进行,是非常隐秘的。而在强制执行的情况下,该财产已经通过强制执行措施予以固定,并相当于进行了一定程度的公示,因此,将强制执行债权人排除出去在意思主义物权变动模式下有其合理性。但在我国就不能简单适用,如上所述,机动车等特殊动产并不采意思主义物权变动模式,要想发生物权变动还需要交付的要件,因此,我国的机动车等特殊动产的物权变动是存在一定的公示方法的,不能简单套用其他国家的做法。我们认为,该等债权人与不享有对抗力的特殊动产所有人之间存在一种竞争对抗关系虽并无不可,但若据此认为其可主张对抗利益,将与物权优先效力原则产生激烈冲突。毕竟,依法通过占有享有特定动产所有权的人,未经登记仅是欠缺对抗力,而不是不具有物权效力。否则,未经登记的特殊动产所有权人之权利性质将因是否登记出现是否属于物权的疑问,势必将导致权利体系的混淆和紊乱。因此,《物权法》第24 条所讲的善意第三人不应包括强制执行人,具体理由是:(1) 理论上讲,任何一个普通债权人都有可能成为强制执行债权人,而对于债务人来讲,其所有的全部财产都须作为责任财产,即使查封登记在债务人名下的机动车,债权人债权所指向的债务人的财产也不必然是该查封的机动车,即债权人对该机动车没有特定的利益,因此可以说,强制执行债权人与一般债权人并无本质区别;(2) 由于机动车已经交付给受让人,故转让人对机动车已经无所有权,而转让人

---

[1] 杜万华主编、最高人民法院民事审判第一庭编著:《最高人民法院物权法司法解释(一) · 理解与适用》,人民法院出版社 2016 年版,第 180 页。

作为债务人,责任财产必须是其拥有所有权的财产。最高人民法院《关于人民法院民事执行中查封、扣押、冻结财产的规定》第17条规定:被执行人将其所有的需要办理过户登记的财产出卖给第三人,第三人已经支付全部价款并实际占有,但未办理过户登记手续的,如果第三人对此没有过错,人民法院不得查封、扣押、冻结。而机动车物权变动采纳的是登记对抗主义,本着举重以明轻的原则,机动车已经交付但尚未办理登记的,也不应查封、扣押、冻结,即不能成为强制执行债权的标的。[1]

(2)第6条"理由"质疑

如作概括,引文中,第6条"理由"之一:物权优先于债权。需要指出,权利是主体对客体的支配资格。所谓权利效力,无非主体对客体的支配方式。权利客体不同,权利效力之先后无从比较。物权与债权客体不同,所谓"物权优先于债权"虽为民法"经典"理论,其实是伪命题,不能成为论据。[2]

"理由"之二:买受人已支付对价。《买卖合同司法解释》第9条也规定:多重买卖中,先行支付价款者排在第二位,次于先行受领交付,但前于合同成立。《理解与适用(买卖)》对第9条之辩护中,特意说明:"参照最高人民法院法释〔2005〕5号《关于审理涉及国有土地使用权合同纠纷案件适用法律问题的解释》第10条关于多重转让合同的履行顺序之规定精神。"[3]可见,买卖关系中,在确认标的物所有权的归属问题上,是否已经支付价款,向来构成最高人民法

---

〔1〕 杜万华主编、最高人民法院民事审判第一庭编著:《最高人民法院物权法司法解释(一)·理解与适用》,人民法院出版社2016年版,第189~190页。

〔2〕 李锡鹤:《民法原理论稿》,法律出版社2012年版,第428~434页。

〔3〕 最高人民法院民事审判第二庭编著:《最高人民法院关于买卖合同司法解释理解与适用》,人民法院出版社2012年版,第241页。最高人民法院《关于审理涉及国有土地使用权合同纠纷案件适用法律问题的解释》(法释〔2005〕5号)第10条规定:"土地使用权人作为转让方就同一出让土地使用权订立数个转让合同,在转让合同有效的情况下,受让方均要求履行合同的,按照以下情形分别处理:(一)已经办理土地使用权变更登记手续的受让方请求转让方履行交付土地等合同义务的,应予支持;(二)均未办理土地使用权变更登记手续,已先行合法占有投资开发土地的受让方请求转让方履行土地使用权变更登记等合同义务的,应予支持;(三)均未办理土地使用权变更登记手续,又未合法占有投资开发土地,先行支付土地转让款的受让方请求转让方履行交付土地和办理土地使用权变更登记等合同义务的,应予支持;(四)合同均未履行,依法成立在先的合同受让方请求履行合同的,应予支持。"

院的重要裁判根据。然而,除法律另有规定外,动产物权变动交付生效,法有明文。在所有权变动前,所有人有权依法自主处分,此乃所有权处分权能,受法律保护。买受人是否已经支付对价,与标的物所有权是否移转,是否发生对抗效力,并无必然联系。[1]

"理由"之三:在我国,"机动车等特殊动产并不采意思主义物权变动模式,要想发生物权变动还需要交付的要件,因此,我国的机动车等特殊动产的物权变动是存在一定的公示方法的"。[2]

引文实际上主张:交付是特殊动产物权变动不可缺少之要件,也是特殊动产物权"一定的公示方法"。从上文可知,均无根据。

"理由"之四:出卖人交付特殊动产后,丧失所有权,虽未过户,该特殊动产已非责任财产。买受人如无过错,出卖人之债权人不能请求法院扣押。

需要指出,出卖人交付特殊动产后,丧失所有权,但未过户,标的物仍属出卖人名下财产,债务到期不为清偿,出卖人之债权人请求法院扣押,理所当然。买受人如欲抗辩,必须请求相应机关更正登记。在登记更正前,主张该特殊动产非责任财产,言之尚早。

在法理上,所有人出卖特殊动产,交付而未过户,买受人取得所有权,但无对抗效力,须承担交易风险。出卖人如与善意债权人协商过户,以冲抵债权,出卖人构成无权处分,侵害第一买受人所有权,处分效力本应由第一买受人决定,但第一买受人之所有权未经公示,善意债权人作为第二买受人,可对抗第一买受人之所有权,配合登记人完成过户,保留行为后果,决定过户生效,取得所有权。

上述"理由"之基本逻辑是:特殊动产物权之法定公示形式是占有,法定对抗要件是登记,必须区分。然而,此处之登记以交付为前提,意味着特殊动产物权之对抗要件名为登记,实为占有,与公示形式相同,最终无须区分。

《理解与适用(物释一)》对《物权法司法解释(一)》第 20 条之辩护,有相似内容:

---

〔1〕 论题涉及诚信原则、违约后果等民法基本理论问题,因与本文无直接关系,此处不作讨论,详细分析可参见拙文《多重买卖效力探讨》,载《东方法学》2015 年第 6 期。

〔2〕 杜万华主编、最高人民法院民事审判第一庭编著:《最高人民法院物权法司法解释(一)· 理解与适用》,人民法院出版社 2016 年版,第 180 页。

在形式主义物权变动模式下,物权变动的生效要件也是公示要件,对于机动车等特殊动产,交付是物权变动的生效要件,因此,其亦应作为公示要件,单独的登记不能真实表彰权利实际状态,现实中,一般人的交易常识也是不能只看登记,尤其是在实践中存在较多登记与实际权利状态不符的情况下。因此,对于机动车等特殊动产的交易由于交付(占有)是物权变动的公示要件,故不能只看登记就进行交易,即便存在对登记一定程度的信赖,这种对登记信赖的保护也只是限于片面的消极的层面上,登记并不具有当然公信力。有人认为。既然对机动车实行登记程度,对买受人来讲,如果出卖人不是登记权利人,其就绝对地不能构成善意,应要求出卖人将车过户到自己名下才能进行交易,我们认为,这与登记对抗主义是不符的,对买受人来讲,既然登记不能表彰机动车等特殊动产的真实权利状态,是否登记在出卖人名下,虽然可以作为对善意的客观判断标准之一,但不能作为唯一判断标准,如果要求机动车等特殊动产的出卖人必须为登记权利人,则将与不动产登记生效主义的制度设计无异,当然,实践中应尽量使实际权利变动与登记权利一致,以减少不必要的纠纷。[1]

该书还引用专家的论证:“王利明教授也认为,登记对抗主义下的登记,一般不具有公信力,一旦发生登记错误,善意第三人因信赖登记而发生的交易并不具有当然效力。王轶教授认为,登记对抗主义下的登记,仅对第三人产生消极信赖,即未发生相反的物权变动,而不能信赖存在与公示一致的权利。有学者主张,对船舶所有权,登记没有公信力,能够表彰权利外观的应是占有,这可以类推适用机动车、船舶等特殊动产。”[2]

引文存在一系列误解。引文之物权变动,当然指以法律行为变动物权。所谓物权变动生效,其实是变动物权的法律行为生效。法律行为的一般生效要件是主体适格,表意真实,标的可能、合法,形式合法,生效期内。

---

〔1〕 杜万华主编、最高人民法院民事审判第一庭编著:《最高人民法院物权法司法解释(一)·理解与适用》,人民法院出版社2016年版,第455~456页。

〔2〕 杜万华主编、最高人民法院民事审判第一庭编著:《最高人民法院物权法司法解释(一)·理解与适用》,人民法院出版社2016年版,第455页。

物权公示意味着特定物权具备法定外观形式,不特定人足以知悉特定物权之存在。物权生效与物权公示含义完全不同。

《物权法》原则上采形式主义模式,物权变动须有法定外观形式方能生效,具体地说,动产交付,不动产登记,意味着形式合法属于变动物权的法律行为(物权行为)生效要件。

但《物权法》第27条规定了占有改定制度,动产不交付亦可变动物权。主张形式主义模式下,物权变动的生效要件与公示形式绝对一致,没有例外,不能成立。据此所作推论,当然无说服力。

需要指出:权利法定公示形式只是不特定人相信所公示权利之归属根据,并不否定公示错误之可能,也不否定利害关系人请求更正错误公示之权利。一般动产占有人常常非所有人,但不妨碍占有是一般动产物权之唯一公示形式。特殊动产物权登记具有行政管理性质,但此项管理建立在特殊动产可信赖归属关系之基础上,是特殊动产所有权之法定公示性根据,翻开常见的《机动车登记证书》,第一栏即为机动车所有人、身份证号等。特殊动产物权登记无疑具有"当然的公信力",但只能理解为不特定人有正当理由相信登记事项,不能理解为登记事项绝对符合事实。实际上,不动产物权也无法绝对避免登记错误,难道能否定不动产物权登记之公信力?因特殊动产物权登记可能错误,甚至"经常错误",否定特殊动产登记物权之法定公信力,也是对物权公示制度的根本性误解。认为特殊动产物权如以登记为法定公示形式,"将与不动产登记生效主义的制度设计无异"(见前引文),实属危言耸听。前者以交付为物权变动要件,后者以登记为物权变动要件,两者区别一目了然,物权生效与物权公示含义完全不同。论者怎么就看不见呢?

据引文,买卖特殊动产,不能"只看登记",还需看"交付",似乎论者以为,登记与交付共同构成特殊动产物权变动公示形式,其实不然。引文的逻辑是:特殊动产交易中,交付生效,交付才是物权变动的形式要件,即公示形式,登记只是对抗要件,非公示形式,交付后之登记才有对抗效力,未交付而登记不发生对抗效力。前引《买卖合同司法解释》第10条即此主张。前文指出:此说意味着特殊动产物权对抗要件实际上是占有而非登记,从根本上否定了第24条。

2. 关于《物权法司法解释(一)》第 20 条

《物权法司法解释(一)》第 20 条规定:“转让人将物权法第二十四条规定的船舶、航空器和机动车等交付给受让人的,应当认定符合物权法第一百零六条第一款第三项规定的善意取得的条件。”

《物权法》第 106 条规定:“无处分权人将不动产或者动产转让给受让人的,所有权人有权追回;除法律另有规定外,符合下列情形的,受让人取得该不动产或者动产的所有权:(一)受让人受让该不动产或者动产时是善意的;(二)以合理的价格转让;(三)转让的不动产或者动产依照法律规定应当登记的已经登记,不需要登记的已经交付给受让人。”

不难发现:何谓特殊动产购买人之善意?善意取得特殊动产是否必须登记?登记可否善意取得?条文均未规定。此外,无权处分特殊动产,交付与登记冲突时,何者优先,条文亦未涉及。《物权法司法解释(一)》第 20 条仅规定交付是特殊动产物权善意取得要件。据此,买受人不知悉登记人而占有特殊动产,可善意取得;不交付而过户,不能善意取得。

无权处分特殊动产,有不同情况:

(1)如占有人非所有人,通过交付,无权处分标的物,买受人不知悉登记人,受领后可否取得所有权?

无权处分侵害所有人权利,应由受害人(所有人)决定效力,例外是受领人善意,可对抗受害人,完成受领,并保留行为后果,决定行为生效,取得所有权。登记是特殊动产物权之唯一对抗要件,也就是唯一公示形式。特殊动产之所以称特殊动产,只因有特殊规定。购买特殊动产,当然须了解相关规定,包括知悉登记乃唯一法定对抗条件,可对抗善意第三人。不知悉登记人,法理上是不知悉标的物有公信力之归属关系,作为买受人,只能视为欠缺必要注意,不属善意,不能善意取得;否则,登记即非特殊动产物权公示形式,无对抗效力。主张特殊动产善意取得无须知悉登记人,实际上是否定物权之对抗要件即其公示形式。

(2)所有人出卖特殊动产,交付而未过户,登记人已非标的物所有人;再向第二买受人转让标的物所有权,双方协议过户后,第二买受人方知悉处分人无权处分;如可保留行为后果,意味着受害人(第一买受人)承担物权外观欠缺风险;如不可保留行为后果,意味着行为人(第二买受人)承担处分人之处分权欠缺风险。显然,要求第二买受人在过户前,知悉物权外观人有无处分权,实属苛刻;要求第一买受人知悉物权外观欠缺风险,不谓过分。根据物权公示公信原则,第二买受人不欠缺必要注意,可保留行为后果——登记,取得有对抗效力所有权,意味着未过户而占有标的物之买受人,虽可对抗登记之出卖人,不能对抗登记之第三人。

(3)所有人通过占有改定出卖标的物,既不交付,亦不过户;然后通过交付,向善意第三人无权处分标的物。善意第三人可对抗第一买受人所有权,受领给付,并保留行为后果——占有,决定行为生效,取得无对抗效力所有权。

可以得出结论:特殊动产之善意取得,其善意内容包含知悉处分人即登记人;其要件包括交付和登记,备一即可,前者无对抗效力,后者有对抗效力,但均以知悉处分人是登记人为前提,如不知悉登记人,"转让人将物权法第二十四条规定的船舶、航空器和机动车等交付给受让人的",不能善意取得。因此,在法理上,《物权法司法解释(一)》第 20 条与《物权法》第 24 条发生冲突。

《理解与适用(物释一)》为第 20 条作了辩解,主要"理由"为:

> 从《物权法》第 6 条、第 23 条和第 24 条的体系解释看,机动车等特殊动产物权变动仍采形式主义物权变动模式,交付为物权变动的生效要件,故不能说占有对于机动车等特殊动产来讲没有公信力,占有仍是机动车等特殊动产物权变动的公示要件,在这一点上其与其他一般动产并无实质区别,故机动车等特殊动产有适用善意取得制度的余地。[1]
>
> 机动车等特殊动产物权变动毕竟不采登记生效主义模式,登记不具有绝对的公信力,尤其是目前对机动车的登记制度尚不完备的情况下,不能将是否登记作为判断善意的唯一标准,或者说,登记并不对"善意"的构成具有"一票否决"的作用。实践中,要区分不同的交易场合和交易习惯,准确理解相关法律规定的具体含义。比如,农村中比较常见的农用拖拉机等机动车,尚没有比较成

〔1〕 杜万华主编、最高人民法院民事审判第一庭编著:《最高人民法院物权法司法解释(一)· 理解与适用》,人民法院出版社 2016 年版,第 462 页。

熟的登记制度做支撑，甚至基本上就不登记，其转让和交易均在熟人社会中进行，作为人们的一般交易习惯，并不是信赖登记进行交易，如果再将登记作为善意的判断标准，不仅没有相关的制度规定作依据，在现实操作中也不具有可行性，而且违背了当时当地的一般交易观念，此时，即不需要再将“登记”作为善意取得中善意与否的判断标准。[1]

引文主张特殊动产适用善意取得，观点成立，但理由并非“占有仍是机动车等特殊动产物权变动的公示要件，在这一点上其与其他一般动产并无实质区别”，而是特殊动产公示物权与归属物权未必一致，信赖公示物权之买受人应可对抗未公示物权。

引文主张，特殊动产无权处分关系中，善意取得人无须了解处分人是否为登记人，但未提供法律根据，亦未提供法理根据，无说服力。

为证明引文观点，论者精心设计了案例：“A 将其所有的机动车转让给 B，并通过占有改定的方式交付，但未办理过户登记，其后又将该车转让给善意的 C，此时 C 既可援引善意第三人制度以 B 的权利未经登记为由对自己的权利进行保护，同时也可援引善意取得制度获得保护。此时，两者在保护范围上确实存在重合之处。但是，如果 A 将借用 B 的机动车转让给 C，则 C 只能依据善意取得制度进行保护，而不能援引善意第三人制度，此时，B 与 C 之间是真实权利人和使用受让人的关系，而不是善意第三人制度中的对抗关系。因此，善意第三人制度和善意取得制度从不同角度和不同方面对机动车等特殊动产的权利人和交易安全进行保护，只能说保护得更为周延、全面了。但是如果舍善意取得制度而仅用善意第三人制度，在建构民法权利保护体系上就会存在漏洞，不足为取。”[2]

第一案例中，引文认为，C 可“援引善意取得制度获得保护”，应指 A 和 C 之间已完成现实交付。然而，C 属“善意”之根据，并非 A 占有标的物，而是 C

〔1〕 杜万华主编、最高人民法院民事审判第一庭编著：《最高人民法院物权法司法解释（一）·理解与适用》，人民法院出版社 2016 年版，第 466 页。

〔2〕 杜万华主编、最高人民法院民事审判第一庭编著：《最高人民法院物权法司法解释（一）·理解与适用》，人民法院出版社 2016 年版，第 463～464 页。

知悉A是物权登记人。理由很简单:特殊动产物权的对抗条件是登记,非占有,因此公示形式是登记,非占有。B之所有权未经登记,不能对抗善意第三人。C有理由信赖登记人A是所有人,可受领标的物,并保留行为后果——占有,决定行为生效,实现效果意思,取得所有权,构成善意取得。

在法理上,善意取得制度并非民法逻辑之例外,而是民法逻辑之演绎。[1]善意取得所调整者是原所有人与第三人关系,善意取得制度是善意第三人制度的具体形式之一。引文实际上将善意第三人制度与善意取得制度对立起来,属重大误解。C以善意第三人制度保护自己,与以善意取得制度保护自己,法理上是同一过程,不发生“保护范围重合”问题。

第二案例中,A是借用人,B是登记之所有人,C不知情,A和C通过现实交付转让标的物所有权。据引文,C适用善意取得,但不适用善意第三人制度,应属误解。同第一案例,此处C之不知情,应指不知B是登记之所有人,而非视A为所有人。特殊动产物权的对抗条件是登记,非占有,因此公示形式是登记,非占有。C应知而不知登记人,不属善意,不能适用善意取得,亦非善意第三人。

引文认为:“B与C之间是真实权利人和使用受让人的关系,而不是善意第三人制度中的对抗关系。”然而,引文又认为C可以善意取得制度请求保护,据此,C即为所有人,B则丧失所有权,两者是现所有人与原所有人关系,而非“真实权利人和使用受让人的关系”。如果C适用善意取得,即为善意第三人,C和B之间即为“善意第三人制度中的对抗关系”。引文逻辑上不能保持一致。

由于否认物权对抗要件即公示形式,否认登记是特殊动产物权唯一的法定公示形式,本文所引论证此类观点之案例分析,均破绽百出,但论者照样理直气壮旁征博引,长篇大段推理论证。难道为了保护动产占有人,特别是已付对价之占有人,现有民法法理均可抛弃吗?

与一般动产相比,特殊动产通常价值巨大,为保障物权,以登记为物权变动对抗要件,也就是以登记为公示形式。与不动产相比,特殊动产通常交易频繁,为便捷交易,以交付为物权变动生效要件,与公示无关。因此,特殊动产物权生

---

〔1〕 李锡鹤:《物权论稿》,中国政法大学出版社2016年版,第283~284页。

效要件与公示形式并不一致,此原则为许多国家采用。《理解与适用(物释一)》曲折地表示了自己的选择:"对于特殊动产来讲,从世界范围看,对于船舶和航空器的物权变动,因其本身价值大,涉及利益者众,故多数国家采取的则是登记对抗主义的立法例;但是对于机动车的物权变动,从参考立法例看,德国和我国台湾地区均未将其作为特殊动产对待,未采取登记对抗主义。这是与该国(地区)经济发展水平、社会管理手段等相适应的。机动车作为基本代步工具,在家庭财产中所占比重呈逐步下降趋势,机动车与其他动产之间在价值上的差别也是逐步缩小,因此,没必要将其与其他动产区别看待。在我国,虽然上述趋势和特征也在逐步显现,但从目前经济社会发展看,机动车仍属家庭(个人)财产中的重要部分,且我国对机动车的登记管理制度有较好的基础,并为一般社会大众所接受,故《物权法》仍将船舶、航空器和机动车等特殊动产设立了登记对抗主义模式。"〔1〕

机动车应否归入特殊动产,属价值观念问题,与法理无直接关系;但立法既然规定以登记为其物权之唯一对抗要件,法理上可推论以登记为其物权之唯一公示形式,区别于一般动产。然而,《理解与适用(物释一)》认为:"交付为物权变动的生效要件,故不能说占有对于机动车等特殊动产来讲没有公信力,占有仍是机动车等特殊动产物权变动的公示要件,在这一点上其与其他一般动产并无实质区别……"(见前引文)据此,机动车与一般动产之物权公示形式相同,可推论对抗要件只能相同——立法虽规定机动车以登记为对抗要件,区别于一般动产物权以占有为对抗要件,但最高人民法院实际上将此登记解释为以交付为前提,意味着以占有为对抗要件。有理由认为,最高人民法院实际上已将机动车归入一般动产(根据引文中"机动车等特殊动产"之文字,甚至可认为已取消特殊动产与一般动产之区分)。因此,"在我国……从目前经济社会发展看,机动车仍属家庭(个人)财产中的重要部分,且我国对机动车的登记管理制度有较好的基础,并为一般社会大众所接受"(见前引文),只是一句空话,并不反映论者真实意思。

---

〔1〕 杜万华主编、最高人民法院民事审判第一庭编著:《最高人民法院物权法司法解释(一)·理解与适用》,人民法院出版社 2016 年版,第 183 页。

五、结论与疑问

在法理上,权利之对抗效力,即权利人对义务人履行义务之请求力,以义务人知悉义务为前提,也就是以义务人知悉权利为前提。物权未经公示,不特定人无从知悉,对抗从何说起?所谓特殊动产物权未经公示即可对抗云云,纯属无稽之谈。

《物权法》制定前,我国《海商法》第 9 条规定:“船舶所有权的取得、转让和消灭,应当向船舶登记机关登记;未经登记的,不得对抗第三人。”第 13 条规定:“设定船舶抵押权,由抵押权人和抵押人共同向船舶登记机关办理抵押权登记;未经登记的,不得对抗第三人。”《民用航空法》第 16 条规定:“设定民用航空器抵押权,由抵押权人和抵押人共同向国务院民用航空主管部门办理抵押权登记;未经登记的,不得对抗第三人。”以上规定均属登记对抗主义,也就是以登记为物权公示形式,占有不能对抗善意第三人,也就是非公示形式,不闻有不同理解。《物权法》第 24 条仍坚持登记对抗原则,登记是特殊动产物权唯一对抗要件,文义明确,只要尊重其文义,绝对不至于误解交付(占有)也具有对抗效力,或者误解登记须交付后方发生对抗效力。实际上,根据物权公示—对抗法理,分析包括第 24 条在内的《物权法》相关规定,逻辑清楚,推论顺畅,法理上无障碍之处,初学者也能理解。前文指出,与《物权法》同时面世的、最高人民法院物权法研究小组编著的《物权法条文理解与适用》一书,曾举例解释《物权法》第 24 条,简单介绍观点,未作详细分析,应是由于此乃第 24 条直接、明确之文义,无须饶舌。

现在,在《物权法》未作任何修改的情况下,最高人民法院对第 24 条作出了与当年完全相反的解释,从特殊动产物权生效要件与公示形式不同,“推论”特殊动产物权对抗要件与公示形式不同。因无具体法条根据,似有不妥,故专题探讨,以求教于以学界同人。

物权请求权独立让与之质疑

庄加园*

一、引　言

让与债法请求权可以适用规范债权让与的规则,在理论上没有太大争议。学界存有争议的却是物权请求权的让与,尤其是所有权返还请求权的独立让与在个别情况下是否可行。因为按照通常的理解,绝对权的核心是对物的支配权,物权请求权只是在第三人无权干涉时的保护手段。物权请求权作为一个不可获缺的保护手段,无法由所有人进行转让,也不能抛弃。法律也不允许经由所有人的意思来恢复一个无保护的所有权状态。[1] 所以,原则上所有权返还请求权的独立让与几无可能。

但在动产物权采用交付替代形式变动时,当事人可以采用返还请求权让与(《德国民法典》第931条)的方式,是否意味着独立让与物权请求权在特殊情况下已经得到认可?此外,《德国民法典》第255条以物或权利丧失为要件,规定由此负有给付义务之人,在向第三人损害赔偿时,得请求损害赔偿权利人让与因物之丧失而生之请求权,这一请求权是否指的也是物权返还请求权?

二、指示交付——返还请求权让与

指示交付所转让的返还请求权并非无所不包,它仅限于要求返还原物的请

* 上海交通大学凯原法学院副教授,法学博士。

〔1〕 Anders von Thur, *Der Allemeine Teil des Deutschen Bürgerlichen Rechts*, Leipzig 1910, S. 266.

求权。[1] 受让人得到这一请求权,通常也就取得转让物的间接占有(《德国民法典》第 870 条)。这一转让的请求权必须"给予所有人这样的权利,取走物的占有,并将该物置于自己的处分权下,而且这一转让使得受让人能行使与出让人相同的权利"。[2] 例如,基于约定占有媒介关系、法定占有媒介关系所生的返还原物请求权。

当出让人为转让间接占有的动产而适用指示交付时,究竟转让何种性质的返还原物请求权,存有两种较有代表性的观点。[3] 第一种观点主张,出让人可以同时转让债法上的请求权和所有物返还请求权;[4] 第二种观点认为,出让人转让的只能是债法上的请求权。[5] 这两种观点的差别在于,出让人依据占有媒介关系所生的原物返还请求权是否排斥所有物返还请求权,还是这两类返还请求权可以选择性并存,由出让人择一而让与。

两者争论的实益体现为,若指示交付当事人已约定禁止让与返还请求权,则出让人不得转让该请求权,即使他让与受让人这一请求权,债权让与也将基于《合同法》第 79 条第 2 项的明文规定而无效,指示交付将由于请求权让与无效而不能发生。若允许指示交付中转让的请求权可以是所有物返还请求权,则出让人可以规避禁止让与的约定,借助于让与所有物返还请求权而实现移转间

---

〔1〕 与此相区别的是交付标的物的请求权(*Anspruch auf Beschaffung des Besitzes*)。例如,《合同法》第 135 条前半句。该请求权针对的标的物并非基于权利人的意思交由被请求人使用,出卖人乃是基于自主占有的意思占有标的物。即使他与买受人订立了买卖合同,他的自主占有意思也未发生变化,买受人与享有交付请求权的出卖人之间并不存在占有媒介关系。

〔2〕 RGZ 69,36,43. 转引自 Staudinger/Wiegand,2004, § 931 Rn. 10。

〔3〕 实践中有法院认为,《物权法》第 26 条中规定"转让请求第三人返还原物的权利",该返还原物请求权应当为物权请求权,该转让的请求权可以确保受让人以物权请求权主张权利。由于提货单并不具有该项权能,提货单的交付,不能构成争议货物所有权的转移。北大荒鑫亚经贸有限责任公司与山东德州艳阳天化工有限公司、山东蓝星化工有限责任公司二审民事判决书[(2016)鲁民终 1192 号]。这种仅支持物权请求权的观点不具有代表性,因此本文只在分析争议的第二种观点时一并批驳,不再专门分类讨论。

〔4〕 这一观点曾在 20 世纪德国法学界获得很多学者支持,最有影响的首推 Oertmann Neumayer, *Die sogenannte Vindikationszession(§ 931 BGB) im dogmatischen Spannungsfeld zwischen Übereignung und procuratio in rem*, in: Festschrift für Heinrich Lange zum 70. Geburtstag, 25. März 1970, Hrsg. von Kurt Kuchinke, München 1970, S. 306。

〔5〕 Staudinger/Wiegand,2004, § 931 Rn. 11; MünchenKommBGB/Quack,2004, § 931 Rn. 8; 崔建远:《物权法》,中国人民大学出版社 2011 年版,第 87 页。

接占有物的所有权。要解答这一争议,有必要从历史维度来考察物权请求权与债权请求权。

(一)请求权概念的历史来源

学界一致公认,现代私法请求权的概念可以追溯至温德夏特的请求权学说。他的学说正好与萨维尼所理解的诉权相反:请求权的发生不再以权利受到侵害为前提,而是在主观权利发生时就已被包含其中。[1] 所以,无论是债法请求权,还是物上请求权,都不是随着债权或物权受到侵害发生,而是自债权或物权发生而同时发生。当德国通说接受这一理论适用于债法请求权(主要是履行请求权)时,却反对将这一理论适用于物上请求权。因为温德夏特理解的物上请求权是针对每个人的请求权,即要求权利人以外的每个人都负有不干涉所有物义务的请求权,只是在他人发生妨害所有权圆满状态时,这一抽象的请求权才转化为具体的请求权,变为针对特定妨害人的请求权。这一结果就导致物上请求权重新回归至萨维尼的实体诉权说:请求权随着权利受到侵害才发生。时至今日,温德夏特"针对每个人的请求权"的构想早已被学说和立法所放弃。

尽管请求权概念在相对权和绝对权所生的请求权领域都被统一地使用,但在绝对权领域不再涉及温德夏特的请求权概念。由此带来的后果是,今日在请求权概念的同一屋檐下,存在两种不同前提的请求权。一方面,债法请求权从作为其基础的债权发生时就被包含其中,无须其他额外的发生前提;即使债法上的请求权由于履行期未到而附有抗辩,这一履行请求权也自债权成立时发生。若债权人在履行期到来前提起履行请求权,债务人可以提起履行期未至的抗辩权(Einrede),而不是请求权未发生的抗辩(Einwendung)。另一方面,由绝

〔1〕 温德夏特请求权的功绩在于,将诉发生之时自权利受到侵害,提前到主观权利发生时,并改造了罗马法上要求法庭保护请求的诉,使其成为实体法上针对其他私法主体的请求权。这一转变首先离不开温德夏特生活时代的影响。当时德国已经处于工业化的前期阶段,其社会经济状态与罗马时代早已不可同日而语。社会处于交易日常频繁、物资流通快速的阶段,交易的增加和纠纷性质的复杂,使得人们不能仅依赖于诉讼这一耗时耗力的纠纷解决方式。要提高权利行使过程的效率,就必须使得权利行使避免诉讼过程的束缚,这就使得权利概念可以体现为直接在诉讼外向对方提出一定行为的要求。Windscheid, *Die Actio des römischen Civilrechts vom Standpunkte des heutigen Rechts*, Düsseldorf 1856, S. 165; Rimmelspacher, *Materiellrechtlicher Anspruch und Streitgegenstandsprobleme im Zivilprozeß*, Göttingen 1969, S. 29.

对权所生的请求权,却作为主观权利受到侵害的后果始得发生。物上请求权只是在物的圆满状态受到妨害时才发生,作为物上请求权的所有物返还请求权也只是发生于他人无权占有时,并延伸至占有人继受的占有来自无权占有人时。

(二)反对适用物上请求权的理由

笔者正是基于后世学说对温德夏特请求权概念的继受和批判,并结合整个物权法体系认为,当出让人基于指示交付而转让间接占有受让物时,仅存在让与债法请求权的可能,而并无让与物上请求权(所有物返还请求权)的适用空间。

首先,物权与物权请求权不可分离。所有物返还请求权并非独立的请求权,它只是为实现所有权的圆满状态而发生,不能与所有权分离而转让。[1] 出让人移转所有权于受让人,也就导致出让人强制性地失去了所有物返还请求权,受让人取得所有权时也就同时得到返还请求权。[2] 就此而言,所有物返还请求权只是所有权的附属品,[3] 基于所有物而生的请求权移转不是所有权移转的前提,而是所有权移转的结果。所有人如果不放弃所有权,就不能同时转让基于所有权所生的请求权。[4] 所以,主张通过转让所有物返还请求权,以实现移转所有权的目的,有混淆目的和手段之嫌。让与人转让所有权的动产究竟是由他人间接占有,还是已经失去占有,都不应借助于让与所有物返还请求权的方式。

其次,处于间接占有地位的所有人并不享有对其占有媒介人的所有物返还请求权。[5] 按照目前的主流学说,物上请求权只是在所有权的圆满状态受

---

〔1〕 王利明:《物权法研究》(上册),中国人民大学出版社 2007 年版,第 210 页;崔建远,《物权法》,中国人民大学出版社 2011 年版,第 87 页;申卫星:《物权法原理》,中国人民大学出版社 2008 年版,第 126 页;朱岩、高圣平、陈鑫:《中国物权法评注》,北京大学出版社 2007 年版,第 170 页。

〔2〕 Wieling, Sachenrecht, 2. *Auflage*, Berlin und Herdelberg 2006, S. 322.

〔3〕 Einsele-Wili, *Die Vindikationszession*, Zürich 1975, S. 52.

〔4〕 Staudinger/Wiegand, 2004, § 931 Rn. 11; Neumayer, *Die sogenannte Vindikationszession* (§ 931 BGB) *im dogmatischen Spannungsfeld zwischen Übereignung und procuratio in rem*, in: Festschrift für Heinrich Lange zum 70. Geburtstag, 25. März 1970, Hrsg. von Kurt Kuchinke, München 1970, S. 308.

〔5〕 Neumayer, *Die sogenannte Vindikationszession (§ 931 BGB) im dogmatischen Spannungsfeld zwischen Übereignung und procuratio in rem*, in: Festschrift für Heinrich Lange zum 70. Geburtstag, 25. März 1970, Hrsg. von Kurt Kuchinke, München 1970, S. 310.

到妨害时才发生。因此,无论是德国法(《德国民法典》第985条、第986条),还是中国《物权法》(第34条)都将所有物返还请求权的前提要件限定为“他人无权占有”。[1] 也就是说,当他人无权占有所有物时,所有权的圆满状态才会受到妨害。占有媒介关系的当事人若就占有发生争议,应该诉诸他们的基础关系,如租赁、保管、质押,行使占有媒介关系所生的返还请求权。[2] 由此可见,当事人存有占有媒介关系的情况下,并不发生所有物返还请求权。

再次,单纯让与所有物返还请求权,未能使出让人丧失对转让物干预的事实可能性,受让人也未获得转让物的间接占有。当转让物由占有媒介人占有时,出让人通过转让基于占有媒介关系的原物返还请求权,使得受让人获得间接占有,由此才发生指示交付。因为指示交付的要害并非让与返还请求权,而是使受让人取得转让物的间接占有,出让人丧失对物干预的可能性。在此体现了与交付原则(《物权法》第23条)相同的思想:受让人必须基于出让人的意思受让完全的占有。两者不同之处在于,《物权法》第23条要求直接占有的完全移转,第26条则要求间接占有的完全移转。由此可见,通过转让所有物返还请求权的方式来移转所有权,并不符合出让人在观念交付中至少取得间接占有的要求。[3]

最后,在指示交付的善意取得中,出让人将因不享有所有物返还请求权而无法完成善意取得。《物权法》第106条规定,动产交付作为动产的善意取得要件。这里的交付究竟是现实交付,还是包括观念交付(交付替代形式),存有争议。如果我们承认指示交付也能适用善意取得,[4] 那么让与人究竟应向受让

---

〔1〕 梁慧星主编:《中国物权法研究》(上),侯利宏执笔,法律出版社1998年版,第109页;王利明:《物权法研究》(上册),中国人民大学出版社2007年版,第223页;朱岩、高圣平、陈鑫:《中国物权法评注》,北京大学出版社2007年版,第172页。

〔2〕 由此,所有人若在诉讼中向占有媒介人主张所有物返还请求权,相对人(占有媒介人)只须提起权利自始并未发生的抗辩(Einwendung),而非提起如同时履行抗辩权那样延时性抗辩权(Einrede)。即使相对人未提抗辩,法官如调查时发现当事人之间存有占有媒介关系,也应依职权认定所有物返还请求权不成立。

〔3〕 见前文二、指示交付——返还请求权让与。

〔4〕 在适用动产善意取得的规定时(《德国民法典》第934条),受让人通过让与返还请求权的方式,也能取得转让物的所有权,即使该物此时仍由占有媒介人直接占有。

人转让何种请求权？转让人作为无权人，将因不享有转让物所有权而无法让与所有物返还请求权，由此给适用善意取得带来解释的障碍。[1] 如此一来，非直接占有转让物的出让人无法满足指示交付的让与返还请求权的构成要件，会导致指示交付被排除于善意取得之外，不利于交易安全的保护。

笔者认为，基于以上四点体系上的考虑，当间接占有人适用指示交付时，只允许转让债法上的原物返还请求权，可避免无必要的请求权竞合，纯化物上请求权的适用范围。学说上所谓物权请求权的转让，在此并无适用空间。

三、物权返还请求权的独立让与？（《物权法》第 26 条）

但出让人纯粹转让无占有的动产所有权——例如，出卖遗失的手表一块，或者转让沉船所有权于有意承担这一风险的打捞者，乃至苏富比拍卖行拍卖苏联遗留在月球上的月球探险车——[2]是否为物权请求权的让与，长期以来存有学术争论。

德国学说认为，若出让人失去所有物占有，也可借助于指示交付来移转该物所有权。[3] 我国台湾地区学者大多追随这一观点，典型例子为出让人转让被人盗窃或遗失的手表一块，此时转让的返还请求权应包括对第三人的所有物返还请求权。[4] 全国人大法工委民法室也认为，无法律上的正当原因而占有动产的无权占有人，也属于《物权法》第 26 条的适用范围。[5] 在上述转让物被盗的案件中，出让人可以向受让人转让他对盗贼的返还原物请求权，以代替现

---

[1] Neumayer, *Die sogenannte Vindikationszession* (§ 931 *BGB*) *im dogmatischen Spannungsfeld zwischen Übereignung und procuratio in rem*, in: Festschrift für Heinrich Lange zum 70. Geburtstag, 25. März 1970, Hrsg. von Kurt Kuchinke, München 1970, S. 312.

[2] Martin, *Avenarius*, *Übereignung besitzloser Sachen und Vindikationszession*, JZ 1994, S. 511.

[3] 西伯尔(Siber)表述了这一观点，并认为此时转让的请求权只能是物上请求权(S. 245)。转引自 Hans Josef Wieling, Sachenrecht, 2. *Auflage*, Berlin und Herdelberg 2006, S. 321; Felicitas Einsele-Wili, *Die Vindikationszession*, Zürich 1975, S. 56。

[4] 王泽鉴:《民法物权》(第 1 册)，中国政法大学出版社 2001 年版，第 138 页。

[5] 王胜明主编:《中华人民共和国物权法解读》，中国法制出版社 2007 年版，第 58 页。

实交付,盗贼也属于本条所指的“第三人”。国内的多数学说基本追随了以上意见。[1]

对于以上观点,存有疑惑的是,遗失物、盗窃物等出让人根本未占有的动产,因何时能取得占有尚不确定,是否具有交易价值而适用指示交付。

(一)立法史与学说演变

要解答以上问题,有必要考察这一制度的历史发展,才能洞察其脉络。《德国民法典》的立法者在起草时沿袭了当时的普通法学说,规定只有出让人事实上取得转让物的直接占有时,他才能获得该物的所有权。[2] 但在第一委员会起草《德国民法典》时,温德夏特的请求权学说影响已日渐增强,债权不具让与性的古老理念被打破,并且渗透到物权法领域。[3] 在凡是“请求权都可被让与”的观念主导下,与所有权相分离的物上返还请求权也被认为能够让与。[4] 立法者由此认为,让与物上返还请求权如同让与基于占有媒介关系而生的请求权一样,都可作为让与返还请求权的构成要件。这也为后世旷日持久的争论埋下伏笔,尤其在当事人并不占有让与物时,转让的请求权究竟是何种性质的请求权。[5]

然而,第一委员会在占有移转中普遍化承认转让所有物返还请求权的尝试遭到很多质疑。首先,无占有移转的所有权取得并不具有交易价值。[6] 因为受让人何时取得占有转让物尚不确定,在可预见的将来都可能无法发生这一所有权移转。另外,只有当无占有的所有人负有向第三人移转所有权的义务时,

---

〔1〕 梁慧星主编:《中国物权法研究》(上),陈华彬执笔,法律出版社 1998 年版,第 213 页;崔建远:《物权法》,中国人民大学出版社 2011 年版,第 87 页;申卫星:《物权法》,中国人民大学出版社 2008 年版,第 174 页。

〔2〕 Schubert, *Die Entstehung der Vorschriften des BGB über Besitz und Eigentumsübertragung*, Berlin 1966, SS. 164 – 165. 因为出让人还是名义上的物权人,就实体法而言,大致类似于权利的信托让与。受让人虽然是名义权利人,但出让人依然保留了一部分实体权利,实际上是出让人与受让人分割了权利权能。以现代诉讼法的观点来看,这一制度类似于民事诉讼法的任意诉讼担当(*gewillkürte Prozesstandschaft*)。受让人基于法律行为取得诉讼实施权(*prozessführungsbefugnis*)。

〔3〕 Einsele-Wili, *Die Vindikationszession*, Zürich 1975, S. 23 ff.

〔4〕 Einsele-Wili, *Die Vindikationszession*, Zürich 1975, S. 30.

〔5〕 Staudinger/Wiegand, 2004, § 931 Rn. 2.

〔6〕 Einsele-Wili, *Die Vindikationszession*, Zürich 1975, S. 51.

才存在适用该方式的需要。若出现返还不能,所有人只能向第三人要求损害赔偿。如果所有人无返还请求权而保留所有物,而受让人虽取得该返还请求权,却未占有所有物,那么,这一规则的实际意义颇受怀疑。[1] 基于以上质疑,转让物上返还请求权的规定被立法者删除。[2]

随着让与返还请求权(《德国民法典》第 931 条)被引入民法典之后,第二委员会又回归第一委员会的立场。他们认为,如果所有人对转让物既无直接占有,也无间接占有,那么所有权应随着返还请求权的让与而被直接移转于受让人。[3] 因为出让人若无法交付该物,又不能让与返还原物请求权,他将无法转让无人占有物的所有权。这会导致他与间接占有转让物的出让人相比,处于明显的劣势。后世德国的通说也基本遵循这一立场,将《德国民法典》第 931 条的适用情形区分为出让人间接占有动产的情况,以及出让人丧失占有的情形。

民法典颁布后不久,便有学者开始反思以转让物权请求权来实现所有权移转的缺陷。由于所有物返还请求权仅是保护所有权圆满状态的手段,不能单独地让与。所以,那些观点主张以转让所有物返还请求权来移转所有权,无疑是混淆目的与手段的关系。上文已有说明,此处无须赘述。

此外,指示交付的出让人让与所有物返还请求权还面临这样的"死穴":如所有人未亲自占有,也无占有媒介人为其占有,便会陷入无返还请求权可让与的困境。[4] 有观点认为,当窃贼抛弃被盗之物,且该物不为任何人占有,出让人可让与将来发生的所有物返还请求权。[5] 但指示交付的构成要件要求受让

---

〔1〕 Wieling, Sachenrecht, 2. *Auflage*, Berlin und Herdelberg 2006, SS. 315 - 316.

〔2〕 但《德国民法典》第 255 条却引入了普遍化的规则,在所有人得到第三人对所有物的赔偿后,第三人得到一个移转所有物的请求权,而不是该所有权本身立即移转于第三人。

〔3〕 Schubert, *Die Entstehung der Vorschriften des BGB über Besitz und Eigentumsübertragung*, Berlin 1966, S. 165.

〔4〕 Wieling, Sachenrecht, 2. *Auflage*, Berlin und Herdelberg 2006, S. 315. 虽然罗马法认为所有权移转可通过转让所有物返还请求权(*Vindikationszession*)的方式而实现,但这仅是交付(*Traditio*)的方式之一。所有权与基于所有权而发生的请求权相分离的方式并未发生。因为根据罗马法和德国共同法的观念,尚不存在现代意义的债权让与,而只是一个辅助的解释方式。转让人是诉权的权利人(*Inhaber*),而受让人则有权主张他人的权利。现代民法并未将此视为交付,而是将让与返还请求权作为交付替代形式之一,两者的法律属性存在明显的不同。

〔5〕 Kohl, *Zwölf Studien zum Bürgerlichen Gesetzbuch*, AbR 18, S. 88. 史尚宽:《物权法论》,中国政法大学出版社 2000 年版,第 41 页。

人必须得到返还请求权,这样才能发生指示交付的物权效果——转让物的所有权移转。[1] 倘若所有权的取得依赖于将来请求权的发生,而该请求权的发生又有很大的不确定性,即使出让人让与这一请求权,受让人仍未得到现实存在的请求权,而是只享有一个法律地位远弱于请求权的可能性。因此,这样的解释路径无法满足指示交付的构成要件,也无法满足受让人在指示交付中即刻获得所有权的交易需要。

即便上述观点成立:转让无人占有之物,要根据占有物是否已为他人占有,而适用不同的转让方式。那么,出让物已由他人占有,出让人转让既存的所有物返还请求权;出让物无人占有,则转让将来的所有物返还请求权。这一人为割裂的方式在适用指示交付时不具有可操作性。因为转让人失去动产占有时,通常也不知道其动产是否已为第三人占有,又如何选择不同的物权变动方式?显然,上述观点对出让人提出了过高的认知标准,背离日常生活经验。

针对无占有动产的所有权移转,德国学者科勒(Kohler)早在 20 世纪初就提出基于当事人合意移转所有权的观点。按照其观点,在缺少占有构成要件、交付替代要件时,当事人之间转让物上返还请求权并非必要,仅凭其单纯合意就足以移转所有权。这一观点已在德国学界成为通说,[2] 只是我国台湾地区学者未曾与时俱进,由此导致间接继受德国法理论的我国大陆学界还停留在《德国民法典》颁布不久的认知状态。

(二)合意移转所有权与物权公示原则

在奉行物权公示原则的我国物权法体系,这一纯以当事人意思而发生所有权变动的方式势必面对不少质疑。因为仅凭当事人内在的意思变动,却没有转让物的占有变动,甚至连间接占有变动都未发生,由此发生的物权变动不能为外部的第三人所识别,貌似与物权公示原则相抵触。

---

[1] Thur, *Der Allgemeine Teil des Deutschen Bürgerlichen Rechts*, Leipzig 1910, S. 266, Fn. 106; Avenarius, *Übereignung besitzloser Sachen und Vindikationszession*, JZ. 1994, 511.

[2] 当时具有极高声望的冯·图尔(Von Thur)和马丁·沃尔夫(Martin Wolff)、之后的莱塞尔(Raiser)、韦斯特曼(Westermann)、奥克斯勒(Oechsler)、鲍尔(Baur)等著名学者都支持该观点。Einsele-Wili, *Die Vindikationszession*, Zürich 1975, S. 55; Neumayer, *Die sogenannte Vindikationszession (§ 931 BGB) im dogmatischen Spannungsfeld zwischen Übereignung und procuratio in rem*, in: Festschrift für Heinrich Lange zum 70. Geburtstag, 25. März 1970, Hrsg. von Kurt Kuchinke, München 1970, S. 309.

这一质疑虽有理论基础,但对物权公示原则的理解略显僵化。物权公示原则要求物权变动的双方交付动产,以使物权变动能为第三人所识别。[1] 根据《德国民法典》立法者的设想,交付应通过移转直接占有,由出让人亲自转交给受让人本人。由此,交付作为事实上可感知的行为,才能反映抽象的所有权转移。[2] 随着社会经济的发展,这一观点受到越来越多的质疑,因为交付原则已经无法适应交易需要,逐渐为众多的例外所打破,[3] 最典型者,莫过于交付替代方式的出现,如简易交付、占有改定、指示交付,使得此等情形下交付转让物成为多余之举。

简易交付下,受让人已占有转让物,因此无须返还物于出让人,再行交付;当事人达成合意就能满足所有权变动。[4] 适用占有改定时,出让人打算继续使用转让物,交付该物便失去意义,故此由出让人为受让人占有该物,以使受让人获得间接占有。指示交付的典型情况是出让人之物由占有媒介人占有,出让人将其对占有媒介人的原物返还请求权让与受让人,受让人以获得的间接占有代替现实交付。此时若强求当事人往返移转直接占有,则完全违背当事人的交易需求,不免有削足适履之感,而且此时人为地阻碍交易,[5] 徒增交易成本。

从立法者允许以上交付替代方式可以看到,交付原则已在当代物权法被强烈弱化。早在《德国民法典》引入占有改定时,当时的立法者就对交付的功能有了以下清醒的认识:"倘若通常要求交付有体物只是用于公示所有权移转,那么占有改定就难以得到合理说明。然而,这并不是交付的基本功能,通过交付所发生的占有关系不能保证持续的期间,而只可能使得每个瞬间发生改变。其实通过交付是用于确认当事人是否具有郑重严肃的意思,意欲引起物权效力。"[6]

---

[1] Staudinger/Wiegand,2004, § 929 Rn. 46.

[2] Süß, *Das Traditionsprinzip-Ein Atavismus des Sachenrechts*, in: FS Wolff, Tübingen 1952, S. 144.

[3] Süß, *Das Traditionsprinzip-Ein Atavismus des Sachenrechts*, in: FS Wolff, Tübingen 1952, SS. 141 – 152; Bauer, *Zur Publizitätsfunktion des Besitzes bei Übereignung von Fahrnis*, in: Festschrift für F. W. Bosch, Bielefeld 1976, SS. 1 – 25; Baur/Stürner, Sachenrecht, München 2009, S. 637.

[4] Staudinger/Wiegand,2004, § 929 Rn. 117.

[5] Staudinger/Wiegand,2004, Vorbem. zu §§ 929 Rn. 23.

[6] Protokoll Ⅲ, 197, zitiert aus Staudinger/Wiegand,2004, Vorbem. zu §§ 929 Rn. 21.

虽然动产所有权移转采取交付原则,但也设置了法定的交付替代方式,这表明交付的教条主义已在立法中得到突破。立法者将当事人变动物权的交易需求置于第一位,并同时考虑了交付物之事实管领力的作用,在出让人未占有动产时,立法者不再坚持交付或者其他交付替代方式,例外地允许合意来变动所有权。这一变动方式如同简易交付那样,都是根据当事人意思引起所有权变动。两者不同之处在于:简易交付的受让人已经占有动产,无须再行交付;而无占有物的所有权移转之中,出让人并不占有转让物,无法完成交付,因此便免去这一要件。

在这一前提下,若能认定当事人具有变动物权的真实意思,即使公示方式有所欠缺,甚至不具备公示方式,也存在承认物权变动的可能。尤其当交易便利与物权公示发生冲突时,法律会根据利益衡量,在某些情况下放弃公示的要求,直接允许并未交付的动产也能发生物权变动。最典型的情况莫如占有改定和指示交付都不具有公示性,但两者所追求的便利交易优位于公示原则所蕴含的价值。正如《德国民法典》的立法资料所示,其第 929 条第 2 句至第 931 条的基础在于,立法者认为这类物权移转要件存在不可拒绝的需求,因此打算接受失去物权公示所带来的损失。[1]

当出让人失去转让物占有时,倘若其转让该物的交易需求得到肯定,则便捷交易的需求应优位于物权公示原则。出让人既然无法移转直接占有和间接占有,那么例外地允许出让人与受让人通过合意来移转所有权,并无不妥之处。

(三)出让人"让与所有物返还请求权"的适用领域

早在《德国民法典》立法时,就有批评者指出,转让无占有动产甚为少见,没有立法规范的必要。[2] 但所有人转让无占有之物,并非天方夜谭。出卖遗失的手表一块,或者转让沉船所有权于有意承担这一风险的打捞者,乃至苏富比拍卖行拍卖苏联遗留在月球上的月球探险车。此类交易的猎奇效果可能更大于实际交易需求,但法律没有必要加以禁止,而应听由交易当事人自行决定。[3]

---

〔1〕 Motiv Ⅲ 335, Protokoll Ⅲ, 197, zitiert aus Staudinger/Wiegand, 2004, Vorbem. zu §§ 929 Rn. 22.

〔2〕 参见上文三、(一)立法史与学说演变。

〔3〕 Avenarius, *Übereignung besitzloser Sachen und Vindikationszession*, JZ. 1994, S. 511.

实践中最为典型者则发生于保险业理赔。当保险标的发生保险事故时,保险人赔付被保险人财产损失后,可直接取得保险标的物的物权。[1] 保险法学者称之为物上代位权(《保险法》第 59 条、《海商法》第 256 条)。例如,沉船事故发生后,船舶所有人受领保险金后,原则上也应移转沉船所有权于保险公司。1989 年的《机动车辆保险条款》是行业保险条款的指导,大部分的保险合同根据此指导制定,通常对保险标的的转让基本规定在车辆被盗后,被保险人向保险人索赔时需要提供保险单、车钥匙和公安机关出具的证明等,待保险人确认后再让被保险人签署权益转让书,后保险人取得保险标的的所有权。[2] 另外,在海事保险中,保险人取得物上代位权,还可通过发生推定全损的"委付"制度来实现(《海商法》第 249 条)。此时,保险人要求赔偿全部损失时,应向被保险人委付保险标的,移转保险标的所有权及附属于保险标的的财产权,如船或货的受损残骸。[3]

不过,若保险标的物由于失踪或不知去向,该物所有人(被保险人)就无法通过现实交付来移转该物的所有权。因此,以上两类保险物上代位权如何引起所有权变动,我国保险法学界鲜有论及。被保险人却可借助于《物权法》第 26 条,将对该物的所有物返还请求权转让给保险人,以实现所有权移转。这一动产的所有权移转对保险业具有重大意义,因为在发生保险事故的保险物不知去向时,保险人在支付保险费后享有合法的利益,即刻得到该物的所有权。[4]

保险法物上代位权的雏形可以追溯到罗马法的让与所有物返还请求权制度。权利人由于失去所有物占有而享有损害赔偿请求权,若其获赔偿后继续保

---

〔1〕 在足额保险情形下,当保险标的是动产时,保险人按全部损失支付全部赔偿金后,应取得保险标的的所有权。许崇苗、李利:《最新保险法适用与案例精解》,法律出版社 2009 年版,第 335 页;温世扬主编:《保险法》,法律出版社 2007 年版,第 193 页。《保险法》虽于 2009 年被大幅修订,原第 44 条改为第 59 条,但仅为条文序号改动,内容并无变化。

〔2〕 孔颖琳:《论〈保险法〉第 59 条适用在财产保险标的的转移交付中存在的困境》,载《法制与经济》2019 年第 2 期。

〔3〕 按照海商法学者的定义,委付是将保险标的的权利义务移转交付的意思表示,但该意思表示若要引起动产物权变动,必须遵循物权法规定的变动要件。否则该意思表示只能发生债法上的效力,并不足以引起物权效力。在推定全损时,往往保险标的尚不知在何处,很难进行现实交付。参见伍载阳、陈映红:《论海上保险中的推定全损与委付制度》,载《西南政法大学学报》2000 年第 1 期。

〔4〕 Münch Komm BGB/Quack, 2004, § 931 Rn. 11.

有该物的所有权,则导致其赔偿后财产总额超过赔偿之前,违背损害填补的目的。因此他应将基于所有权的返还请求权让与赔偿义务人。罗马法上的让与所有物返还请求权主要有两类。[1] 第一类情形出现在合同中,买卖交易为其代表。当买卖标的物在买卖合同订立和履行之间脱离出卖人的占有,出卖人已尽到监管和保护义务。此时,买受人在向出卖人支付买卖价款后,可以要求出卖人转让所有物返还之诉和不当得利之诉。第二类是合同之外的情形,典型情况是所有人作为原告诉请被告返还原物占有。如果被告非恶意地丧失了该物占有,必须支付赔偿金额。由此,被告在返还原物的诉讼中,可要求原告向其转让返还原物之诉。

立法者在起草《德国民法典》时,由于受到数百年继受罗马法的影响,很自然地将罗马法有关诉(*actio*)的让与移植于《德国民法典》第 931 条的让与返还请求权,[2] 以及《德国民法典》第 255 条。[3] 然而现代民法中的所有物返还请求权只是在物的圆满状态受到妨害时才得以发生。因此,罗马法上孤立地转让所有权返还之诉,即使被转换为让与所有物返还请求权,也无法在《德国民法典》中找到安身立命之所。德国法学家冯·图尔对此评价为,将这一所有权移转过程解释为让与所有物返还请求权,是披着罗马法外衣、却远离现代法律意识的解释手段。[4]

我国保险法、海商法中的物上代位制度,赔偿请求权人若系物之所有人,为防止权利人获得赔偿后又保有无占有的所有权,确有必要向义务人立即移转该物的所有权。[5] 但以转让所有物返还请求权来移转所有权的方式,已经与现代物权法体系不相符合,而且面临着逻辑和法律适用的以上种种缺陷,不足为

---

〔1〕 Einsele-Wili, *Die Vindikationszession*, Zürich 1975, S. 2 ff.

〔2〕 Neumayer, *Die sogenannte Vindikationszession* (*§ 931 BGB*) *im dogmatischen Spannungsfeld zwischen Übereignung und procuratio in rem*, in: Festschrift für Heinrich Lange zum 70. Geburtstag, 25. März 1970, Hrsg. von Kurt Kuchinke, München 1970, S. 317.

〔3〕《德国民法典》第 255 条适用情形为:赔偿义务人在向丧失物之占有的权利人支付赔偿后,可以要求其将基于物的所有权而生的权利转让于自己。这是出于防止权利人双重得利的目的,以免损害赔偿请求权人获得损害赔偿时,又保有失去占有物的所有权。它的目的与保险法上物上代位基本相同。

〔4〕 Thur, *Der Allgemeine Teil des Deutschen Bürgerlichen Rechts*, Leipzig 1910, S. 266, Fn. 106.

〔5〕 Selb, in: FS. Larenz 517 ff., 534 ff.; Einsele-Wili, *Die Vindikationszession*, Zürich 1975, S. 63 ff.

取。德国通说主张当事人仅达成单纯合意,便可引起出让人无占有之物的所有权变动,相较而言,更为妥当。

在我国动产物权的变动模式之下,物权变动通常需要原因行为与物权变动的形式要件——交付或交付替代方式。但作为已失去转让物占有的所有人,又有移转所有权的正当交易需求,如果拘泥于贯彻形式要件,势必剥夺其移转所有权的可能性,也与保险法、海商法的物上代位及委付制度相违背。因此,可以例外地允许双方当事人根据一致的意思表示,来引起动产所有权的变动。至于《德国民法典》制定时的批评意见所称,转让无占有的动产不符合交易需要,可留待交易双方自行决定。倘若受让人愿意取得出让人无占有动产的所有权,立法者自无必要越俎代庖、横加干涉。

四、《德国民法典》第255条物之丧失而生的请求权让与

与《德国民法典》第931条相似,《德国民法典》第255条物之丧失而生的请求权让与也有物权发还请求权能否被独立让与的争论。

《德国民法典》第255条的物之丧失,按照通说的理解,不限于物之灭失,也包括丧失物的占有。因此,根据《德国民法典》第255条的理解,赔偿义务人在向丧失物之占有的权利人支付赔偿后,可以要求其将对基于物的所有权而生的权利转让于自己,是出于防止权利人双重得利的目的,以免损害赔偿请求权人获得损害赔偿时,又保有失去占有物的所有权。它的目的与保险法上物上代位基本相同。于此存有争议的是,此处,基于物的所有权而生的权利是否指物权返还请求权,它能否被独立地让与?

如果我们回顾历史,可以发现这一制度的雏形可以追溯到罗马法的让与所有权返还请求权。权利人由于失去标的物占有而享有损害赔偿请求权,若他在获得赔偿后继续保有丧失占有物的所有权,则违背了损害填补的目的,因此他应将基于所有权的请求权让与赔偿义务人。罗马法上的让与所有权返还请求权主要有两类。[1] 第一类情形出现在合同中,典型情况为买卖交易。当买卖

〔1〕 Felicitas Einsele-Wili, *Die Vindikationszession*, Zürich 1975, S. 2 ff.

标的物在买卖合同订立和履行之间脱离出卖人的占有,但出卖人已尽到监管和保护义务(*Custodia Pflicht*)。此时,买受人在向出卖人支付买卖价款后,可以要求出卖人转让所有权返还之诉(*rei vindicatio*)和不当得利之诉(*condictio*)。第二类是合同之外的情形,代表例子是所有人作为原告诉请被告返还原物占有。如果被告非恶意地丧失了该物占有,必须支付赔偿金额(*Litisästimationssumme*)。由此,被告在返还原物的诉讼中,可要求原告将返还原物之诉转让给他。由于温德夏特使用请求权替代罗马法的诉权之后,便使得诉权转让在此失去用武之地,作为替代考虑的便只有返还请求权。

王泽鉴先生曾著有专文谈及请求权让与,他对此认为,所有物返还请求权让与不影响权利人之所有权,所以当受让人从第三人处取回丧失占有之物后,权利人可以返还义务的赔偿,并要求返还该物。[1] 他的这一观点,基本追随了拉伦茨的观点:《德国民法典》第225条发生所有人丧失物之占有后,此时所有人仅向赔偿权利人让与所有物返还请求权足矣,他仍可保留失去占有物的所有权。只是当他重新获得该物占有时,再决定是否保有该物所有权。如果他决心保留该物所有权,那么所有人就必须向赔偿义务人返还已支付的损害赔偿。[2] 不过,通说却认为,让与所有物返还请求权的意思,无论如何也会引起移转丧失占有物之所有权的义务。[3] 这里的争论核心在于,赔偿义务人是否可以要求即刻让与所有权。

两种意见的差别在于,如果受害人(所有人)之后重新获得状态基本完好的原物,则法律关系有所不同。根据通说,赔偿义务人作为新的所有人,根据《德国民法典》第985条向赔偿权人(原所有人)要求返还该物,可能发生的价值减少作为负担由他来承受。但赔偿权利人也有权利要求回复所有权,且同时履行损害赔偿给付的返还。这一情形多发生于物的价值没有减少,权利人仍然能够使用该物时。而根据少数说,赔偿义务人能为所有人行使返还请求权。当义务人成功将该物追索到后,所有人能够以同时履行返还赔偿给付而向义务人要求

---

〔1〕 王泽鉴:《民法学说与判例研究》(第3册),中国政法大学出版社1997年版,第342页。

〔2〕 Larenz, SchuldR I § 32 I Fn 6; MünchKommBGB/ Oetker § 255 Rn 18; Felicitas Einsele-Wili, *Die Vindikationszession*, Zürich 1975, S. 63 ff.

〔3〕 Staudinger/Bittner, 2004, § 255 Rn. 21.

返还该物。[1]

以上理论争议的区别在于,如果该物的价值发生了减损,就产生减损价值究竟由谁承担的的风险分配问题。通说认为,这一风险还是由赔偿义务人来承担。从其他方面来看,两者的差别不大。但是少数说将所有权返还请求权与所有权分离而独立让与的解释路径,却与当今将所有物返还请求权作为保护所有权圆满状态的手段不相符合。而且,这样一种例外方式,从《德国民法典》第 255 条请求权的结果来看,并无太大的用途。所以,还是应该支持德国通说的见解,所有权返还请求权不能独立地让与,而是采取《德国民法典》第 931 条的办法,以双方当事人的合意,便可移转所有人丧失占有之物的所有权。由此,因所有权而生的返还请求权也随之移转。

五、结　　语

《物权法》第 26 条的指示交付,旨在通过间接占有的移转,以实现交易便捷、货物快速流转的目的。间接占有物的出让人让与的不是所有物返还请求权,而是其对占有媒介人基于占有媒介关系的返还请求权。在出让人未占有转让物甚至根本无人占有时(主要表现于保险业理赔中),受让人(保险人)在支付价金(保险金)时有即刻获得标的物权利的需求。学界有主张通过让与所有物返还请求权以实现无人占有物所有权移转的观点,显然与所有物返还请求权作为所有权保护手段的现代理念相违背,而且面临着解释上的种种障碍。笔者认为,只要出让人与受让人意思表示一致,即可移转无人占有物的所有权。这一所有权移转方式虽然打破了物权公示原则,但在出让人缺少占有移转手段且又面临实际交易需求时,应立足于生活现实而作为例外获得认可。同理,《德国民法典》第 255 条请求权所指基于物的所有权而生的权利不应包括物权返还请求权。就此,仍应坚持德国通说的立场,所有权返还请求权不能独立地让与,而是根据双方当事人的合意,移转所有人丧失占有之物的所有权。

---

〔1〕 Staudinger/Bittner, 2004, § 255 Rn. 22.

法典评注

《民法典》第 147 条（重大误解）评注*

杨代雄**

《民法典》第一百四十七条【重大误解】

基于重大误解实施的民事法律行为,行为人有权请求人民法院或者仲裁机构予以撤销。

一、规范目的

民事法律行为是实现私法自治的工具。当事人通过意思表示按照自己的意愿安排私法上的利益关系,由此形成的法律关系是私人之间的法秩序,她是自治的产物。如果意思表示的内容背离当事人的真实意愿,则借此构建的法律关系就不再是自治的结果,[1]法律上应当给予当事人一个矫正的机会。因此,本条规定表意人发生重大误解(意思表示错误)时,有权撤销民事法律行为。

二、立法沿革和比较法例

罗马法中就已经存在意思表示错误制度。乌尔比安、彭波尼、尤里安等古罗马法学家探讨了很多涉及意思表示错误的案例。他们倾向于认为标的物同一性错误、相对人同一性错误、数量错误、法律行为类型错误等导致双方法律行

---

* 本文系 2017 年度国家社科规划基金项目“意思表示解释的原理与方法研究”(17BFX192)的阶段性成果。

** 华东政法大学法律学院教授,法学博士。

〔1〕 杨代雄:《民法总论专题》,清华大学出版社 2012 年版,第 30 页。

为因欠缺合意而无效,单方法律行为也因背离行为人之本意而无效。[1] 有时则通过意思表示解释确定一个公平合理的法律行为内容并使之生效。[2] 近代民法学基本上沿袭了罗马法上的意思表示错误理论。[3] 最有代表性的是萨维尼,其认为错误可以分为根本错误(*wesentlicher Irrtum*)与非根本错误。前者导致意思被排除,所以意思表示当然无效(*ipso jure nichtig*)。[4]

在《德国民法典第一草案》中,意思表示错误的后果也是导致意思表示无效,但在《德国民法典第二草案》中,意思表示错误的法律后果由无效改为可撤销,这种可撤销模式被《德国民法典》第 119 条采用,我国台湾地区"民法"第 88 条从之。《日本民法典》第 95 条原来采用错误导致意思表示无效的规范模式,但 2017 年《日本民法典》修订后,该条改采可撤销模式。

关于意思表示错误情形中表意人撤销权的限制,比较法上存在两种规范模式。一是德国模式,依《德国民法典》第 119 ~ 120 条,只要错误足够严重,表意人就享有撤销权,表意人是否有过错以及受领人是否有信赖,在所不问。二是奥地利模式,依《奥地利民法典》第 871 条,仅当错误系因受领人的误导而发生或者受领人对该错误显然应当知悉时,表意人才可以因错误主张合同无效。据此,错误方主张合同无效的权利被大大限缩,无过错且未作错误陈述的受领人的信赖得到强有力保护,可以获得合同有效情形中的积极利益。《意大利民法典》第 1428 条、《荷兰民法典》第 3 编第 35 条以及《欧洲合同法原则》(PECL,由欧盟的"欧洲合同法委员会"于 1982 ~ 2002 年起草)第 4 ~ 103 条之规定也属于

---

〔1〕 D. 50. 17. 116. 2; D. 44. 7. 57; D. 28. 5. 9. 1. 转引自[意]桑德罗 · 斯奇巴尼选编:《民法大全选译:法律行为》,徐国栋译,中国政法大学出版社 1998 年版,第 13 ~ 18 页;[意]桑德罗 · 斯奇巴尼选编:《契约之债与准契约之债》,丁玫译,中国政法大学出版社 1998 年版,第 27 ~ 33 页。

〔2〕 D. 19. 2. 52; D. 28. 5. 9. 2; D. 28. 5. 9. 3. 转引自[意]桑德罗 · 斯奇巴尼选编:《民法大全选译:法律行为》,徐国栋译,中国政法大学出版社 1998 年版,第 13 ~ 18 页;[意]桑德罗 · 斯奇巴尼选编:《契约之债与准契约之债》,丁玫译,中国政法大学出版社 1998 年版,第 27 ~ 33 页。

〔3〕 关于意思表示错误的学说与制度史考察参见唐晓晴:《意思表示错误的理论与制度渊源》,载《华东政法大学学报》2008 年第 2 期;关于遗嘱(单方法律行为)错误的学说与制度史考察参见赵毅:《遗嘱错误:反思潘得克吞体系的一条新路》,载《中外法学》2014 年第 6 期。

〔4〕 Friedrich Carlvon Savigny, *Systemdesheutigen Römischen Rechts*, Bd. 3, Berlin, 1840, SS. 257 - 276.

奥地利模式。[1]

我国《民法通则》第59条规定行为人对行为内容有重大误解的,有权请求人民法院或者仲裁机关对法律行为予以变更或撤销。《合同法》第54条也作了类似规定。《民法典》第147条,仍然沿袭"重大误解"这一用语。[2] 所谓的重大误解大体上相当于国外民法中的意思表示错误。"重大误解"这一用语似乎受苏联民法的影响。1964年的《苏俄民法典》第57条规定:"因具有实质性的误解所实施的法律行为,可以根据因误解而行动的一方的起诉宣布无效。如果这种法律行为被宣布无效,则双方都必须将依据法律行为所取得的一切返还对方,在无法返还实物时,应按其价值以货币形式予以偿还。起诉一方如能证明误解是由于对方的过错所引起,则有权要求对方赔偿开支、损失或财产的损坏;如果不能证明这一点,则他必须赔偿对方的开支、损失或财产的损坏。"[3]

与《民法通则》及《合同法》相比,《民法典》第147条的一个显著变化是将重大误解的后果由"可变更、可撤销"改为"可撤销"。[4] 之所以如此,主要是因为由法院或仲裁机构对民事法律行为进行变更时,变更后的内容未必同时符合表意人与受领人的意愿,而依《合同法》第54条第3款之规定,当事人请求变更的,法院或仲裁机构不得撤销,此时只能强行作出违背一方或双方当事人意愿的变更。为贯彻意思自治原则,《民法典》取消了变更权。[5] 实践中,如果发生重大误解的表意人不打算撤销法律行为,可以与受领人协商变更法律行为的相应内容。协商未果的,表意人可以行使撤销权。

---

〔1〕 杨代雄:《法律行为制度中的积极信赖保护》,载《中外法学》2015年第5期。

〔2〕 关于"重大误解"这一用语的缺陷,参见杨代雄:《民法总论专题》,清华大学出版社2012年版,第189页;王天凡:《民法"重大误解"继受之反思》,载《华东政法大学学报》2017年第2期。

〔3〕 中国社会科学院法学研究所民法室编:《外国经济立法选编:苏俄民法典》,中国社会科学出版社1980年版,第21页。

〔4〕 对"可变更"这一法律后果的质疑参见马俊驹、余延满:《民法原论》,法律出版社2010年版,第210页;崔建远主编:《合同法》,法律出版社2010年版,第115页。主张将"可变更"定性为通过意思表示解释以真意取代表示之规范意义的观点参见张传奇:《论重大误解的可变更效力》,载《中外法学》2014年第6期。

〔5〕 沈德咏主编:《〈中华人民共和国民法总则〉条文理解与适用》,人民法院出版社2017年版,第985页。

三、重大误解(错误)的构成要件

一般认为,重大误解(错误)须符合如下构成要件:

(一)存在一项意思表示

重大误解(错误)的前提是当事人的表示构成一项意思表示。仅当意思表示已经成立时,才需要判断当事人是否发生错误并据此决定法律行为(意思表示)是否可撤销。也就是说,在处理流程上,意思表示的构成判断先于意思表示的效力判断。[1]

(二)表示内容与表意人的意思不一致

在判定意思表示成立之后,需要通过意思表示解释确定意思表示的内容。依当代民法学通说,需受领的意思表示之解释通常采用规范性解释(*normative Auslegung*),仅在例外情况下才以主观意思为准。[2] 据此,解释者必须探究,从尽到必要注意的受领人(相对人)视角看,一项表示应该具备何种意义。此项意义即为意思表示的内容,其可能与表意人的主观意思一致,也可能不一致。如果不一致,则意思表示存在瑕疵,重大误解(错误)就是瑕疵的一种类型。因此,在处理流程上,解释先于错误,只有先通过解释确定表示内容,才能据此判断是否构成错误。[3]

---

〔1〕 关于构成判断与效力判断的关系,参见杨代雄:《意思表示中的意思与意义——重新认识意思表示概念》,载《中外法学》2017年第1期。

〔2〕 Reinhard Bork, *Allgemeiner Teil des Bürgerlichen Gesetzbuchs*, 2. *Aufl.*, Mohr Siebeck, 2006, SS. 196–198; Brox/Walker, *Allgemeiner Teil des BGB*, 33. *Aufl.*, 2009, SS. 62–65; Larenz/Wolf, *Allgemeiner Teil des bürgerlichen Rechts*, 9. *Aufl.*, C. H. Beck, 2004, SS. 512–525.

〔3〕 在浙江省高级人民法院审理的“施某某与胡某某合同纠纷案”[(2009)浙商外终字第4号民事判决]中,施某某与胡某某订立合作协议,约定施某某提供餐厅的经营权(租赁权),胡某某提供资金,双方合作经营餐厅。合作协议第6条约定,在餐厅按约定支付租金的前提下,施某某应确保餐厅租赁权的持续有效;第10条约定,对于租赁合同所约定的200万元保证金,由胡某某垫付,合同期满或因故提前终止合同,除因欠付租金或其他违约行为被合理扣除外,施某某应负责返还胡某某的200万元保证金或其余款。在合作协议履行过程中,双方就租金由谁承担问题发生争议。法院认为,“餐厅按约定支付租金”含义不明确,据此无法确定应由谁承担租金,但胡某某却以为应由施某某承担租金,构成重大误解,合作协议可撤销。如此处理,似有不妥。在约定不明的情况下,应先通过解释确定意思表示的应有内容,然后再判断是否构成重大误解(错误)。如果实在无法确定意思表示的应有内容,应认定双方就合同要素未形成合意,合同不成立。

(三)表意人并非故意导致表示内容与其意思不一致

如果表示内容与表意人的意思不一致是由表意人故意造成的,则不构成重大误解(错误),毋宁构成虚伪表示。重大误解(错误)在本质上是无意的意思与表示不一致。至于意思与表示不一致究竟是表意人造成的还是受领人或第三人造成的,[1]如果是表意人造成的,其究竟是否具有过失,在《民法典》第147条框架内,对于重大误解(错误)的构成并无决定性意义。实践中,有判例认为,仅当意思与表示不一致由表意人造成时,才构成重大误解(错误)。[2] 这种观点显然不可取。

当然,如果意思与表示不一致由受领人故意造成,则受领人构成欺诈;如果由第三人故意造成且受领人对此知道或应当知道,则构成第三人欺诈。构成欺诈的,表意人可以依据《民法典》第148条或第149条撤销民事法律行为。有时,表意人很难证明受领人或第三人是故意造成意思与表示不一致,因此,在有欺诈嫌疑的案件中,为使表意人得到保护,应当允许其仅以重大误解(错误)为由撤销民事法律行为。实践中,法院也经常如此处理,[3]甚至在表意人仅以欺诈为由诉请撤销民事法律行为的情况下,审理过程中发现不能证明构成欺诈时,法院直接以重大误解(错误)为由撤销民事法律行为。[4] 从理论上看,重大误解(错误)与欺诈存在交叉之处,二者可以发生竞合,[5]所以竞合之规则有适用余地。

(四)表示内容与意思的不一致是显著的

无意的意思与表示不一致并非一律都构成重大误解(错误)。如果只是轻微的不一致,不应导致民事法律行为可撤销,否则不利于保障交易安全。仅当

---

〔1〕 第三人造成重大误解(错误)的案例参见湖北省高级人民法院对“湖北祥和建设集团有限公司与阳某某撤销权纠纷案”作出的(2014)鄂民监三再终字第00027号民事判决。

〔2〕 参见湖南省高级人民法院对“桃源县林海木业经营部与湖南茂源林业有限责任公司买卖合同纠纷案”作出的(2014)湘高法民二终字第50号民事判决。

〔3〕 参见江苏省高级人民法院对“高某某与童某某、朱某某保证合同纠纷案”作出的(2014)苏商再提字第0014号民事判决。

〔4〕 案例参见甘肃省高级人民法院对“王某某与汪某某等合同撤销权纠纷再审案”作出的(2014)甘民提字第21号民事裁定;湖南省岳阳市中级人民法院对“桃源县林海木业经营部与湖南茂源林业有限责任公司买卖合同纠纷案”作出的(2013)岳中民二初字第24号民事判决。

〔5〕 MünchKomm/Kramer,2006,§123,Rn. 31;BSK O. RI-Schwenzer/in Art. 28N. 22,2008.

意思与表示不一致如此显著,以至于表意人假如当初知道真实情况就不会作出此种内容的表示时,才允许以重大误解(错误)为由撤销民事法律行为。

(五)表示内容与意思的不一致给表意人造成较大损失

《民法典》第 147 条未要求意思与表示不一致给表意人造成较大损失,《民法通则》第 59 条第 1 款以及《合同法》第 54 条第 1 款也没有此项要求,但最高人民法院《关于贯彻执行〈中华人民共和国民法通则〉若干问题的意见(试行)》(以下简称《民通意见》)第 71 条则要求造成较大损失才能认定为重大误解。实践中,法院在判定是否构成重大误解时通常也考虑表意人的损失是否严重。〔1〕此项要求是否妥当,不无疑问。〔2〕有时,尽管表示内容明显背离主观意思,但按照错误的表示内容履行并不会给表意人造成较大损失。反之,如果允许表意人撤销民事法律行为,将导致交易落空,即便判令表意人负担缔约过失责任,相对人仍会遭受履行利益损失。此时,仅给予相对人消极信赖保护似嫌不足,应当更进一步,给予其积极信赖保护。〔3〕考虑到我国民法上基于重大误解(错误)的撤销权门槛本就过低,理应以表意人遭受较大损失为重大误解(错误)的构成要件,以限制表意人的撤销权,保护交易安全和相对人的信赖。

四、重大误解(错误)的类型

古罗马法学家就曾经尝试对错误予以类型化,其中动机错误是否影响法律行为效力,颇有争议。〔4〕德国民法理论明确区分动机错误(*Motivirrtum*)与表示错误(*Erklärung-sirrtum*),后者被进一步划分为表示行为上的错误(*Irrtuminder*

---

〔1〕 参见河北省高级人民法院对"王某某、张某某、周某某、韩某某与高某、陈某股权转让纠纷案"作出的(2016)冀民终 501 号民事判决;新疆维吾尔自治区高级人民法院对"黄某某与何某某、郑某某、新疆天鸿公司、新疆齐兴投资(集团)有限责任公司股权转让纠纷案"作出的(2014)新民二终字第 99 号民事判决。

〔2〕 认为撤销权的行使不必以错误给表意人造成较大损失为要件的观点参见朱庆育:《民法总论》,北京大学出版社 2016 年版,第 276 页。

〔3〕 关于积极信赖保护与消极信赖保护的区分,参见杨代雄:《法律行为制度中的积极信赖保护》,载《中外法学》2015 年第 5 期。

〔4〕 D. 18. 1. 10;D. 18. 1. 14;D. 35. 1. 17. 1;D. 35. 1. 17. 2;D. 5. 2. 28.

Erklärungshandlung)、误传与表示内容上的错误(*Irrtumüberden-Inhaltder Erklärung*)。[1] 这种概念体系被广泛接受。

(一)动机错误可否影响意思表示(法律行为)的效力

动机错误,即意思形成阶段的错误,也就是关于为什么作出这样的意思表示的理由方面的错误。比如,某人作出以300万元购买一处住房的意思表示,在决策时是以其有足够的资金为基础的,但后来事实表明,其并无足够的资金。或者,某个商人以为其库存货物已经售完,所以订购了一批货物,但后来发现其存货实际上很充足。德国民法并未将动机错误的意思表示规定为可撤销的意思表示。理由主要是:意思表示相对人通常无法知悉表意人作出意思表示的理由,所以不应该让其承担关于这些理由之错误的风险(允许表意人撤销意思表示),这种错误处于表意人的风险范围之内,如果允许表意人以动机错误为由撤销意思表示,将导致法律行为几乎完全丧失确定性。[2] 例外的是,按照《德国民法典》第119条第2款的规定,交易上重要的人之资格或物之性质的认识错误(统称为性质错误),也导致意思表示可撤销。

日本传统理论通说亦采二元论,把错误划分为表示错误与动机错误两种类型,认为《日本民法典》第95条中可以导致意思表示无效的错误仅限于表示错误,即关于法律行为要素(如标的物、对方当事人的身份、价格)的错误。在动机错误情形中,表意人确实存在与外部表示一致的意思,只不过该意思在形成或者说决策的过程中存在误差而已,意思本身是存在的,所以表意人理应对属于他自己的意思负责。而且,动机通常难以从外部知悉,如果连如此隐蔽的心理因素也会影响意思表示的效力的话,将会危及交易安全。[3] 当然,日本传统的民法理论也认为,在例外情况下,动机错误也可以导致意思表示无效,条件是该动机被明确表示出来并且成为意思表示的内容。[4]

与传统理论的通说不同,最近几十年来日本有不少学者提出一元论,认为

---

〔1〕 Enneccerus/Nipperdey, *Allgemeiner Teil des Bürgerlichen Rechts*, 15. *Aufl.*, 1960, SS. 1030 – 1035; Werner Flume, *Allgemeiner Teil des bürgerlichen Rechts*, *Bd.* 2. *Das Rechtsgeschäft*, *Springer – Verlag*, 4. *Aufl.*, 1992, SS. 449 – 458.

〔2〕 Larenz/Wolf, *Allgemeiner Teil des bürgerlichen Rechts*, 9. *Aufl.*, C. H. Beck, 2004, S. 652.

〔3〕 [日]我妻荣:《新订民法总则》,于敏译,中国法制出版社2008年版,第279页。

〔4〕 [日]山本敬三:《民法讲义Ⅰ:总则》,解亘译,北京大学出版社2012年版,第148页。

不需要区分动机错误与表示错误,二者都可以包含于《日本民法典》第 95 条的错误之中,采用统一的基准认定意思表示是否无效。这些学者认为,在设计判断基准时应该以信赖主义为理论基础,如果相对人对意思表示产生正当的信赖,不应该判定错误的意思表示无效。至于相对人是否具有正当的信赖,应该考察他对于表意人的错误(包括所谓的动机错误)是否具有认识的可能性,如果有认识的可能性,则不存在正当的信赖,如果没有认识的可能性,则存在正当的信赖。近年来,在一元论与传统的二元论之外,有些学者又提出了新二元论与新一元论,使日本民法学界在意思表示错误之问题上呈现出众说纷纭的状态。[1]

我国《民法通则》第 59 条第 1 款第 1 项规定行为人对行为内容有重大误解的,该行为可撤销或可变更,《合同法》第 54 条第 1 款第 1 项规定因重大误解订立的合同是可撤销、可变更的。相较而言,《民法通则》的规定更为明确一些,把可以产生撤销权的错误限定为意思表示内容错误,动机错误被排除在外。《合同法》第 54 条第 1 款第 1 项只是简单地提到"重大误解",未限定是关于什么因素发生重大误解,在逻辑上既可以包括关于意思表示内容的重大误解,也可以包括关于动机的重大误解。在我国司法实践中,某些判例认为动机错误不导致民事法律行为可撤销,[2]某些判例则持肯定说,认为动机错误也可以导致民事法律行为可撤销[3]——尽管法院有时未使用"动机错误"这一术语。《民法典》

---

〔1〕 对于这些学说的介绍,详见[日]山本敬三:《民法讲义Ⅰ:总则》,解亘译,北京大学出版社 2012 年版,第 152 ~ 162 页。

〔2〕 参见湖北省高级人民法院对"湖北嘉鱼晶星置业有限公司、胡某某与张某某、武汉长江博润置业有限公司股权转让合同纠纷案"作出的(2016)鄂民终 1367 号民事判决;新疆维吾尔自治区高级人民法院对"黄某某与何某某、郑某某、新疆天鸿公司、新疆齐兴投资(集团)有限责任公司股权转让纠纷案"作出的(2014)新民二终字第 99 号民事判决。

〔3〕 参见江苏省高级人民法院对"高某某与童某某、朱某某保证合同纠纷案"作出的(2014)苏商再提字第 0014 号民事判决;湖北省高级人民法院对"湖北祥和建设集团有限公司与阳某某撤销权纠纷案"作出的(2014)鄂民监三再终字第 00027 号民事判决。在第一个判例中,甲欠乙 300 万元,丙与乙订立保证合同,担保该债务,原因是甲丙签约,约定甲将公司品牌和资质转让给丙,丙以为能取得该品牌和资质,后来该契约无效。丙主张保证合同重大误解,法院支持,判定合同撤销。在第二个判例中,甲将钢管、扣件等建筑材料出租给乙,丙提供担保。后来乙未返还建材,且下落不明,甲诉请丙履行保证义务,主张返还 9 万米钢管、11 万套扣件、60 万元租金,丙认为仅应返还 4.6 万米钢管、3.6 万套扣件、25 万元租金。甲的律师认为证据不够充分,胜诉概率不大,建议甲和解。甲遂与丙达成和解协议,约定丙返还钢管 7 万米、扣件 7.3 万套、租金 25 万元。法院认为,甲听信律师的分析,对诉讼结果产生错误判断,因此订立和解协议,构成重大误解,可撤销。

第147条也未提到重大误解所涉及的具体因素,所以在解释上也面临与《合同法》第54条第1款第1项同样的问题。

我国学者关于应否区分动机错误与表示错误存在争论。肯定说的理由与德国通说大体相同。[1] 否定说认为,错误应否影响合意的效力,需要综合考虑多种要素,并非简单的分类就可以解决。尤其是动机错误与表示错误的区分,在逻辑上及价值上均不足以作为影响法律效果的基础。所谓"动机存在于内心,非他人所得窥知,自不许表意人主张撤销,而害及交易安全"的通说理由是不能成立的,盖表示错误也非他人所得窥知。动机错误之风险应由表意人负担,故不应影响合意效力的观点,也不能成立,其不能说明表示错误之风险为何不应由表意人负担。[2] 此外,以表示错误与动机错误的区分为基础的"错误二元论"难以实现简化法律适用的目标。德国民法将错误区分为表示错误与动机错误,并同时将动机错误原则上予以排斥,但是又将人或物的性质错误作为动机错误不能获得救济的例外,这样的分类势必会增加法律适用的困难。[3] 错误二元论是意思主义的产物,在表示主义占主导的今天早已与现代社会格格不入。我国并不存在二元论的传统,未来没有必要走上这条弯路。[4]

之所以允许表意人以重大误解(错误)为由撤销法律行为,是为了贯彻意思自治。表意人基于某些因素的考量,进行决策,形成一项以处置私人利益为内容的意思。如果在将该意思表达于外部的过程中发生错误,导致受领人从表意符号中获取的意义与表意人的意思不一致,则应当赋予表意人一项矫正的权利,即撤销权。否则,表意人将受制于背离其主观意思的表示意义,违背意思自治原则。反之,如果表示意义与主观意思一致,则没有理由赋予表意人撤销权。

---

〔1〕 参见杨代雄:《民法总论专题》,清华大学出版社2012年版,第191页;朱庆育:《民法总论》,北京大学出版社2016年版,第271页;梅伟:《民法中意思表示错误的构造》,载《环球法律评论》2015年第3期;陈华彬:《论意思表示错误及我国民法典对其的借镜》,载《法学杂志》2017年第9期;王天凡:《网络购物标价错误的法律规制》,载《环球法律评论》2017年第2期;潘运华、张中成:《论意思表示错误的法律行为之效力》,载《西南交通大学学报》(社会科学版)2016年第2期。

〔2〕 叶金强:《私法效果的弹性化机制——以不合意、错误与合同解释为例》,载《法学研究》2006年第1期。

〔3〕 冉克平:《民法典总则视野下意思表示错误制度的构建》,载《法学》2016年第2期。

〔4〕 龙俊:《论意思表示错误的理论构造》,载《清华法学》2016年第5期。

即便在形成该主观意思的过程中,表意人对于作为其决策依据的某项因素发生认识错误,原则上也不应导致法律行为可撤销。构成意思表示动机的因素五花八门,很多因素极具个性化,如果每一因素的认识错误都能导致法律行为可撤销,必将使法律行为形同儿戏,交易安全无从保障。即便表意人对于此类错误的发生并无过错,从风险分配的视角看,也应划定一条合理的界限。界限的一边是完全处于表意人控制范围内的错误,即动机错误,其风险基本上都由表意人承担;界限的另一边是意思表达于外部过程中发生的错误,其风险由表意人与相对人分担,表意人在合理期间内可以撤销意思表示,但应赔偿相对人的消极利益损失。总之,着眼于法的确定性与正当性的平衡以及意思自治与信赖保护的平衡,仍然应该区分动机错误与表示错误,动机错误原则上不产生撤销权。

当然,某些情形中的动机错误也可以产生撤销权,对此,应该设置比较严格的条件。〔1〕 比如,交易上重要的性质错误、双方动机错误也应导致法律行为可撤销。

(二)内容错误

内容错误即表意人对其表示内容产生错误的认识,或者说,表意人赋予其所选择的表意符号与受领人的理解不相同的意义。〔2〕 内容错误包括标的物同一性、相对人同一性、价款、数量、重量、合同类型等因素的认识错误。〔3〕 甲欲向乙公司购房,查看了 301 房与 302 房,打算购买 302 房,但数日后却记忆混淆,误以为该房的编号是 301,导致签约时写成"购买 301 房",此即为标的物同一性错误。甲对表意符号"301 房"的意义发生错误认识,导致表示内容"购买 301 房"与其主观意思"购买 302 房"相悖。

---

〔1〕 杨代雄:《民法总论专题》,清华大学出版社 2012 年版,第 191 页。

〔2〕 Rüthers/Stadler, *Allgemeiner Teil des BGB*, 16. *Aufl.*, 2009, SS. 357 – 358; MünchKomm/Kramer, § 119, Rn. 57, 2006. [德]迪特尔 · 梅迪库斯:《德国民法总论》,邵建东译,法律出版社 2000 年版,第 567 页。

〔3〕 《民通意见》第 71 条规定对行为性质、对方当事人、标的物品种、质量、规格和数量等的错误认识可以认定为重大误解。最高人民法院对"秦皇岛皇威制药有限公司与广西梧州制药(集团)股份有限公司发明专利实施许可合同纠纷案"作出的(2013)民申字第 1951 号民事裁定认为该条未列举的错误(如付款期限的认识错误)不构成重大误解。不过,在《民法典》施行后,对于内容错误的具体类型,不必再拘泥于上述规则。

交易客体是服务时,也可能发生同一性错误。在四川省高级人民法院审理的“成都某科技有限公司与袁某某技术服务合同纠纷案”中,袁某某与某科技公司订立易告产品销售合同,约定袁某某向某科技公司购买易查网站上“四川建筑网”关键词,某科技公司负责为袁某某在易查网页搜索平台上提供企业信息发布、推广相关服务。袁某某误以为某科技公司的服务内容包括帮其建设网站,而实际上服务内容仅限于帮其推广网站,网站需自己建设。[1] 表示意义中的给付与袁某某主观意思中的给付不一致,构成内容错误,这也是“标的物同一性错误”。

(三)表达错误

表达错误,即表示行为上的错误,也经常被称为弄错(*Irrung*),是指表意人实际使用的表意符号与其本来想使用的表意符号不一致。[2] 最典型的表达错误是写错字和说错话。比如,在草拟合同书的时候多写了一个0,把2000公斤误写成20,000公斤。在网络交易过程中误击鼠标也属于表达错误,比如本来想买商品A,但却因疏忽误点了商品B,或者本来想购买第二天的电影票,但却误点了当天的电影票。在这些情形中,表意人对其使用的表意符号并未产生错误的认识,任何一个具备正常理性的人都不可能将2000公斤理解为20,000公斤。表意人只是在客观上使用了一个其根本就没有意识到的表意符号,这是一种在意思表达过程中的操作失误而不是认识错误,表意人是在无意识的状态中误用了表意符号。与此不同,在内容错误情形中,表意人是在有意识的状态中使用了一个被其错误理解的表意符号。要而言之,内容错误属于观念上的错误,而表达错误属于动作上的失误。[3] 在新疆维吾尔自治区高级人民法院审理的“冉某某与盖某某股权转让纠纷案”中,甲乙签约,甲将持有A公司的股权(股金69万元)转让给乙,转让价款24万元,签约三日后到工商局办理登记手续时,工商局要求重新签一份合同,当时将转让价款误写成69万元。实际上,

---

〔1〕 参见四川省高级人民法院对“成都某科技有限公司与袁某某技术服务合同纠纷案”作出的(2014)川民终字第244号民事判决。

〔2〕 Werner Flume, *Allgemeiner Teil des bürgerlichen Rechts*, *Bd.* 2: *Das Rechtsgeschäft*, 4. *Aufl.*, Springer, 1992, S. 450.

〔3〕 杨代雄:《民法总论专题》,清华大学出版社2012年版,第180页。

69万元股金对应的股权中有45万元是当初公司配股,按约定不能处分,只能以职工身份为前提享受分红。法院认为,当事人误将转让价款写成股权数量,构成重大误解,股权转让合同可撤销。[1] 其实,依"解释先于错误"原则,本案应当先对双方当事人的意思表示进行解释。由于双方此前已经达成"转让价款24万元"之合意,此为达成一致的真实意思,按照"误载无害真意"的解释规则,应当将此后签订的股权转让合同中的转让价款解释为24万元,该表示内容与主观意思一致,不构成错误,合同不能撤销,按照24万元的转让价款履行即可。

(四)传达错误

有的时候,意思表示需要由某人或某个机构传达给受领人,在传达的过程中有可能发生错误,受领人收到的可能是一种不同于表意人想使用的表示符号。例如,甲托乙向丙商店传达一份要约,乙记错了,向丁商店传达了该要约。

传达错误不包括代理人发生的错误,因为代理人不同于传达人,代理人在权限范围内独立地作出意思表示而不是传达他人的意思表示。代理人的意思表示是否存在错误,应当以代理人为准予以判定,而传达错误则是以委托人(表意人)的意思为准予以判定。[2] 此外,如果是故意误传,则表示内容不能归属于表意人,无须撤销。[3]

(五)性质错误

所谓性质错误即关于交易上重要的人之资格或物之性质的认识错误。就其本质而论,性质错误是动机错误的一种,因为严格地说,性质错误并未导致意思与表示不一致,只是由于此项"意思"存在重大瑕疵,才例外地允许表意人撤销法律行为。

"物之性质"不仅指物的自然属性,也包括一些事实关系或法律关系,其性

---

[1] 参见新疆维吾尔自治区高级人民法院对"冉某某与盖某某股权转让纠纷案"作出的(2015)新审一民提字第53号民事判决。

[2] Erman/Palm, § 120, Rn. 2, 2011; MünchKomm/Kramer, § 120, Rn. 2, 2006.

[3] 朱庆育:《民法总论》,北京大学出版社2016年版,第277页;陈华彬:《论意思表示错误及我国民法典对其的借镜》,载《法学杂志》2017年第9期;MünchKomm/Kramer, § 120, Rn. 4, 2006。相反观点(认为故意误传也构成传达错误)参见纪海龙:《〈合同法〉第48条(无权代理规则)评注》,载《法学家》2017年第4期。

质或者持续影响到物的使用或价值。[1] 如下因素可以被认定为交易上重要的物之性质:(1)土地的面积、可否作为建筑用地、是否存在建筑法上的限制、可否用于工商业经营、土地上的负担(地役权、抵押权)等。转让土地使用权时,如果受让人以为该地块是工商业用地,但实际上依土地规划却属于绿地,受让人可以重大误解(错误)为由撤销合同。[2] (2)探矿权、采矿权转让时,权利的行使是否受到限制,比如探矿区域内存在国家森林公园,依法不允许开展探矿活动。[3] (3)艺术品是否原件、[4]一辆二手车或机械的使用年数等。(4)产品的材质、机器的性能。[5] (5)作为交易客体的抵押权的顺位。(6)债权让与时,该债权的数额、利率、是否有担保、是否属于具有优先地位的破产债权。在"王某某与汪某某、杜某某等撤销权纠纷案"中,债权让与时,让与人对债权之标的发生错误认识,以为是金钱(拆迁补偿款)债权,但其实是实物(拆迁补偿不动产)债权,价值相差甚大,法院认为让与人发生重大误解(错误),合同可撤销。[6] (7)债务承担时,该债务的数额、利率,即便只是债务的履行承担[7]亦然。(8)合伙份额转让时,该合伙份额是否为隐名合伙份额。[8]

---

〔1〕 MünchKomm/Kramer, § 119, Rn. 131, 2006.

〔2〕 参见陕西省高级人民法院对"陕西正泰拍卖有限公司与马某、榆林市种子贸易公司、陕西西亚集团房地产开发有限责任公司拍卖合同纠纷案"作出的(2014)陕民一终字第00023号民事判决。该案其实也构成瑕疵担保责任,但受让人选择行使撤销权。

〔3〕 参见四川省高级人民法院对"四川省冶金地质勘查局成都地质调查所与四川省搏亿矿业有限公司探矿权转让合同纠纷案"作出的(2015)川民终字第1137号民事判决。

〔4〕 认为关于艺术品是否原件的认识错误不构成性质错误的观点参见朱庆育:《民法总论》,北京大学出版社2016年版,第272页。

〔5〕 Erman/Palm, § 119, Rn. 48. 2011.

〔6〕 参见甘肃省高级人民法院对"王某某与汪某某、杜某某等撤销权纠纷案"作出的(2016)甘民申1115号民事裁定以及甘南州中级人民法院对此案作出的(2015)州民终字第130号民事判决。

〔7〕 参见江苏省高级人民法院对"朱某某、罗某某与徐某撤销权纠纷案"作出的(2016)苏民终570号民事判决。在该案中,甲曾借款给乙、丙,乙、丙是丁公司股东,丁公司为借款提供保证,丁公司开发房地产,因乙、丙逾期未向甲还款,甲与乙、丙签订项目整合重组协议,约定丁公司的房地产项目交给甲监管,销售收入款项进入甲指定账户,丁公司对外所欠的工程款、材料款、工资等债务由甲负责偿还。在协议履行过程中,甲发现丁公司对外所欠债务数额巨大,超出其预期,遂诉请撤销协议。法院认为签约时甲构成重大误解,协议可撤销。

〔8〕 参见云南省高级人民法院对"陈某某与陆某某、蔡某某合伙协议纠纷案"作出的(2015)云高民二终字第324号民事判决。

以下几种因素通常不属于交易上重要的物之性质:(1)标的物的市场价值。比如,股权转让合同订立时,受让人高估了股权的价值,事后不得以重大误解(错误)为由撤销合同。[1] 林木采伐权转让合同订立时,因受让人对可采伐林木的数量估算错误导致采伐权估价偏高,也不得以重大误解(错误)为由撤销合同。[2] 债权人与债务人达成以物抵债协议,债务人以一对鸡血石印章抵偿 30 万元债务,事后债权人主张自己对鸡血石印章的市场价值认识错误,欲撤销协议,其主张不应得到支持。[3] 标的物价值是正常商业风险范围内的因素,交易参与者应该自担风险。(2)对标的物予以经济利用的可能性或者转售的可能性。(3)就企业股权转让而言,企业拥有的矿场或矿物的性质,因为这不是股权本身的性质。同理,企业的部分商标因涉嫌侵权被商标局裁断不予注册,股权受让人订立合同时不知道此种情况,通常也不得以重大误解(错误)为由撤销股权转让合同。[4] 当然,转让人有可能构成欺诈。(4)关于标的物的法律或者政策在未来发生变化。比如,以炒房为目的购买房屋,成交后因楼市政策发生变化导致炒房目的落空,房屋买卖合同不得以重大误解(错误)为由撤销。

所谓"人之资格"主要包括人的良好信用(*Kreditwürdigkeit*)、支付能力、人品上的可信度(*Vertrauenswürdigkeit*)、是否受过刑事处罚、专业资格、性别、年龄、健康状况等。这些因素在交易上是否具有重要性,取决于法律行为的类型。比如,对于那些具有人身因素的法律行为(区别于财物交易行为)而言,当事人在人品上的可信度是交易上重要的人的资格,尤其是以长期给付为标的或者需要当事人长期密切协作的法律行为,比如合伙合同、劳动合同、长期租赁合同。[5] 甲委托乙代办存款事宜,订立委托合同时,甲以为乙是专门为银行拉存

---

〔1〕 参见新疆维吾尔自治区高级人民法院对"黄某某与何某某、郑某某、新疆天鸿公司、新疆齐兴投资(集团)有限责任公司股权转让纠纷案"作出的(2014)新民二终字第 99 号民事判决。

〔2〕 参见湖南省高级人民法院对"桃源县林海木业经营部与湖南茂源林业有限责任公司买卖合同纠纷案"作出的(2014)湘高法民二终字第 50 号民事判决。

〔3〕 参见浙江省高级人民法院对"潘某某与钱某某、杨某某民间借贷纠纷案"作出的(2016)浙民申 1941 号民事裁定。

〔4〕 认为构成重大误解(错误)的判例参见河北省高级人民法院对"王某某、张某某、周某某、韩某某与高某、陈某股权转让纠纷案"作出的(2016)冀民终 501 号民事判决。

〔5〕 杨代雄:《民法总论专题》,清华大学出版社 2012 年版,第 178 页。

款的揽储中介,但实际上乙却经常为非法金融机构揽储,有判例认为甲可以重大误解(错误)为由撤销委托合同。[1] 此种错误即为交易上重要的人之资格错误。前述“成都某科技有限公司与袁某某技术服务合同纠纷案”实际上也涉及人之资格错误:成都某科技有限公司系易查公司的代理商,代理商合同一年一签,但成都某科技有限公司与袁某某的合同却约定该合同只约束缔约双方,法律上与易查公司无关,而该合同服务期限为 22 年,这意味着如果代理商合同不续签,成都某科技有限公司就无法为袁某某继续提供服务,而袁某某对此并不知情,误以为成都某科技有限公司享有长期代理权,此为交易上重要的人之资格错误。[2]

(六)双方动机错误

双方动机错误是指双方当事人在缔结民事法律行为时都以某种共同设想为出发点,如果其知道这种设想是不正确的,就不会缔结或不会以此种内容缔结该民事法律行为,但后来事实表明,这种设想是错误的。也就是说,双方当事人在意思形成阶段都对某一因素发生认识错误。在德国民法上,双方动机错误被归入法律行为基础瑕疵(障碍)制度之中,即主观行为基础瑕疵(障碍),2002 年修订后的《德国民法典》第 313 条对此予以规定。据此,存在基础瑕疵(障碍)的法律行为可被变更或解除、终止。[3]

我国民事立法未明确规定法律行为基础瑕疵。《合同法解释(二)》第 26 条规定的情势变更实际上就是客观行为基础瑕疵(障碍)。[4] 最高人民法院 2003 年颁布的《商品房买卖合同纠纷案件解释》第 23 条第 2 句以及第 24 条关于商品房买卖合同与贷款担保合同之关系的规定则体现了主观行为基础瑕疵理论。至于其他情形中的主观行为基础瑕疵,欠缺法律与司法解释的专门规定,在个

---

〔1〕 参见浙江省高级人民法院对“孙某某与章某某委托合同纠纷案”作出的(2016)浙民再 9 号民事判决。

〔2〕 参见四川省高级人民法院对“成都某科技有限公司与袁某某技术服务合同纠纷案”作出的(2014)川民终字第 244 号民事判决。

〔3〕 杨代雄:《法律行为基础瑕疵制度——德国法的经验及其对我国民法典的借鉴意义》,载《当代法学》2006 年第 6 期。

〔4〕 类似观点参见冉克平:《民法典总则视野下意思表示错误制度的构建》,载《法学》2016 年第 2 期。

案中可以适用《民法典》第 147 条,认定为双方动机错误,例外地判定民事法律行为可撤销。该条中的“重大误解”本就是个笼统的表述,使其涵盖双方动机错误未尝不可。事实上,近年来我国司法实践中不乏这样的判例,[1]尽管法院并未使用“双方动机错误”或“主观行为基础瑕疵”之类的概念。

五、重大误解(错误)的法律后果

重大误解(错误)的法律后果是民事法律行为可撤销。依《民法典》第 147 条,享有撤销权的是“行为人”。此处“行为人”应解释为发生重大误解(错误)的一方当事人。如果是双方动机错误,则双方当事人都有撤销权。

撤销权应当以起诉或者申请仲裁的方式行使。在错误方成为被告或被申请人的诉讼程序中,错误方也可以反诉或反申请的方式请求法院或仲裁机构撤销系争民事法律行为。

六、证明责任

主张发生重大误解(错误)的当事人须就重大误解的构成负担证明责任。

---

[1] 参见湖南省高级人民法院对“单某某、冯某与周某斌、周某英股权转让支付价款纠纷案”作出的(2014)湘高法民再终字第 174 号民事判决(订立和解协议时对基础关系认识错误);重庆市高级人民法院对“谭某与陈某某、许某某、胡某合同纠纷案”作出的(2015)渝高法民终字第 00527 号民事判决(订立股份互易合同时误以为一方已经完全缴纳出资);吉林省高级人民法院对“朴某某等与钟某某委托合同纠纷案”作出的(2014)吉民二终字第 89 号民事判决(转让不动产征收补偿权利时对补偿数额计算依据的认识错误)。

4

案例研究

“虚假的学区房买卖”案例研习报告

朱晓喆*

案情与问题：

杭州市拱墅区卖鱼桥小学新生招生实行就近入学和住户一致优先原则。户籍学龄儿童户口、父母户口、家庭住房（以父母房产证为依据）三者一致，由教育服务区学校优先安排入学。甲于该学区内有一套住宅。甲之子乙，与丙结婚，生育儿子丁。2017年12月，为丁就学事宜，乙、丙与甲约定以500万元价格虚假买卖该套住房，并办理登记过户，登记在乙、丙名下。2018年丁顺利入学。该住房所有权一直未登记返还给甲，甲一直未主张返还登记，但事实上一直由甲居住至今。2021年5月，乙、丙欲离婚，并意图分割该房屋财产。甲听闻讯息后，遂到法院起诉要求乙、丙返还房屋的登记、向甲变更房屋所有权的登记。乙、丙以甲之请求权罹于诉讼时效为由拒绝办理登记。〔1〕

问：甲依据何种请求权基础向乙、丙请求返还房屋的登记？

解题结构：

一、甲可能依据《民法总则》第157条第1句之规定向乙、丙主张返还房屋登记的请求权

（一）请求权是否产生

1. 甲与乙、丙之间的房屋买卖合同是否无效？

（1）该房屋买卖合同是否存在《民法总则》第153条、第154条规定的无效

---

* 上海财经大学法学院教授，法学博士。

〔1〕 案例改编自杭州市拱墅区（2012）拱民初字第599号民事判决，参见《人民司法·案例》2014年第10期。改编目的主要是将案情时间设定在《民法总则》颁布之后，从而适用新的法律。此外，本案的解答也是在假定《物权法》仍然生效的前提下。本文形成于2019年。

情形?

(2)该房屋买卖合同是否存在《民法总则》第146条第1款的情形?

(3)中间结论

2. 乙、丙是否取得财产?

(1)财产概述

(2)乙、丙是否通过登记取得所有权?

(3)乙、丙是否取得占有?

(4)乙、丙是否取得登记?

3. 中间结论

(二)请求权是否可执行

(三)结论

二、甲可能根据《物权法》第34条之规定向乙、丙主张原物返还请求权

(一)请求权是否产生

1. 甲是否为房屋的物权人?

2. 乙、丙是否占有该房屋以及是否无权占有?

(二)结论

三、甲可能根据《物权法》第35条之规定向乙、丙主张排除妨害请求权

(一)请求权是否产生

1. 对于物权是否有妨害?

2. 妨害是否具有不法性?

3. 乙、丙是否为物权的妨害人?

4. 中间结论

(二)请求权是否可执行

(三)结论

四、甲可能根据《物权法》第19条第1款之规定向乙、丙主张更正登记请求权

(一)请求权是否产生

1. 甲是否为不动产的权利人或利害关系人?

2. 不动产登记簿记载的事项是否错误?

3. 中间结论

(二)请求权是否可执行

(三)结论

五、甲可能依据《民法总则》第 122 条之规定向乙、丙主张返还不当得利请求权

(一)请求权是否产生

1. 乙、丙是否因甲之给付而受有利益?

2. 乙、丙受有利益是否“造成”甲的损失?

3. 乙、丙受有利益是否有合法根据?

4. 中间结论

(二)请求权是否可执行

(三)结论

六、请求权竞合

解题:

首先须说明,本案中乙、丙在离婚之前,二人作为一方与甲订立买卖合同,若无特别约定,乙、丙须以夫妻共同共有财产作为履行债务的担保,即二人之买卖合同义务构成共同债务(*Gesamthandsschuld*),必须一起履行该义务才能发生债务清偿的效果。[1] 本案中,甲于乙、丙分割该房屋财产之前起诉要求乙、丙返还财产,因此甲之请求权,须针对乙、丙一起提出,故本文不分别讨论甲对乙或甲对丙的请求权。可能发生的合同无效后的返还财产请求权以及物权性请求权同样如此。

一、甲可能依据《民法总则》第 157 条第 1 句之规定向乙、丙主张返还房屋登记的请求权

本案中的买卖合同是一种法律行为。法律行为无效,是指当事人所成立的法律行为因严重欠缺生效要件,不按照当事人的意思表示内容发生效力。无效,并非不发生任何法律效果,根据《民法总则》第 157 条之规定,法律行为无效

〔1〕 Vgl. Borx/Walker, *Allgemeines Schuldrecht*, 35. *Aufl.*, C. H. Beck, 2011, § 38, Rn. 1. Medicus/Lorenz, *SchuldrechtI Allgemeiner Teil*, 21. *Aufl.*, C. H. Beck, 2015, Rn. 906.

时,发生返还财产、折价补偿、赔偿损失等法律效果。因此,如果甲与乙、丙之间的房屋买卖合同无效,甲可能根据《民法总则》第 157 条第 1 句之规定,请求乙、丙返还取得的财产。

(一)请求权是否产生

根据《民法总则》第 157 条第 1 句之规定,返还财产请求权的成立须具备如下两个构成要件:一是法律行为无效、被撤销或确定不生效力;二是相对人据此取得了财产。以下逐一进行分析。

1. 甲与乙、丙之间的房屋买卖合同是否无效?

《民法总则》第 157 条第 1 句规定返还财产请求权适用的前提是法律行为无效、被撤销或者确定不发生效力。本案中,甲若依上述规定请求乙、丙返还房屋,须以合同无效、被撤销或确定不发生效力为前提。显然,本案中不存在重大误解、欺诈、胁迫、显失公平等可撤销事由(《民法总则》第 147 ~ 151 条),也不存在确定不发生效力的情形(如未经批准的法律行为、附生效条件的法律行为条件确定不能成就、效力待定的法律行为追认权人拒绝追认)。[1] 可能考虑的是,是否存在法律行为无效的情形。以下逐一进行审查。

(1)该房屋买卖合同是否存在《民法总则》第 153 条、第 154 条规定的无效情形?

《民法总则》第 153 条第 1 款规定法律行为违反强制性法律规定无效,第 2 款规定违反公序良俗而无效。第 154 条规定当事人恶意串通损害他人合法权益的法律行为无效。

本案中,为丁就学事宜,甲与乙、丙约定以 500 万元价格虚假买卖该套房屋,以便丁顺利入学。由此可见,该房屋买卖合同系为使丁获得入学资格而订立,当事人并不具有真正的买卖合同意思。那么,是否符合上述规定中的无效情形呢?

第一,《民法总则》第 153 条第 1 款意义上的强制性规定,与任意性规定相对,是指不允许当事人依其意思加以变更或排除其适用的规定。根据最高人民

---

〔1〕 关于"确定不发生效力"的理解,参见李宇:《民法总则要义——规范释论与判解集注》,法律出版社 2017 年版,第 738 ~ 739 页。

法院《关于适用〈中华人民共和国合同法〉若干问题的解释(二)》第 14 条规定,强制性规定仅指效力性的强制规定。与此相对,违反管理性的强制规定,并不发生合同无效的后果。查我国法律法规,并无关于"学区房买卖"方面的强制性规定,因此本案中,当事人之间的虚假房屋买卖合同并无可违反的效力性强制规定,故不符合该无效法律行为的情形。

第二,《民法总则》第 153 条第 2 款规定的违反公序良俗,即原《民法通则》第 58 条第 1 款第 5 项或者《合同法》第 52 条第 4 项规定的违反社会公共利益。公序良俗是一项概括的法律原则,应由法官在法律适用中进行具体化。学说和实务中一般归纳违反公序良俗法律行为包括如下几项:(1)限制或侵害人格权;(2)过度限制行为自由或经济自由;(3)危害家庭秩序;(4)违背性道德;(5)危害政治秩序;(6)危害竞争秩序;(7)射幸行为;等等。[1] 本案中,当事人之间通过虚假的房屋买卖合同获取入学资格,但也未挤占他人的入学资源,未明显危害某种社会经济秩序,因此不宜归入上述违反公序良俗的法律行为类型之中。

第三,《民法总则》第 154 条规定的恶意串通,损害他人合法权益。根据立法解释,该无效事由须满足主观和客观两方面构成要件,即主观上须有当事人互相串通、为满足私利而损害他人合法权益的目的,客观上表现为实施了一定形式的行为来达到这一目的。[2] 本案中乙、丙为使丁获得入学资格而与甲订立合同,双方虽然具有共同的意思联络,但不存在侵害他人合法权益的故意。而且根据社会经验,当事人的这种行为也不会导致他人入学资格的丧失,故不存在他人利益受损的结果。因此,本案中的合同并不符合恶意串通损害他人合法权益的法律行为无效情形。

综上所述,本案中房屋买卖合同不存在《民法总则》第 153 条、第 154 条规定的无效情形。

---

〔1〕 李宇:《民法总则要义——规范释论与判解集注》,法律出版社 2017 年版,第 678 ~ 684 页。

〔2〕 石宏主编:《中华人民共和国民法总则:条文说明、立法理由及相关规定》,北京大学出版社 2017 年版,第 366 页。学理上解释也认为,恶意串通行为包括主观要件和客观要件,即当事人具有损害他人的故意,以及损害了他人的合法权益。参见韩世远:《合同法总论》,法律出版社 2018 年版,第 225 页;李宇:《民法总则要义——规范释论与判解集注》,法律出版社 2017 年版,第 712 ~ 713 页。

(2)该房屋买卖合同是否存在《民法总则》第 146 条第 1 款的情形?

《民法总则》第 146 条第 1 款规定:“行为人与相对人以虚假的意思表示实施的民事法律行为无效。”据此,当事人以“通谋虚伪表示”作出的法律行为无效。

通谋虚伪表示,是指行为人与相对人都知道自己所表示的意思并非真意,通谋作出与真意不一致的意思表示。[1] 其要件包括如下三项:须有意思表示的存在;须表示与真意不符;须非真意的表示与相对人通谋。[2] 具体到本案中,甲与乙、丙签订房屋买卖合同,双方其实并非真正愿意进行房屋所有权转移的买卖,而是为了达到丁取得入学资格的目的才暂时让乙、丙获得房屋的登记,因此构成双方通谋虚伪表示。根据《民法总则》第 146 条第 1 款之规定,该法律行为无效。

若通谋虚伪表示的目的在于掩饰另一真正愿意实现的法律行为,则该真正愿意实现的行为即为隐藏(法律)行为。隐藏行为如果符合生效要件,则发生相应的法律效力。因此《民法总则》第 146 条第 2 款规定:“以虚假的意思表示隐藏的民事法律行为的效力,依照有关法律规定处理。”但是本案中,当事人通过虚伪表示并未掩盖另一个法律行为,而是根据学区房的入学政策,借虚假买房而获得入学资格。因此本案没有隐藏行为,故无须考虑是否发生其他法律行为的效果。

(3)中间结论

综上所述,本案中甲与乙、丙之间的房屋买卖合同,属于双方通谋虚伪表示,依据《民法总则》第 146 条第 1 款之规定而无效。

2. 乙、丙是否取得财产?

(1)财产概述

民法上通常所谓财产,是指由具有金钱价值的权利所构成的集合体。[3] 《民法总则》第 157 条第 1 句所规定之财产,应具体分析判断。在买卖合同的情形下,首先,我国民法上关于物权变动采有因原则,如买卖合同无效,则自始不

[1] 石宏主编:《中华人民共和国民法总则:条文说明、立法理由及相关规定》,北京大学出版社 2017 年版,第 348 页。

[2] 王泽鉴:《民法总则》,北京大学出版社 2009 年版,第 339 页。

[3] 王泽鉴:《民法总则》,北京大学出版社 2009 年版,第 217 页。

发生物权变动,买受人未曾取得过物权,出卖人得主张原物返还请求权,要求买受人返还物之占有。其次,买受人取得的其他财产利益,出卖人可依不当得利请求其返还。在不动产的买卖,买受人所取得不动产的登记,即为不当得利法上一种"得利",〔1〕如买卖合同无效,出卖人得请求返还。本案中,虚假的房屋买卖合同无效,乙、丙取得何种财产,须逐一审查。

(2)乙、丙是否通过登记取得所有权?

在基于法律行为发生物权变动的过程中,需要区分原因行为和物权变动公示(交付或登记),即区分原则(《物权法》第15条)。根据原因行为是否直接影响物权变动,又分为有因原则和无因原则,我国民法通说不采无因原则。〔2〕因此,物权变动须同时具备有效的原因行为(债权行为)和物权变动公示。因此,不动产买卖导致的物权变动,需要满足买卖合同有效和完成不动产的物权变动登记(《物权法》第9条)两个条件。

据以上原理考察本案可知,由于甲与乙、丙因通谋虚伪意思表示而订立的买卖合同无效,即使乙、丙取得登记,但因欠缺有效的原因行为,因而不发生物权变动,乙、丙不能取得房屋的所有权。〔3〕

综上,乙、丙并未因无效的买卖合同而取得房屋的所有权,房屋所有权不属于本案中可以返还的"财产"。

(3)乙、丙是否取得占有?

占有指对物之事实上的管领力。占有可分为直接占有与间接占有。直接占有指直接对于物有事实上的管领力;间接占有指自己不直接占有其物,而本于一定的法律关系对于直接占有其物之人,有返还请求权,因而对物有间接管领力。〔4〕

〔1〕 王泽鉴:《不当得利》,北京大学出版社2015年版,第52页。

〔2〕 梁慧星、陈华彬:《物权法》,法律出版社2016年版,第97页。

〔3〕 此处须指出,即使采物权行为无因性理论,通谋虚伪表示的买卖合同虽然不影响物权行为,但是当事人双方进行不动产移转的登记并作出让与所有权的意思表示(物权行为)仍然无效,因为甲并非真正希望让与房屋之所有权给乙、丙,后者也明知甲不会真正让与房屋所有权,故双方成立的所有权让与意思表示虽然一致,但仍属通谋虚伪表示,根据《民法总则》第146条第1款之规定而无效,因此乙、丙不能取得房屋所有权。

〔4〕 王泽鉴:《民法物权》,北京大学出版社2013年版,第419页。

根据本案案情,出卖人甲并未将房屋交付乙、丙,而是自己一直居住其中,因此乙、丙并未取得对房屋的直接占有。再者,甲与乙、丙也未建立任何占有媒介关系,乙、丙也未取得任何间接占有。总之,乙、丙未取得占有,因而并无“占有”返还之必要。

(4)乙、丙是否取得登记?

如上所述,登记也是一项“财产”利益。本案中,甲与乙、丙的买卖合同虽然是通谋虚伪表示,但为取得子女的入学资格,双方办理了过户登记,乙、丙已取得登记。因此,登记是本案中须返还的“财产”。

3. 中间结论

甲根据《民法总则》第157条第1句之规定,对乙、丙享有返还房屋登记的请求权。

(二)请求权是否可执行

甲之上述请求权未因任何清偿或类似之原因而消灭。继而须考虑是否存在执行上的障碍,尤其是诉讼时效抗辩权。

依据我国《民法总则》第188条第1款之规定,请求保护民事权利的普通诉讼时效为3年。关于确认合同无效是否适用诉讼时效,我国未有明确法律规定,司法实践观点一般认为确认合同无效不适用诉讼时效。[1] 基于无效所生之返还请求权或赔偿损失请求权,应适用诉讼时效。普通诉讼时效期间的起算点是自当事人知道或应当知道权利受到侵害以及义务人之日起算(《民法总则》第188条第2款第1句),法律行为无效后的返还财产和损害赔偿究竟从何时起算诉讼时效,理论和实务上存在重大争议,尚未有定论。最高人民法院《关于审理民事案件适用诉讼时效制度若干问题的规定》(以下简称《诉讼时效若干问题规定》)第7条第2款规定,合同被撤销,返还财产、赔偿损失请求权的诉讼时效期间从合同被撤销之日起计算。本文认为,合同无效与合同被撤销后的利益状态是一致的,因此合同无效后的返还请求权,可以类推适用该规定,即自合同被确认无效之日起算诉讼时效期间。

---

〔1〕 最高人民法院民一庭编著:《最高人民法院关于民事案件诉讼时效司法解释理解与适用》,人民法院出版社2008年版,第153~155页。

本案中甲与乙、丙之间买卖合同于 2017 年 12 月签订,至 2021 年 5 月,乙、丙欲离婚时,甲才起诉主张确认合同无效并要求返还房屋登记。如上所述,确认合同无效并不适用诉讼时效,故乙、丙不得以经过诉讼时效 3 年期间为由反对甲提出确认无效的诉讼请求。但《民法总则》第 157 条第 1 句所规定的返还请求权,应适用诉讼时效。如上所述,类推适用《诉讼时效若干问题规定》第 7 条第 2 款,此处的返还请求权应自确认合同无效后开始起算。因此,本案中,在甲提起诉讼,法院确认无效后,返还请求权的诉讼时效才起算,故乙、丙不得以请求权罹于诉讼时效为由拒绝返还。

综上,本案中,乙、丙不得以诉讼时效经过为由,对抗甲提出的确认合同无效以及返还登记请求权,返还房屋登记的请求权可执行。

(三)结论

甲可依据《民法总则》第 157 条第 1 句之规定,请求乙、丙返还房屋的登记。

二、甲可能根据《物权法》第 34 条之规定向乙、丙主张原物返还请求权

本案涉及物权归属的争议,可能考虑当事人之间发生物权请求权,包括原物返还请求权和排除妨害请求权。本文将在第二、第三、第四部分详细分析。

(一)请求权是否产生

《物权法》第 34 条规定,无权占有不动产或者动产的,权利人可以请求返还原物。其构成要件有三:一是请求权人为物权人;二是被请求人现在占有不动产或动产;三是被请求人为无权占有人。具体分析如下:

1. 甲是否为房屋的物权人?

根据上文"一"的分析,本案中甲与乙、丙之间的房屋买卖因通谋虚伪表示而无效,虽然房屋登记在乙、丙名下,但房屋所有权并未发生移转,故甲仍为房屋的所有权人。

2. 乙、丙是否占有该房屋以及是否无权占有?

本案中甲与乙、丙签订房屋买卖合同后,乙、丙并未取得对房屋的占有(包括直接占有、间接占有),更不必讨论乙、丙是否为无权占有。因此,本案不符合

《物权法》第34条规定的构成要件。

(二)结论

甲不能根据《物权法》第34条之规定,向乙、丙主张原物返还请求权。

三、甲可能根据《物权法》第35条之规定向乙、丙主张排除妨害请求权

(一)请求权是否产生

排除妨害请求权是指物权人于其物权的支配状态被他人以占有以外之方法妨害时,得请求妨害人除去该妨害。《物权法》第35条规定的排除妨害请求权的构成要件包括:一是对于物权有妨害;二是妨害具有不法性;三是相对人为妨害物权人。于此须指出,排除妨害请求权的成立不以被请求人的主观过错为前提要件。

1. 对于物权是否有妨害?

妨害,是指以侵夺占有以外的方法,阻碍或侵害物权的支配状态。妨害的方式有多种,不动产登记错误、遗漏或不实是其中之一。例如,冒名将他人土地登记为己有,或基于通谋虚伪意思表示等无效事由而为所有权转移登记。[1]本案中,因买卖合同自始无效,物权并未发生变动,故甲仍为所有权人,而该房屋现登记在乙、丙名下,属于不动产登记发生错误。换言之,乙、丙的登记状态是对该房屋所有权的妨害。

2. 妨害是否具有不法性?

妨害须为不法,物权人才可请求排除。物权人有容忍义务的,无妨害排除请求权。[2] 物权人的容忍义务可能基于法律规定,如相邻关系、紧急避险,也可能基于他人的用益物权(如地役权)或债权(如租赁)。[3] 本案中,房屋登记于乙、丙的名下,起初是基于甲的同意,但由于买卖合同无效,而且甲已向法院提出(或向对方当事人主张)返还登记后,意味着甲不愿再将房屋登记在乙、丙

---

〔1〕 王泽鉴:《民法物权》,北京大学出版社2009年版,第130页。

〔2〕 王泽鉴:《民法物权》,北京大学出版社2009年版,第130页。

〔3〕 王泽鉴:《民法物权》,北京大学出版社2009年版,第130页。

名下,因而甲不再负有容忍义务,乙、丙之登记具有不法性。

3. 乙、丙是否为物权的妨害人?

物权的妨害人分为行为妨碍人和状态妨害人。前者是指通过自己行为导致对他人所有权产生妨害之人;后者是指持有或经营某种妨害他人所有权之物或设施之人,凡对造成妨害之物或设施有事实上支配力者,皆属状态妨害人。[1] 据此,本案中房屋现登记于乙、丙名下,乙、丙作为非所有权人而登记为所有权人的状态,构成对于甲之房屋所有权的妨害,属于状态妨害人。

4. 中间结论

甲根据《物权法》第35条之规定对于乙、丙享有排除妨害请求权。

(二)请求权是否可执行

甲之上述排除妨害请求权因妨害状态的持续而没有消灭。于此,须继续审查该请求权是否存在执行上的障碍,尤其是诉讼时效抗辩权。

根据《民法总则》第188条第1款之规定,普通诉讼时效期间为3年。本案中,甲将房屋登记给乙、丙发生在2017年12月,而至2021年5月甲才向乙、丙提起诉讼要求排除登记的妨害状态。该排除妨害请求权是否罹于诉讼时效呢?

排除妨害请求权为物权请求权。我国民法通说认为,物权请求权原则上不适用诉讼时效,[2]或排除妨害请求权和消除危险请求权的性质不适用诉讼时效。[3] 《民法总则》第196条规定:"下列请求权不适用诉讼时效的规定:(一)请求停止侵害、排除妨碍、消除危险;……"因此,本案中甲向乙、丙主张排除妨害请求权并不罹于诉讼时效,请求权可执行。

(三)结论

甲可根据《物权法》第35条之规定请求乙、丙排除对其房屋所有权的妨害,变更房屋所有权的登记给自己。

---

[1] 王泽鉴:《民法物权》,北京大学出版社2009年版,第131页。

[2] 最高人民法院民一庭编著:《最高人民法院关于民事案件诉讼时效司法解释理解与适用》,人民法院出版社2008年版,第58~59页。

[3] 梁慧星:《民法总论》,法律出版社2007年版,第244页。

四、甲可能根据《物权法》第19条第1款之规定向乙、丙主张更正登记请求权

(一)请求权是否产生

《物权法》第19条第1款规定:“权利人、利害关系人认为不动产登记簿记载的事项错误的,可以申请更正登记。不动产登记簿记载的权利人书面同意更正或者有证据证明登记确有错误的,登记机构应当予以更正。”该条规定的更正登记包括两种情形:一是权利人或利害关系人申请变更登记;二是登记机关自己发现错误后作出的更正登记。[1]

根据《物权法》第16条第1句,即“不动产登记簿是物权归属和内容的根据”,对登记在不动产登记簿上的权利是否存在发生疑问或争议时,可以推定不动产登记簿上登记权利的存在。在权利在不动产登记簿上的记载已被注销的情况下,据此可以推定权利已不存在。此即不动产登记簿的权利正确性推定。[2] 但如果登记簿所记载之权利状况与民事法律关系的权利实际状况不相符,则在有证据证明之情形下,可推翻不动产登记簿的记载,并予以更正。最高人民法院《关于适用〈中华人民共和国物权法〉若干问题的解释(一)》第2条规定:“当事人有证据证明不动产登记簿的记载与真实权利状态不符、其为该不动产物权的真实权利人,请求确认其享有物权的,应予支持。”因此,在本案中,如果甲能够证明自己为真正的权利人,而乙、丙非真正权利人,则可以请求更正登记。

权利人或利害关系人向现在的登记名义人主张的变更登记请求权,包括两个构成要件:一是不动产存在真正的权利人、利害关系人;二是不动产登记簿记载的事项错误。

1. 甲是否为不动产的权利人或利害关系人?

根据前文所述,甲与乙、丙之间的买卖合同因通谋虚伪表示而无效,乙、丙自始即未取得房屋的所有权,甲仍为该房屋的所有权人。

---

〔1〕 全国人大常委会法制工作委员会民法室编:《中华人民共和国物权法:条文说明、立法理由及相关规定》,北京大学出版社2007年版,第29页。

〔2〕 崔建远:《物权法》,中国人民大学出版社2014年版,第113页。

2. 不动产登记簿记载的事项是否错误?

甲仍为房屋的所有权人,而乙、丙取得了该房屋的登记名义。因此,本案中不动产登记簿记载的登记事项发生错误。

3. 中间结论

甲可以根据《物权法》第19条第1款之规定,以所有权人的身份主张错误登记在乙、丙名下的房屋,应更正登记给自己。

(二)请求权是否可执行

甲之更正登记请求权并未消灭,继而须考虑是否存在诉讼时效抗辩权。根据《民法总则》第188条第1款规定,普通诉讼时效为3年。就《物权法》第19条第1款的更正登记请求权,是否适用诉讼时效,我国民法未有明确规定。更正登记请求权本质上是一种物权请求权,民法学理上将其认为是排除妨害请求权的一种特殊形式。[1] 《民法总则》第196条规定排除妨碍请求权不适用诉讼时效,因此更正登记请求权也不应适用诉讼时效。[2] 在本案中,即使从2017年12月就已发生登记错误,甲在2021年5月主张更正登记请求权,也不受诉讼时效的限制。

(三)结论

甲可以《物权法》第19条第1款之规定,对乙、丙主张更正登记请求权。

五、甲可能依据《民法总则》第122条之规定向乙、丙主张返还不当得利请求权

《民法总则》第122条规定:“因他人没有法律根据,取得不当利益,受损失的人有权请求其返还不当利益。”该规范的目的在于去除受益人无法律上原因而受有的利益。按民法学理,不当得利分为给付型与非给付型不当得利(侵害他人权益型、支出费用偿还型、求偿型等),前者基于受损人的给付而发生,后者基于行为、法律规定或事件而发生。[3] 由于本案中当事人之间存在(无效的)

---

〔1〕 Münchener Kommentarzum BGB/Kohler, 6. *Aufl.*, 2013, § 894, Rn. 2.

〔2〕 更正登记请求权不适用诉讼时效,在德国民法上有明确规定,参见《德国民法典》第898条。

〔3〕 王泽鉴:《不当得利》,北京大学出版社2015年版,第38页。

买卖合同关系,可能发生的是给付型不当得利。

(一)请求权是否产生

给付型不当得利的构成要件有三:一是一方因给付而受利益;二是造成另一方的损失;三是没有法律根据(无法律上的原因)。以下逐一分析。

1. 乙、丙是否因甲之给付而受有利益?

给付是指有意识地、基于一定目的而增加他人财产。[1] 由前文所述可知,甲与乙、丙之间成立买卖合同,(表面上)为履行买卖合同,甲将房屋登记过户给乙、丙。但甲并未将房屋的占有转移给后者。可见,乙、丙因甲之给付受有房屋登记的利益。

2. 乙、丙受有利益是否"造成"甲的损失?

给付型不当得利的构成,要求一方受有利益与另一方的损失之间存在因果关系,即所谓"造成"他人损失。对此,民法学理通说采"直接因果关系说",即一方之受益的原因事实与另一方之受损的原因事实须为同一。[2] 本案中,甲与乙、丙之间买卖合同无效,甲失去房屋登记利益是由于之规定对乙、丙作出给付而生,故与乙、丙获得登记的利益与甲之受损之间存在直接的因果关系。

3. 乙、丙受有利益是否有合法根据?

法律根据即法律上的原因。在给付型不当得利中,欠缺法律上的原因就是欠缺给付目的,包括自始无给付目的、嗣后丧失给付目的或给付目的不达等。[3] 本案中,乙、丙取得房屋登记原是因甲履行买卖合同,但该房屋买卖合同无效,因此甲之给付目的自始并不存在,乙、丙取得房屋的登记欠缺法律根据。

4. 中间结论

甲可以根据《民法总则》第 122 条之规定对乙、丙请求返还房屋登记之不当得利。

(二)请求权是否可执行

本案中没有请求权消灭的事由,需要考虑是否存在请求权执行的障碍,尤其是诉讼时效抗辩权。《民法总则》第 188 条规定,普通诉讼时效期间为 3 年,

---

〔1〕 王泽鉴:《不当得利》,北京大学出版社 2015 年版,第 55 页。
〔2〕 王泽鉴:《不当得利》,北京大学出版社 2015 年版,第 60 页。
〔3〕 王泽鉴:《不当得利》,北京大学出版社 2015 年版,第 69 页以下。

自权利人知道或者应当知道权利受到损害以及义务人之日起计算。本案中,甲与乙、丙于2017年12月办理房屋过户登记,后者获得房屋登记的利益。至2021年5月甲才提起诉讼,请求返还房屋登记。且甲与乙、丙进行通谋虚伪表示,自2017年12月知道或应当知道权利受到损害,因此甲之请求权经过3年的诉讼时效期间。乙、丙是否可以主张诉讼时效抗辩权呢?

我国民法学理和司法实务通说认为,不当得利请求权是债权请求权,应适用诉讼时效。[1] 根据本案事实,2017年12月至2021年5月并不存在中断或中止诉讼时效的事由,因此经过3年后,甲行使不当得利请求权,将受到诉讼时效制度的限制。换言之,乙、丙得以经过诉讼时效为由拒绝甲的不当得利请求权。因此,该不当得利请求权不可执行。

(三)结论

甲不能根据《民法总则》第122条之规定,请求乙、丙返还房屋登记的不当得利。

六、请求权竞合

综合上文分析,甲可能向乙、丙主张的请求权及其规范基础有如下四项:

(1)根据《民法总则》第157条第1句之规定,主张法律行为无效后的财产返还请求权。

(2)根据《物权法》第35条之规定,主张排除房屋登记妨害的请求权。

(3)根据《物权法》第19条第1款之规定,主张更正登记请求权。

(4)根据《民法总则》第122条之规定,主张返还房屋登记的不当得利请求权。

由于以上请求权均符合构成要件,都已成立,且给付内容都是要求返还房屋的登记,从而发生请求权竞合现象。请求权竞合是同一生活事实符合数个请求权规范的构成要件,且这些规范所成立的请求权内容在本质上都追求同一之保护目的。[2] 根据我国《民法总则》第186条关于违约责任与侵权责任竞合之规定,我国理论和实务上对于请求权竞合采取由权利人自由选择的规则。上述

---

〔1〕 梁慧星:《民法总论》,法律出版社2017年版,第257页;奚晓明主编:《最高人民法院关于民事案件诉讼时效司法解释理解与适用》,人民法院出版社2008年版,第44页。

〔2〕 Larenz/Wolf, *Allgemeiner Teildes Bürgerlichen Rechts*, 9. *Aufl.*, C. H. Beck, 2004, S. 321.

四项请求权中,前三项请求权基于各自的理由不受诉讼时效的限制;而第四项请求权已罹于诉讼时效,义务人可以提出诉讼时效抗辩权。但第四项请求权罹于诉讼时效的后果,不应使权利人的其他请求权遭受不利。因此,义务人不得以此为由针对前三项请求权也提出诉讼时效抗辩权。

总之,甲可以在前三项请求权中选择一项请求权行使,即可满足其利益。

论无偿无权处分中的善意取得

——“李某诉郎某赠与合同案”评释

陈吉栋[*]　李康佳[**]

内容摘要：夫妻共同财产在法律上属于共同共有，在夫妻关系存续期间，没有特殊约定的情况下，没有份额的区分，对共有财产作出的重大处分行为需双方共同协商实施。但在实践中，夫妻一方将共同财产赠与第三方的现象时有发生，在此种情况下夫妻一方未经另一方同意即对共同财产作出处分，根据我国目前的法律规定，是为无权处分行为，而无偿无权处分不能适用善意取得，第三方不能取得受赠财产的所有权。但在本案中，从保护公示公信力的角度出发，应当认定此时的善意第三人可取得受赠财产所有权。

关键词：夫妻共同财产　无权处分　物权变动　公示　善意取得

一、案情梳理

(一)基本案情

李某与柯某于1991年结为夫妻至今。李某、郎某于2005年11月相识。2008年，李某购买了上海市某路房屋(以下简称系争房屋)。2007年年初至2009年年初，李某、郎某不定时在上海市华商路某房以及系争房屋内共同居住。2009年2月10日，李某、郎某签订上海市房地产买卖合同一份，约定：李某将自己名下的系争房屋转让给郎某，建筑面积135.63平方米，转让价格为人民币

* 上海大学法学院讲师，法学博士。

** 上海大学法学院硕士研究生。

350万元,付款方式为一次性付款,交房时间为2009年3月31日。该合同于2009年2月12日经上海市某公证处公证,为办理公证之需,柯某出具同意书一份,同意李某出售系争房屋。2009年2月13日,李某在郎某未支付任何购房款的情况下,与郎某共同至上海市某房产交易中心办理了房产过户手续,系争房屋登记至郎某名下。2009年2月18日,李某起诉至原审法院,要求郎某支付房款人民币350万元。

(二)争点

本案主要争议焦点在于,李某在未经柯某同意的情况下,单方将系争房产赠与郎某,此行为由于涉及夫妻共同财产,可能为无权处分。若该行为为无权处分,则合同效力该如何认定?在此种情况下,系争房产的物权是否发生变动?

(三)裁判要旨

一审法院驳回了李某的诉讼请求。[1] 二审法院裁定撤销原判决,将本案发回原审法院重审。[2] 重审审理中,原审法院追加柯某为第三人。重审法院认为,李某、郎某订立合同的初衷是以房屋买卖的形式将李某所有的系争房屋赠与给郎某,双方签订的合同形式上虽为房屋买卖合同,实质上是房屋赠与合同,遂判决不予支持要求被告郎某支付房款350万元的诉讼请求,但被告郎某将系争房屋产权恢复登记至原告李某名下。[3] 李某不服重审判决,遂继续上诉。二审法院认为,系争房屋虽然登记在李某名下,但实为李某与柯某的夫妻共同财产。李某与郎某签订了系争房屋的买卖合同,在办理该合同公证手续的过程中,柯某亦出具同意出售系争房屋的书面意见,故应当认定李某与柯某对于将系争房屋进行物权变动,即过户至郎某名下均无异议,郎某有权取得系争房屋的物权。鉴于李某在审理中明确表示其与郎某签订的合同名为买卖实为赠与,而柯某仅同意将系争房屋出售,故郎某应当按上述合同约定价格的50%,即人民币175万元,向柯某支付房款。[4]

本案主要涉及夫妻一方在未经对方同意的情况下将夫妻共同财产赠与第

---

〔1〕 上海市静安区人民法院民事判决书(2009)静民一(民)初字第763号。

〔2〕 上海市第二中级人民法院民事裁定书(2010)沪二中民二(民)终字第66号。

〔3〕 上海市静安区人民法院民事判决书(2010)静民一(民)重字第2号。

〔4〕 上海市第二中级人民法院民事判决书(2011)沪二中民二(民)终字第399号。

三人这一问题,王泽鉴先生将这种无处分权人将他人财产赠与第三方的行为定义为“无偿无权处分”,[1]本文沿用了这一名称。我国目前司法实践通常将这种未经对方同意即将夫妻共有财产赠与第三方的行为判定为无效,即否认了在赠与合同下无权处分的善意取得问题。故可认为我国司法实践对赠与合同中的无权处分能否适用善意取得多持否定态度。但要具体分析这一问题还需进一步论证。

二、案例评析

(一)无偿无权处分行为的法律构造

1. 涉案合同名为买卖实为赠与,赠与已经成立并生效

合同可以其是否取得对价可分为有偿和无偿,在无偿合同中,仅有一方当事人为给付,为未取得相应的对待给付。《合同法》将赠与合同列入分则作出了相关规定,改变了以前仅将其作为一种普通的民事法律行为来对待的做法。[2]《合同法》第 185 条规定:“赠与合同是赠与人将自己的财产无偿给予受赠人,受赠人表示接受赠与的合同。”赠与是典型的无偿合同。赠与人的财产减少,受赠人的财产因此得以增加,包括积极地增加和消极地增加。[3] 虽然部分赠与合同可能会附随有相应的条件,但该条件与赠与的标的物之间并不是对等关系,不能做等价处理,并不影响其无偿的性质。赠与合同作为合同的一种,亦须双方意思表示作为其成立及生效要件,赠与人与受赠人必须对无偿赠与这一点具有合意,而不能仅依赠与这一客观行为来判断合同是否得以成立生效。[4]

本案中,李某或可根据《合同法》第 159 条的规定,请求郎某支付房款 350 万元。该请求权是建立在合同确为买卖合同的基础上,而李某与郎某之间所签订的买卖合同与一般买卖合同存在较多差别,且合同虽为买卖,但实际并未支付对价,与《合同法》第 130 条中规定的“买受人支付价款”相悖,然而却符合赠

---

〔1〕 王泽鉴:《民法学说与判例研究》(第 2 册),中国政法大学出版社 1998 年版,第 106 页。

〔2〕 唐明:《试论赠与合同的立法和司法实践》,载《中国法学》1999 年第 5 期。

〔3〕 林诚二:《民法债编各论》(上),中国人民大学出版社 2007 年版,第 202 页。

〔4〕 梅仲协:《民法要义》,中国政法大学出版社 1998 年版,第 363 页。

与合同的要件,故合同名为买卖,实为赠与。依据《民法总则》第 146 条之规定,作为虚假意思表示的买卖合同无效,而赠与合同的效力仍需结合本案具体情形进一步判断。鉴于双方已经就赠与合同达成协议,可以认定该赠与合同是当事人意思表示的真意。本案中,李某与郎某均为完全民事行为能力人,李某与郎某所签订的名为"买卖"的合同可认定为其作出赠与郎某房屋的要约,而郎某对李某的赠与要约作出承诺,于承诺生效时合同成立。另外,虽一般赠与中赠与人享有任意撤销权,但其须在尚未实际移转赠与财产权利时行使。[1] 本案中,系争房屋已进行过户登记,即赠与财产权利已经发生移转,任意撤销权已经消灭,且本案中不存在法定撤销权和穷困抗辩权发生事由,故该赠与合同已不能撤销。因此,该赠与合同成立并生效。

2. 郎某不能依据赠与取得房屋所有权

因李某与郎某之间的赠与合同成立并生效,接下来李某则须通过物权变动来取得系争房屋的所有权,这就需具体结合我国的物权变动模式来进行讨论。

物权变动是指物权的设立、变更、转让和消灭。[2] 在引起物权变动的法律事实中,最重要的就是基于法律行为引起的物权变动。就物权如何以法律行为而变动这一问题,目前各国物权法有着不同的规定。德国民法区分了债权行为和物权行为,确立了物权形式主义变动模式。[3] 此外,还有以法国民法和日本民法为代表的债权意思主义,以奥地利民法为代表的债权形式主义和以瑞士民法典为代表的折中主义。[4] 在后三者之中,债权意思主义、债权形式主义未承认债权行为独立性,亦不存在物权行为无因性。折中主义虽本质上仍属于债权形式主义,但在物权行为效力方面采用了物权行为有因的观点。

对于我国是否承认物权行为独立性,学界仍有不同的观点。(1)肯定的观点认为,我国立法将债法与物权法分开,即表明将债权行为与物权行为相区分。《物权法》中并未明确规定不动产所有权转让是否需要法律行为,以及需要何种法律行为,第 15 条虽看似解决了这一问题,但实际却因其本身语意不清,未明

〔1〕 王利明:《合同法》,中国人民大学出版社 2015 年版,第 316 页。
〔2〕 王利明:《物权法》,中国人民大学出版社 2015 年版,第 52 页。
〔3〕 崔健远:《物权法》,中国人民大学出版社 2017 年版,第 46 页。
〔4〕 梁慧星、陈华彬:《物权法》,法律出版社 2016 年版,第 72 ~ 73 页。

确表明条文中规定的“合同”的具体性质。[1] 故当事人在设立物权、移转物权、变更物权和废止物权时，如提交不动产登记申请、转移不动产物权证书或移转动产的占有，此类行为中都有意思表示，这种意思表示即物权合意。[2] (2)否定的观点认为，债权和物权的二分，只是为确立物权行为制度提供前提，并非必然导出物权行为，如原始取得就不适用物权行为的原则。[3] 且转移物权的合意实际为学者虚构的产物，现实交易中不可能存在独立于债权合意之外的物权合意。另外，无因性理论虽然维护了买受人和第三人的利益，但其使第三人在恶意的情况下也能取得标的物之所有权，违背了民法的公平和诚信原则。[4]

我国《物权法》第 6 条、第 9 条、第 14 条为物权变动设置了登记或交付的法定形式，物权变动只有完成动产交付与不动产登记方可成立，此即选用了公示原则这一物权法上物权变动的最基本的原则作为物权变动要件。虽然《物权法》在船舶、航空器、汽车等物权的变动，土地承包经营权的变动，地役权的变动，以及部分抵押权的设置方面采取了债权意思主义，即合同成立即可设立的方法，但仍可认为我国在不动产物权变动方面主要采取了债权形式主义的物权变动模式，即物权变动要想生效，不仅需要当事人之间存在债权合意，亦需要履行登记或交付的法定形式。

赠与合同具有无偿性，这种无偿应从客观上判断，即无论赠与人主观上是否希望获得好处，只要其在转移标的物所有权给受赠人时未从受赠人处获得对价或经济利益，均应认定为赠与合同。[5] 《合同法》中所规定的赠与合同与买卖合同有着较大的差别：首先，在赠与合同中，一方在转移标的物所有权时，另一方无须支付任何对价；买卖合同要求出卖人转移标的物所有权，并要求买受人支付对价。其次，赠与合同为单务合同，仅赠与人一方承担给付标的物的义务，买卖合同则为双务合同。最后，在赠与合同中，依《合同法》第 191 条的相关

---

〔1〕 田士永：《〈物权法〉中物权行为理论之辨析》，载《法学》2008 年第 12 期。
〔2〕 孙宪忠：《中国物权法总论》，法律出版社 2014 年版，第 470 页。
〔3〕 崔建远：《从立法论看物权行为与中国民法》，载《政治与法律》2004 年第 2 期。
〔4〕 王利明：《物权法》，中国人民大学出版社 2015 年版，第 56 页。
〔5〕 王利明：《合同法》，中国人民大学出版社 2015 年版，第 312 页。

规定,在一般赠与中,赠与人不负瑕疵担保义务,在附义务的赠与中,赠与人在附义务的限度内承担瑕疵担保责任,在故意不告知瑕疵或保证无瑕疵时,承担损害赔偿责任;而在买卖合同中,出卖人对标的物须承担瑕疵担保责任。〔1〕 买卖合同是典型的债权契约,但与之有着较大差别的赠与合同是否也为债权契约,则需要进一步探讨。

《德国民法典》第 516 条将赠与定义为"某人因一项给予而以自己的财产使他人得利,且双方当事人达成关于无偿地进行给予的合意的,该项给予即为赠与",〔2〕而这一规定所指仅仅为所执行的赠与,梅迪库斯认为此条明显不同于其他绝大多数债务合同的起始规范,因为其仅说明了财产给予在何种要件下为赠与,没有明确赠与人负有何种义务。〔3〕 而且梅迪库斯还提出《德国民法典》将赠与主要规定为法律原因,因为"绝大多数的赠与都是在事先没有作出约定的情况下执行的"。〔4〕 故第 516 条对赠与所作定义并不属于债权合同的范畴,而是将赠与作为财产给予的原因。〔5〕《德国民法典》第 518 条所规定的"为使以赠与方式约定某项给付的合同有效,必须将该约定做成公证证书",〔6〕才是使赠与人负担义务的赠与约定。〔7〕 德国很多学者认为,赠与分为两种:一种是以产生给付义务的赠与合同作为基础的赠与;另一种是现实赠与,即没有赠与合同而仅仅约定为财产变动原因的赠与。〔8〕 在第一种赠与中,由于是先签订赠与合同,再进行赠与,同时存在负担行为与处分行为,若赠与合同无效或被撤销,受赠人须返还不当得利。而在第二种赠与中,由于不存在负担行为,仅存在处分行为,财产转移便没有了原因。对此,梅迪库斯指出,除负担行为外,赠与也可以是纯粹的原因约定,但一方不得以这种纯粹的原因约定诉请对方履行,

---

〔1〕 王利明:《合同法》,中国人民大学出版社 2015 年版,第 313 页。

〔2〕 《德国民法典》,陈卫佐译注,法律出版社 2006 年版,第 181 页。

〔3〕 [德]迪特尔 · 梅迪库斯:《德国债法分论》,杜景林、卢谌译,法律出版社 2007 年版,第 142 页。

〔4〕 [德]迪特尔 · 梅迪库斯:《德国债法分论》,杜景林、卢谌译,法律出版社 2007 年版,第 143 页。

〔5〕 刘家安:《赠与的法律范畴》,载《中国政法大学学报》2014 年第 5 期。

〔6〕 《德国民法典》,陈卫佐译注,法律出版社 2006 年版,第 181 页。

〔7〕 [德]迪特尔 · 梅迪库斯:《德国债法分论》,杜景林、卢谌译,法律出版社 2007 年版,第 143 页。

〔8〕 李永军:《"契约 + 非要式 + 任意撤销权":赠与的理论模式与规范分析》,载《中国法学》2018 年第 4 期。

学者如此解释实际是为这类赠与中的财产转移提供原因,防止不当得利的发生。[1] 对于赠与性质的问题,第一种赠与为债权契约这一点是毫无争议的,而对第二种即时赠与是否为债权契约,目前尚有争议。肯定的观点认为即时赠与中,当事人在达成买卖和赠与合意以后,立即履行了债权合同,因而仅存在债权合同,而不存在所谓的物权合同,只不过这种债权合同是以口头方式表现出来而已。[2] 否定者认为,这种债务负担的意思表示仅为一种假定,由于债务是以将来应该给付为目的而形成的,故在给付的同时债务成立是违反债务性质的。这种观点将即时赠与看作物权契约或准物权契约。也有学者认为进行这种区分是没有意义的。[3] 若仅将即时赠与视为债权契约而认为其不存在物权合同,则无法对赠与行为完成,发生登记或交付之后,业已发生所有权移转这一权利变动进行合理的解释,因此不应采纳。故本文倾向于第二种观点,即即时赠与为物权契约或准物权契约。赠与人与受赠人之间就赠与物的权利移转达成物权合意,若受赠人接受赠与,则物权行为完成并生效,若不接受,则物权合意未达成。我国虽未在法条中严格约定赠与人的义务,但学界通说认为《合同法》中的赠与合同为单务合同,仅赠与人对受赠人负有无偿给与财产的义务,受赠人则不负担给付义务,或者虽负有义务,但与赠与人的给付义务没有对价关系,因此即便附义务但仍为单务合同。[4] 由此看来,我国赠与合同也为使赠与人负有义务的债权契约。赠与合同成立并生效后,双方便受合同效力所约束,受赠方得以依赠与合同向赠与人请求给付标的物。若赠与人将自己无处分权或处分权受限的标的物赠与受赠人,则会产生无权处分的问题。赠与合同作为负担行为,虽然负担行为的结果是产生物权变动,如果存在无处分权的情形,负担行为的履行就可能存在履行不能的法律后果,如果履行不能,行为人应当承担违约责任。[5]

---

〔1〕 李永军:《"契约+非要式+任意撤销权":赠与的理论模式与规范分析》,载《中国法学》2018年第4期。

〔2〕 王利明:《物权行为若干问题探讨》,载《中国法学》1997年第3期。

〔3〕 [日]我妻荣:《我妻荣民法讲义:债权各论》(中卷一),徐进、李又又译,中国法制出版社2008年版,第6~7页。

〔4〕 崔建远主编:《合同法》,法律出版社2016年版,第323页。

〔5〕 李义军:《无权处分赠与合同的效力》,载《江苏法制报》2014年9月16日版。

在债权形式主义模式下,因赠与合同成立并生效,且已完成了涉案房屋所有权的过户登记,因而涉案房屋应已发生物权变动。二审法院正是基于这一原理认定:"李某与柯某对于将系争房屋进行物权变动,即过户至郎某名下,均无异议,郎某有权取得系争房屋的物权。"[1]但由于柯某提出系争房屋为夫妻共同财产,李某是在未经其同意的情况下单方将房屋赠与郎某,这时就涉及赠与合同中的无权处分问题。从合同性质来看,赠与合同是债权契约,不以赠与人对赠与物有所有权为必要。[2] 故此时若要判断郎某是否能取得系争房屋的所有权,还需要就无权处分问题进行进一步的研究。

3. 无偿合同中的无权处分行为

为维护财产关系和交易安全,我国法律规定了不允许无处分权之人出卖他人之物。《合同法》第132条第1款规定:"出卖的标的物,应当属于出卖人所有或者出卖人有权处分。"从反面来看,本法条禁止了无处分权的人出卖他人财产,以及权利受到限制的所有权人出卖自己财产的行为。我们通常把前者——无处分权人处分他人财产的行为——称为无权处分。无权处分行为是指无处分权人处分他人财产,并与相对人订立转让财产的合同。[3] 在无权处分行为中,行为人没有处分权或处分权受到限制,无论处分标的物的方式如何,均是在未取得原权利人授权的情况下作出的,故可能会损害真正权利人的利益。此时不仅会涉及无处分权人与原权利人之间的关系,也会涉及其与相对人之间的关系。无偿无权处分是基于无偿合同这一基础行为的无权处分。[4]

本案中,李某向郎某赠与的涉案房屋为李某与柯某的夫妻共同财产。这一点在审判中已经得到确认。系争房屋虽登记在李某一人名下,但由于李某购买系争房屋的资金来源于李某与柯某出售在中国香港共同投资的物业,属于《婚姻法》第17条第2项规定的"生产经营收益",故应当认定系争房屋在过户给郎某前属李某和柯某共有。虽然在二审中,郎某提出,"李某与柯某均为香港居民,根据香港的法律规定,夫妻关系存续期间取得的财产为'分别所有制',现系

〔1〕 上海市第二中级人民法院民事判决书(2011)沪二中民二(民)终字第399号。
〔2〕 林诚二:《民法债编各论》(上),中国人民大学出版社2007年版,第203页。
〔3〕 王利明:《论无权处分》,载《中国法学》2001年第3期。
〔4〕 王泽鉴:《民法学说与判例研究》(第2册),北京大学出版社2009年版,第78页。

争房屋登记在李某一人名下，应当认定为李某一人所有，故其将系争房屋进行赠与无须征得其配偶柯某同意，该赠与行为有效”；但这一观点并不成立，《涉外民事关系法律适用法》第36条规定：“不动产物权，适用不动产所在地法律。”据此，本案系争房屋位于上海市，应当适用不动产所在地的法律——我国内地法律，系争房屋为李某与柯某的共同财产。

最高人民法院《关于适用〈中华人民共和国婚姻法〉若干问题的解释（一）》第17条将“平等处理权”解释为：“（一）夫或妻在处理夫妻共同财产上的权利是平等的。因日常生活需要而处理夫妻共同财产的，任何一方均有权决定。（二）夫或妻非因日常生活需要对夫妻共同财产做重要处理决定，夫妻双方应当平等协商，取得一致意见。他人有理由相信其为夫妻双方共同意思表示的，另一方不得以不同意或不知道为由对抗善意第三人。”本案中，李某将夫妻共同财产——涉案房屋无偿赠与郎某，为重大财产处分，显然非本条第一项所规定之因日常生活需要，柯某虽为房屋买卖合同出具了同意书，但该同意仅针对李某“出售”系争房屋，并无同意将房屋赠与郎某之意思。因此，李某与柯某夫妻二人并未依据本条第二项就该房屋之处分取得一致意见，李某将夫妻共同财产赠与他人，对其妻子所有部分构成无权处分，这一行为严重损害了柯某的财产所有权。

《合同法》第51条对无权处分的后果作出了规定，将无权处分合同的效力分为以下几种情况：一是无权处分行为嗣后取得权利人追认的合同有效。无权处分制度的规定原本就是为了保护权利人的权利不受侵害，虽然大部分情况下无权处分行为会对真正权利人的利益造成损害，但这只是假设了一种可能性，允许权利人的嗣后追认，不仅更进一步地保护了权利人应有的权利，更是尊重权利人自由意志的表现。二是无处分权的人在订立合同之后取得处分权的，合同有效。无处分权人处分他人财产，构成了对他人财产权利的侵害，但若无处分权人取得了处分权，便可消除这一侵害后果，也消除了使合同无效的原因。三是对于无权处分下权利人拒绝追认的合同的效力问题，对此，德国法区分了负担行为和处分行为，负担行为的效力不受处分权影响，在无权处分的情况下，处分权人虽无处分权，但却并不影响债权合同的效力，债权合同仍然有效，只影响物权行为的效力。[1] 虽然我国未采纳物权行为理论,但在我国债权形式主义的物权变动模式下,债权行为生效并不会直接引起物权变动的结果,只有在履行了登记或交付的形式之后才会发生物权变动。因此,债权行为的有效并不必然导致原权利人受损,故在需要履行特定形式才能发生物权变动的立法例下,无权处分制度所规范的不应为债权行为,而应为物权变动。[2] 故在无权处分的情况下,不能根据权利人拒绝追认而简单地宣告合同无效。若将权利人拒绝追认的合同认定为无效的话,则会导致无处分权人与第三人之间的合同全依原权利人的意志决定,显然不利于维护交易安全和秩序,[3] 势必会使第三人为确保自己得到的权利无瑕疵,而每次订立合同前都确认相对人是否具有合同要求的处分权,从而增加交易成本,影响正常的交易秩序。因此,可认为在无权处分的情况下,债权合同仍为有效。在这种情况下,可通过善意取得制度以保护善意第三人的利益。因此,虽然李某在处分房屋所有权时存在无权处分的问题,依据《物权法》第 106 条,原则上郎某不能因此取得涉案房屋的所有权,但仍应考虑其是否能够通过善意取得制度取得系争房屋的所有权。

(二)本案中能否适用善意取得

1. 善意取得是否可为无偿

善意取得是受让人基于主观的善意而取得所有权等物权。[4] 这一制度是法律为维护交易安全而设置的保护第三人的制度,基本内容是无权处分人处分他人财产给第三人,若第三人在受让时为善意,则可依法取得该财产权利。[5] 当合同涉及无权处分时,就会涉及善意取得的问题,可以说无权处分是善意取得的前提条件,从法律维护公平和秩序的角度出发,设置善意取得制度来保护相对人的合法权利,当权利人拒绝追认时,不得对抗善意第三人,第三人得以取得财产。早期罗马法坚持"传来取得的原则",认为物权受让人取得的权利,只

---

〔1〕 王利明:《论无权处分》,载《中国法学》2001 年第 3 期。

〔2〕 张家勇:《无权处分的规制形式——以〈合同法〉第 51 条的解释为中心》,载《西南民族学院学报》(哲学社会科学版)2002 年第 10 期。

〔3〕 王利明:《论无权处分》,载《中国法学》2001 年第 3 期。

〔4〕 王利明:《善意取得制度的构成——以我国物权法草案第 111 条为分析对象》,载《中国法学》2006 年第 4 期。

〔5〕 王利明:《合同法》,中国人民大学出版社 2015 年版,第 114 页。

能是出让人出让的权利,如出让的权利有瑕疵,则该权利不能对抗原来所有权人的返还请求权。因此,原所有权出让人可以将此所有权追回。规定了“任何人不能将大于自己的权利让与他人”,虽然在很大程度上保护了权利人的权利,但却给相对人增加了极大的负担,即要求相对人考察权利人是否拥有所有权。[1] 因此,现在的法律制度在此基础上加以发展,赋予了善意相对人得以对抗第三人的抗辩权,使交易过程相对简化,保护了交易秩序。

善意取得制度源于日耳曼法的“以手护手”原则即任意将动产交付他人者,仅能向其相对人请求返还,如该他人将该动产让与第三人,除得到相对人请求赔偿损害或其他权利外,不得对第三人请求返还。[2] 但德国法上的善意取得制度严格限于动产范围,不动产并不适用善意取得制度,在大陆法系的主要国家和地区,不动产的交易安全主要依靠公信力制度予以保护。对于是否要求支付对价,普通法上要求“善意买受人”获得物是基于有偿的交易,大陆法系许多国家和地区也采用了这一观点,如《路易斯安那州民法典》第520条也规定了受让人应支付合理的对价。[3] 但德国法中的善意取得制度不仅保护有偿合同中的买受人,也保护无偿合同中的受让人,在无偿的情况下,原所有权人可要求受让人返还不当得利。[4] 且《德国民法典》第816条第1项规定:“无权利人对标的物进行处分,而此处分对权利人为有效的,无权利人对权利人负有返还处分所得的义务。无偿进行处分的,因处分而直接取得法律利益的人负有相同的义务。”故虽方式不同,但德国在对无偿无权处分行为立法时,也注重保护原权利人的利益。

我国台湾地区“民法”中对这一问题也有相关规定,但其认为善意取得不考虑交易中的对价问题,即使无偿行为也能导致善意取得。[5] 与德国民法典相似,我国台湾地区“民法”规定,无偿无权处分的情况下,原权利人可向第三人主

---

〔1〕 王利明:《论无权处分》,载《中国法学》2001年第3期。

〔2〕 谢在全:《民法物权论》(上册),中国政法大学出版社2011年版,第271页。

〔3〕 王利明:《善意取得制度的构成——以我国物权法草案第111条为分析对象》,载《中国法学》2006年第4期。

〔4〕 王利明:《善意取得制度的构成——以我国物权法草案第111条为分析对象》,载《中国法学》2006年第4期。

〔5〕 郑玉波:《民法债编总论》,台北,三民书局1998年版,第115页。

张不当得利。例如,梅仲协先生认为,“无权之处分,系无偿行为者,此时由该处分而获利益之第三人,即属无法律上之原因,虽该第三人与真正权利人间,无直接的财产损益变动之存在,而依公平原则,不当得利请求权之行使,应向该第三人为之”。[1] 台湾地区“民法”第 183 条也规定:“不当得利之受领人,以其所受者,无偿让与第三人,而受领人因此免返还义务者,第三人于其所免返还义务之限度内负返还责任。”[2] 对于这一观点存在反对的看法,反对者认为无偿行为不能导致善意取得,因为不当得利的前提是交易无效,这就需要符合合同无效的原因,而无偿转让财产未必就导致合同无效,且若受让人再度转让受让物,其已为有权处分,次受让人则取得物权,此时即便原权利人享有不当得利返还请求权也已于事无补。[3]

总体来看,各个国家和地区立法各有不同,主要采用了两种观点:一种认为无偿无权处分不应适用善意取得,原权利人有权要求受让人返还财产;另一种认为可以适用善意取得,原权利人可依据不当得利来请求返还财产。虽然方法不同,但各个国家和地区对无偿无权处分情况下原权利人的保护是毋庸置疑的。

根据《物权法》第 106 条的规定,善意取得的构成要件有三个:一是受让人善意;二是支付合理对价;三是完成公示。最高人民法院《关于适用〈中华人民共和国物权法〉若干问题的解释(一)》第 15 条第 1 款将“善意”规定为:“受让人受让不动产或者动产时,不知道转让人无处分权,且无重大过失的。”本案中,李某在和郎某进行过户登记时,虽柯某出具同意书同意系争房屋的买卖,但根据我国目前的产权过户登记实践,在夫妻关系存续期间,无论所涉及不动产是否登记在夫妻二人名下,在办理过户时,都应双方到场,或有另外一方的同意书,否则不予登记。故虽可认为郎某对该同意书知情,在无其他明确证据的情况下,从实践角度来看,仍不能证明郎某明知系争房屋为李某与柯某的夫妻共同财产,且系争房屋仅登记在李某一人名下,故可认为郎某是在认为系争房屋为李某个人财产的情况下接受了赠与,即郎某为善意第三人。

---

〔1〕 梅仲协:《民法要义》,中国政法大学出版社 1998 年版,第 182 页。

〔2〕 王泽鉴:《不当得利》,北京大学出版社 2015 年版,第 409 页。

〔3〕 王利明:《善意取得制度的构成——以我国物权法草案第 111 条为分析对象》,载《中国法学》2006 年第 4 期。

通常情况下,我们在讨论善意取得制度时常以买卖合同为前提,但在诸如赠与合同之类的无偿合同下,是否能应用善意取得制度呢?从法条来看,善意取得制度的第二个构成要件是支付合理对价,即第三人在接受财产时必须支付合理的对价才能适用善意取得,而赠与合同本就为无偿合同,受赠人在获取赠与财产时并未支付任何对价,不符合该条规定。对于这一点,学界也大多持肯定态度,王泽鉴先生对这一观点也提出了三点理由:一是保护原权利人的必要,受让人为无偿取得权利,因此使其负有返还不当得利的义务,并不违反民法上的公平原则。二是当无偿受益人与其他权利人的重大利益发生冲突时,根据民法价值判断的一般原则来看,应当予以适当的让步。三是不当得利制度本就在于调整无法律原因的损益变动,因此从无偿无权处分来看,亦应持衡平原则,适用不当得利制度。[1] 在无偿合同的情况下,受让人本就没有支付任何对价即取得了财产,原权利人要求返还的情况下,受让人也没有因此而遭受损失,从平衡原权利人与第三人的利益角度出发,善意取得须支付合理对价符合民法价值判断的原则。且在无偿无权处分的情况下,无权处分人不是故意就是过失,且受赠人未支付任何对价,若使受赠人善意取得,则会使权利人的所有权遭到侵害,[2]有违实质正义。因此,可认为受让人在取得财产时必须支付相应的对价,即包括赠与合同在内的无偿合同不能适用善意取得制度。

综上,虽李某对系争房屋的赠与行为系无权处分,且郎某为善意相对人,但由于其在取得系争房屋时并未支付对价,若按照通常所认为的无偿合同中不适用善意取得来看,郎某不能取得房屋所有权。

2. 物权公示对善意第三人的保护

若如此裁判,则会产生郎某作为善意第三人却无法受到善意取得制度的保护这一后果,产生制度逻辑与价值选择的两难问题。若遵循制度逻辑,则会导致善意第三人无法受到保护,若维护价值选择,则势必有违制度逻辑。因此,需要寻找是否存在另外的路径可在遵循制度逻辑的基础上保护善意第三人的权利。

---

〔1〕 王泽鉴:《民法学说与判例研究》(第2册),中国政法大学出版社1998年版,第112页。

〔2〕 崔建远:《无权处分辨——合同法第51条规定的解释与适用》,载《法学研究》2003年第1期。

虽无偿无权处分无法适用善意取得,但我国不动产的物权变动模式为登记生效主义,不动产的登记是我国法定公示方式,具有国家公信力,由国家设立的不动产登记机关所作的登记有着使社会公众信服、法律予以保障的效果,此种公信力使得不动产登记具有权利推定的效力,[1] 即登记记载的权利人应当被推定为法律上的权利人,法院也首先依不动产登记的内容来确认权利并对权利进行保护,即便登记的权利是不正确的,第三人也可善意取得登记的物权。[2] 因此,维护登记的公信力就在于,即使事后证明登记记载的物权不存在或存在瑕疵,对基于信赖该物权登记内容而从事交易的相对人,仍能够依据这种信赖而获得保护。[3] 虽系争房屋实为李某和柯某共有,但登记人为李某,善意相对人郎某基于对此登记的信赖,相信该房屋为李某个人所有,接受了房屋赠与并完成了过户登记。因此,本着对交易安全和当事人利益的保护,应当认定李某与柯某的共有不足以对抗系争房屋所有权登记的公信效力,即系争房屋仍由郎某取得。

3. 本案中的制度逻辑与价值选择

本案所涉主要问题为无偿无权处分与善意取得,善意取得又分别存在无权处分合同中对善意第三人的保护及物权公示中对善意第三人的保护两方面。善意取得这一制度原本设计出来是为保护善意第三人的利益,使其不至于出现“财物两空”的状况。但在无偿无权处分中,善意第三人仅单纯取得利益并未付出任何对价,而原权利人却单方遭受损失。若此时仍保护善意第三人的利益,则势必违反公平原则;若使善意第三人返还其无偿取得之利益,则可使利益归属回归原有状态,此时无人遭受损失,故为正确价值选择,此亦为善意取得制度通常规定“支付合理对价”的原因所在。无偿无权处分正是为调整无偿合同,如赠与合同等所发生的此类纠纷而存在的。但本案的特殊之处则在于,物权公示制度中对善意第三人之保护方面。不动产登记要求保护依不动产登记簿所记载事项所取得物权的善意第三人,即本案中的郎某,若使郎某不得依此取得系争房屋物权,则必然会损害不动产登记的公信效力,使后人无法信任登记簿效

---

[1] 孙宪忠等:《物权法的实施第一卷:物权确定》,社会科学文献出版社 2013 年版,第 66 页。
[2] 陈永强:《物权法精要:重点法条与案例分析》,浙江工商大学出版社 2012 年版,第 27 页。
[3] 王利明:《物权法研究》(上卷),中国人民大学出版社 2016 年版,第 286 ~ 287 页。

力,故此时需依原有制度逻辑,依登记簿确认系争房屋所有权归郎某所有。回归本案,系争房屋的所有权应归郎某,在这种情况下,柯某作为实际的房屋共有人,她的利益已受到损失,这是显而易见的,而且郎某作为婚姻中的第三者,若对其进行保护而不保护婚姻当事人,明显不符合社会通常所认定的价值选择,在这种制度逻辑与价值选择产生冲突之时,正需要我们寻找合理途径对柯某的权利进行救济。

李某虽然作为登记上的房屋所有人,但该房实为夫妻共同财产,为李某与柯某共同所有,李某在未经柯某同意的情况下将其赠与郎某,显然侵害了柯某对系争房屋的所有权,构成了对其财产权益的侵害,柯某因此有权向李某主张侵权责任。同时,因李某的无权处分,郎某无偿取得了原属柯某所有的财产,虽郎某为善意相对人,但因其为无偿取得,使其负返还义务亦不违反公平原则。[1] 故从保护原权利人的利益来看,应使郎某负有返还义务,即柯某可向郎某主张返还不当得利。

在判决中,二审法院认为,由于柯某出具了同意出售系争房屋的书面意见,可认定李某与柯某对于将系争房屋进行物权变动,即过户至郎某名下,均无异议,因此郎某有权取得系争房屋的物权。且在认定房屋所有权业已有效移转的前提下,法院进一步认为因李某与郎某签订的合同名为买卖实为赠与,而柯某仅同意将系争房屋出卖,故郎某应当按合同约定价格的50%,即人民币175万元,向柯某支付房款。该判决并未意识到,对系争房屋物权变动起决定性作用的是无权处分中对善意第三人的保护,忽略了无权处分的制度逻辑。虽然从二审法院的角度来看,判令郎某返还一半的房款保护了作为系争房屋共同所有人的柯某的利益,还对李某和郎某作出了相应的惩罚。这一价值选择无疑值得肯定。但如此判决却违反了物权公示公信原则的制度逻辑。而且在这种思路下,郎某可以获得李某所拥有的房屋一半份额的相应价值。这一折中做法亦是将属于夫妻共同财产的系争房屋一分为二,一半赠与,一半买卖,我国目前的司法实践是不认同这种观点的,而是认为夫妻双方对夫妻共同财产享有平等的处理权,而非一般的处理权,夫妻共同财产应为共同所有,而非按份共有,无法划分

---

[1] 王泽鉴:《不当得利》,北京大学出版社2015年版,第161页。

个人份额。[1] 在本案所体现出的这种制度逻辑与价值平衡的冲突中,二审法院更偏向于价值平衡,却导致忽视了判决中的合理制度逻辑,还缺乏相关实定法上的依据,因此有失妥当。若要达到法院所希望的对柯某权利的保护,可由柯某依侵权行为向李某主张侵权责任,或继续依不当得利之规定向郎某主张返还不当得利。

三、结　论

近年来,诸如本案中夫妻一方在另一方不知情的情况下将共同财产赠与第三方的情况时有发生,在此类无偿合同的无权处分情况中,无偿无权处分合同在无其他无效的情形下依旧有效,但对于第三人是否可依该合同主张标的物所有权,目前学说主流观点认为由于第三人未支付对价,故无法适用善意取得。但在本案中,本着对登记公信力的信赖,第三人可善意取得系争房屋的所有权。且在此种情况下,夫妻中不知情一方仍可通过主张侵权责任或不当得利返还来维护自身权益。

---

〔1〕 南京市中级人民法院民事判决书(2017)苏 01 民终 2667 号。类似观点还可参见李某与冯某财产权属纠纷案[武汉市中级人民法院民事判决书(2008)武民终字第 578 号]。

法学教室

民法第一课

朱庆育*

开学第一课。进入正题之前,先做个课程说明,主要涉及我的课堂和考试规矩、我所认同的教学理念和知识理念、法学教育的基本定位、我所追求的教学目标以及配合课程学习的教科书介绍。这些说明也许对接下来的学习有帮助。

一、课堂和考试

先说大家最关心的课堂和考试问题。

课堂规矩不太多。来也行,不来也行,不会点名或者变相点名。可以随时来,也可以随时走。如果不来,不用跟我请假,来了要走也不用跟我打招呼。最后一次课,你说这学期都没见过朱老师长什么样子,去看看吧,你在下课前最后一分钟进来看一眼转身就走,也没有关系。应该算挺宽松吧?

当然,也不是完全没有规矩。比如说,可以不听,可以睡觉,不过得保证睡觉不打呼,也不要跟同学聊天。意思是说,不要发出足以影响其他同学和我的声音。坐累了,在教室里走来走去,没关系,中途进出也没关系,但不要制造干扰音。我上课有一个特点,经常说着说着不知道自己在说什么,如果有声音干扰,这个特点会更明显。也顺便给大家先提个醒儿,如果看到我突然停顿下来,一脸迷茫,不要着急,我会回过神来。

因为声音会影响别人,所以手机也不要开,至少不要开声音。你说我业务

* 南京大学法学院教授,法学博士。

繁忙,有几个亿的生意要谈怎么办?没关系,参见第一条——可以不来。非要来也没问题,有电话出去打,打完电话再回来也行。不谈生意,但实在憋不住要说话怎么办?出去说。说够了,愿意再进来,没问题。

逃课是大学必修课,不逃课不足以谈人生。我也是这么过来的,有丰富的逃课经验,所以非常理解。逃课本身不是问题,考试也不会因为逃课而减分,这点可以放心。

请注意,我说的是考试不会因为逃课而减分,没有说即使逃课也保证及格。前几年有一名学生,怒气冲冲给我写邮件说:"我是没来过上课,可是你自己说不来没关系,为什么还给我不及格?"这个逻辑有点乱。不及格不是因为逃课,而是因为考试没过关。

提醒一下,我从教十几年的统计数据表明,总逃课的一般及格不了。原因是什么?

在概率上,有三种可能:第一,你虽然没来上课,但学习了,只不过学的不是这门课的内容;第二,你虽然没来上课,但学习了,学的也是这门课的内容,只不过学习效率比较低或者所学跟考试要求不合拍;概率最大的是第三,你没来上课,也没学习。无论是哪一种可能,考试成绩不理想甚至不及格都是可以理解的吧?

当然,因为存在各种可能,所以需要明确一个观念:不及格只说明你没有达到这门课的考试要求,不说明你学习不好——可能你学习另有所长,也未必说明你这门课学得不好——可能你只是和考试没合上拍。

自己属于哪一种情况,心里得有数。不能仅仅因为想要及格未被满足就怒气冲冲、理直气壮。

我说可以不来,并且现身说法说自己也有丰富的逃课经验,看起来让一些同学产生了误解。虽然我每次都会继续说后面的话,但对他们来说,后面的话好像不重要。这说明这些同学语法和语感都不太过关——转折句中,转折部分才是重点。

这个转折句是:可以不来,来了可以不听课,但不意味着可以不学习。我虽然有丰富的逃课经验,但不表示我不学习。恰恰相反,我逃课是为了学习。所以,我逃课有一个标准:相同时间里自学所得必须高于课堂。我的大学成绩不是很理想,主要原因是,自己的学习和老师的考试要求经常对不上拍。但我不后悔,也愿意承受这个代价。如果你也能做到,尽管逃课,毫无问题。总而言之,关于逃课,只需要记住对自己的行为负责就好。

课堂上,我会不断提问。不过不用担心,只是抽象发问,不会点名回答。也就是说,不会变相点名记考勤。实际上,除非你表现出想发言的样子,否则我不会点某位特定的同学回答,这是为了避免彼此伤害。提问的用处,是希望大家跟我一起思考,所以当然希望你们理我,即使不理我,也最好在心里跟着我的问题一起走。理我的方式是回答我的问题,坐着回答就好,不用站起来,为了让我看见你,可以举手示意。如果所有人都不理我,也没关系,我略显尴尬之后,会接着往下讲。

除了能让自己跟着老师一起思考,以及避免老师因为没人理而尴尬外,课堂发言还有一个用处,就是帮助老师了解学生的学习状况,了解学生哪些知识理解起来没问题,哪些不容易理解,以便随时调整授课方式和内容。不用担心露怯。初学阶段露怯是为了以后不露怯,如果反过来,就表示你有麻烦了。

课堂规矩大致就这么多。跟上课相比,我知道大部分人更关心的是考试。一开学,就恨不得马上发一张成绩合格证书,最好入学就发毕业证书。

有件事需要告诉大家:我是杀手,很冷血的那种。赖以成名的,是两项独门绝技。

绝技一,我的课,成绩一般都会比较低。比较低的意思是,比其他老师各个分数档都会低一些——最高分低一些、优秀档的人数少一些、班级平均分低一些,高一些的是不及格率。从 2002 年任教至今,我一直都会控制最高分,百分制下,最好成绩一般是 94 分,95 分以上的十几年来印象中不超过 10 个。最好的一次是 2018 年上半年我在浙大的最后一次民总课,95 分以上达 10 人之多,超过以往的总和。不过这次情况有点特殊:一是人之将走,其手也软;二是满分 160 分,卷面得分未作折算直接计为最后得分。更重要的是,我任教过的本科班从来没有消灭过不及格现象,并且不及格率比其他老师都要高。

浙大任教,既创造了我任教史上的最好成绩纪录,也创造了最差纪录。2015 年在浙大初次开课,研究所给我安排辅修课。平生第一遭给辅修班开课,结果一下就闯祸了。出成绩后,据说不及格率之高,那几天一直是学校论坛的热门话题,学生们四处打听:“这人是哪儿来的,怎么这么不懂规矩?”我也因此一举成名,立即荣登浙大杀手榜。但其实我还是手软了,只给了1/4的学生不及格,按我平时标准的话,那次考试不及格率应该在50%以上。那次课当然也有成果,两名外专业的学生从此决定要转到法学专业,于是毕业的时候都考上了北大的法硕。不过,这说明针对非法学院开设的辅修课价值不大。

一般情况下,法学院本科生的不及格率在10%~15%,即使我在浙大的最后一次课,不及格率依然有11.39%。至于班级平均分,好的时候70分多一点,不好的时候60分多一点。所以请慎重选课。尤其是,如果成绩总在及格与不及格之间徘徊,不要抱侥幸心理,在我课上不及格的可能性非常大。如果命苦,选不了其他老师,那这学期最好辛苦一点。

不要误会,我没有嗜杀的喜好。不及格率高不会给我带来快乐,倒是让我郁闷。自问对教学还算用心,成效却不尽如人意。如果所有人都能及格,相当一部分人在90分以上乃至达到95分,我会感觉非常欣慰,也会很有成就感。

我另外一项绝技同样“臭名昭著”,就是“要分降等”:以任何理由、任何方式要求照顾成绩,则成绩降等。

考完之后跟老师要分,各个学校都很普遍。常见的理由有出国、评奖学金、各种评优以及入党。还有一些其他比较个性化的理由,包括父母给的生活费跟成绩挂钩、女朋友会瞧不起,等等。有名学生给我写邮件说:“我父母知道成绩后很震惊,朱老师,让我们一起来解决这个问题。”我想,这名学生有当领袖的潜质,希望有朝一日能听到他的好消息。

任何方式是指无论当面、电话还是邮件、微信,无论本人还是第三人,这第三人无论是校长、院长、我的朋友、你的父母家人或者某达官巨贾,无论威逼还是利诱,总之任何方式。

跟我要分的话,我不会动之以情、晓之以理,也许不回你,也许就说一句“我知道了”,然后,你看到的分数就是降等之后的分数。什么叫降等呢?很简单,优降为良,良降为中,中降为及格,及格降为不及格。降等之后,我会把理由写在考卷上。如果你想检验我这项绝技是不是虚张声势,不妨先跟我要分,然后去教务处查卷。

每次介绍我的这项绝技,同学们都笑成一片,所以还是要郑重提醒一下,我不是在开玩笑。这个做法很多人不以为然,除了觉得我太狠之外,还有一个质疑是:跟你要分,顶多不理就好了,降等的正当性是什么?狠不狠是个人问题,没办法的事;正当性是公共问题,需要回应一下。

要分现象是一种非正常的存在,应该清除。可是如果要分的后果至多是“不理”,要分就是一项无风险行为,运气好的,往往还会有收益。这其实是对要分者的弱鼓励,要分现象怎么可能会因此消失?可是如果你知道,要分其实不是无风险的,会让自己的处境比要分之前更差,你为什么还要跟自己过不去?

以后要学到附条件法律行为,《民法总则》有一项规定是这样的:“附条件的民事法律行为,当事人为自己的利益不正当地阻止条件成就的,视为条件已成就;不正当地促成条件成就的,视为条件不成就。”行为人以违背诚信的方式追求自身利益,需要承担不诚信的代价。“要分降等”规则正是由此类推而来。

十几年的经验表明,此举效果显著。刚开始,一些同学以为我无非说说而已,但没过几年,要分的已经变得零零星星。当然,代价是那几年骂声如潮,还好我挺过来了。近些年再没收到过要分的诉求,如果不是2015年那次辅修课中断,零要分的记录能维持更久。

之所以要这样,道理很简单。如果可以通过要分提高成绩,传递的信息就是,努力学习不重要,重要的是和老师套近乎,设计足够打动老师的要分理由,乃至于挖掘人脉、动用权力。一旦“功夫在诗外”成为导向,逆淘汰几乎就无法避免了。至少在我的课堂上,不希望见到这种导向的出现。

要甄辨出学生的学习程度不容易。在不认识绝大多数学生的情况下,基本上就只能依赖于期末考卷。我能许诺的,只是尽力让自己的命题适于甄辨,然后仔细判卷。误差在所难免,这点请同学们做好心理准备。不过也不必太担心,到现在为止,及格、不及格的误杀应该还没出现,原因之一是,我一般都会把55分以上甚至50分以上提到60分。

二、教学理念

各位现在是大一下学期。大一上学期大概是忙于转变角色,经过一个学期,应该逐渐适应大学生活了。但就学习而言,高中和大学究竟有什么差别,各位可能还是不太清楚。

按说大学和高中差别会很大。比如说,中学的所有学习、所有的知识获取都围绕着一个目的,就是高考。为了通过高考之桥,知识正确与否无关紧要,知识真假更是不在考虑之列,唯一重要的是,如何猜中被设定的标准答案。

所以在某种程度上说,高考成绩很好,未必表明具备足够的学习能力。"足够的学习能力"需要有足够的独立思考能力。但高考成绩越高,也许只是说明迎合能力越强;迎合能力达到极致,也就意味着独立思考能力的丧失。当然,这只是"在某种程度上说"。我愿意相信,高考成绩好的同学,大部分并没有伤及独立思考能力,只是暂时休眠而已。如果真是这样,我希望大学阶段能唤醒它。

这么说有点让人尴尬。启人心智是教育本旨。在这个意义上说,独立思考能力原本从小学阶段就应该开始慢慢培育。我们的基础教育已经不正常,现在却以这种不正常为参照,强调大学和高中学习的差别,有点错乱。不过,现实如此,也是没办法的事。更何况还有另外一个更让人尴尬的现实,那就是,大学未必真能唤醒你的独立思考能力。

终于考上了大学,好不容易摆脱高考的升学压力,那个暑假一直憧憬着9月开始怎么在知识的天空里放飞自我。可是你很快发现,除了学习更轻松、有更多时间在游戏的天空里放飞自我,好像感觉不到学习思维上有多少改变,尤其是,你多少有点惊奇地发现,大学考试依然是猜谜比赛。于是,中学阶段屡试不爽的机械记忆与竞猜能力继续在大学畅通无阻。

可问题是,中学的猜谜竞赛能把你成功送入大学,如果大学还继续这种游戏,却可能迟早让你陷入困境。

和中小学的基础教育不同,大学是专业教育。专业教育的意思是,毕业后,大部分人将依赖自己所学专业择业、从业。那时候,你所面对的,不再是设定好答案的考卷问题,而是需要自己给出答案的现实问题。做得不好,以法学为例,从小处说,影响自己的生活品质,从大处说,则影响公平正义的社会实现。但如果你只习惯于迎合给定的正确答案,却无法独立思考给出自己的答案,做好的可能性当然不容乐观。

听到这里,你露出洞察人世的微笑:忽悠,接着忽悠,社会生存那点事我还不清楚吗?学得好不好跟混得好不好哪有一毛钱关系?社会当然很复杂,中国社会尤其如此。专业学得好、思考能力强在任何社会确实都不会是过得好的充分条件,但如果成为必要条件是值得追求的,我们为什么不从自身、从现在做起?

缺乏思考能力不能简单归咎于某一方,泛泛而论,学生、教师、教育制度乃至意识形态环境等均难辞其咎,相对来说,学生自身责任反倒可以说是最小的。抽象的教育制度与意识形态暂且不论,咱们简单聊一聊具体的“教—学关系”——我心目中比较理想的“教—学关系”。

首先需要回答一个问题:我们为什么需要教师?一千多年前,韩愈的回答依然被我们奉为经典:师者,所以传道、授业、解惑也。个人认为,这三项功能好像都需要再审视。

传道。圣人之道近乎真理,追求真理自然无可非议,但如果“传”是单向的输出,“道”是定于一尊的金科玉律,所谓传道,即是传教。教育的意义不在于教人顺从,不在于教人无反思地接受,而在于启发理性讨论与质疑。中国教师经常被捧作“人类灵魂的工程师”,不知道其他老师什么感觉,我是觉得有点可怕。除了神,没有人有资格塑造别人的灵魂。

授业。信息时代,获取知识的渠道已经不可胜数。把学生集中到课堂上,听讲台上那个人絮絮叨叨,这种知识获取方式,效率已经越来越低。相同时间内,自己阅读所接触的信息量远大于教师的提供。况且,由于信息获取渠道的多元化,教师早已无法垄断资料。教师所使用的绝大多数资料,学生都可以轻易获取。

解惑。教师能解一些惑,但也就是一些而已。知识分工时代,每个人的知识构成都是不完整的。如今,在网上输入几个关键词,数不清的文献信息就扑面而来,何必去看老师那副苦瓜脸?

那么,教师这个职业为什么还能存在?为什么讲台上那个人的絮絮叨叨还可以被容忍?

经济学家张五常讲过一个自己求学的故事:“旁听了赫舒拉发(Jack Hirshleifer)两年后,一天下午,在他的办公室里闲谈之际,他突然问道:‘你重复又重复地听我的课,难道我所知道的经济理论你还没有学完吗?’我回答说:‘你的经济理论我早已从你的著作中学会了;我听你的课可不是要学你的经济学,而是要学你的思考方法。’”张先生可谓是深得听课精髓。

知识获取渠道固然多元,但初学者在庞大的知识体系面前,往往无从措手,不得其门而入,也缺乏鉴别能力。“师父领进门”有助于降低初学者的入门成本。再者,通过著作固可获取知识,但不容易从中看到著作者的思考过程和方法,而这正是当面讲授的优势。张先生愿意反复去听课的那种教师,我不能至,但心向往之。

在我眼里,民法称得上是理论最思辨、体系最具美感的知识。我希望在课堂上,能够把我所体会到的思辨乐趣和体系之美展示给大家。如果同学们的学习兴趣由此被激发,作为教师,存在感也就得到了体现。相信我,民法值得在座各位投入一生的心智。如果你从我的课上感觉不到这一点,不是因为民法有什么问题,而是因为我能力有限。

不管怎么样吧,总之我站到了讲台上,所以需要考虑:用什么样的态度对待教学?对学生有什么样的期待?还是找个标杆吧。孔子,至圣先师,中国最伟大的教育家。

一说到孔子,相信很多人马上就想到“有教无类”。这个成语源自《论语》,现在常常用来劝勉或者指责老师,用来论证“没有教不会的学生,只有不会教的老师”。在这四字真言之下,多少老师战战兢兢、汗不敢出。不过,“有教无类”即使真是这个意思,至少也得区分一下对象。如果说小学生刚纳入教育轨道,“没有教不会的学生”算勉强说得过去,大学生还拿这句话当金科玉律,就难免有点今夕何夕之感了。

更何况,孔子所谓“有教无类”,其实和“没有教不会的学生”好像没什么关系。杨伯峻先生的《论语译注》说得明白:“自行束脩以上,吾未尝无诲焉”,便是“有教无类”。所以,确实是人人可教,但一不许诺“教会”,二附条件“自行束脩以上”。“脩”是干肉,“束”是十条,量不算多,一般认为属于见面礼。这样看来,“有教无类”倒是有点像招生广告:你给我见面礼,我让你入读。

这么说好像有损孔子的光辉形象。但在诸子争鸣的时代背景下,开帐授徒,传播思想,打一打招生广告也属正常,况且思想家们也需要收入来源。

“有教无类”的意义在入学阶段。教学阶段呢?

孔子把人分出四个层次:“生而知之者上也;学而知之者次也;困而学之,又其次也;困而不学,民斯为下矣。”四层次中,“唯上知与下愚不移”。也就是说,“上知”与“下愚”这两种人,教育无能为力。“上知”,“生而知之”,天才,不必教;“下愚”,“困而不学”,自己放弃,不可教。所以,孔子大概不会认为“没有教不会的学生”。

不仅如此,在可教的人中,孔子进一步差别对待。“中人以上,可以语上也;中人以下,不可以语上也。”大白话就是,中人以下,跟他说那些高深的知识没用,反正他也理解不了。南宋张栻从这句话总结出“因材施教”,意思是根据不同材质施以不同的教学方法,言下之意,想方设法把学生教会。这好像有点过度诠释,不过也可以理解,为贤者讳一直是我们的传统——虽然这原本没什么可讳的。

还有更狠的。颜回称颂孔子“循循然善诱人”,这个形象成为后世教师的标准相。颜回多少有点拍马的意思,或者顶多是其个人体会。颜回是孔子最喜欢的学生,对他“循循然”没有任何问题。一般情况下,孔子是什么态度呢?“不愤不启,不悱不发,举一隅不以三隅反,则不复也。”没有经过苦苦思索,对不起,不要来找我;不懂得举一反三,对不起,不教你了。是的,如今算得上很高赞誉的举一反三,在孔子那里,是基本要求。

相信可以看得很清楚,孔子对学生的要求非常高,尤其对于学习的主动性与独立思考,更是反复强调。无独有偶,另外一位圣人式的人物,从学生角度对孔子的教育观念表示了支持。

这位圣人式的人物是英国人,叫约翰·密尔(J. S. Mill)。你们可能没怎么听说过他,但他是个极端了不起的人物,长期在我的偶像排行榜中位列榜首。张五常先生说:“米尔智商之高,据说是人类纪录。”他的自我评价则显得谦虚得多:“我所有的天赋并不在一般人之上而在其下,凡是我能做到的,无论哪个具有中等智力和健康体格的男孩和女孩肯定也能做到。……由于父亲的教导,我开始的时间要比同代人早 25 年。”这段话,自谦得惊世骇俗——什么叫“开始的时间要比同代人早 25 年”?

密尔没有上过学,所有的教育都是父亲詹姆斯 · 密尔完成的。简单了解一下小密尔的学习历程:3 岁学希腊文,几年后开始做翻译,其间阅读了包括休谟、吉本等人的作品在内的大量历史著作;8 岁开始学拉丁文,同时充当弟弟、妹妹的教师;11 ~ 12 岁完成平生第一部专著《罗马政治史》;12 岁通过亚里士多德著作学习逻辑学,并基本学完政治经济学的全部课程;13 岁开始研究政治经济学,阅读亚当 · 斯密的著作,“主要目的就是要我把李嘉图高明的见解与亚当 · 斯密肤浅的政治经济学观点相对照,从而看出斯密论点中的谬误之处,或者他的结论中站不住脚的地方”;14 岁,正式功课结束。

读万卷书,行万里路。正式功课结束后,父亲让小密尔去投奔边沁在法国当将军的兄弟,游历法国增长见识。行前,父亲跟小密尔说:“如果你发现比同龄的孩子懂得多一些,不要觉得奇怪也不能骄傲,那只是因为你的教育方式跟别人不一样。”小密尔听到这句话,觉得非常奇怪:父亲从来没有对自己的学习满意过,自己怎么可能比同龄的孩子懂得多?到法国后,小密尔迅速发现,何止同龄的孩子,三四十岁的法国文化沙龙常客也未必比自己懂得多。以赛亚 · 伯林感慨:“刚年满 12 岁,小穆勒的知识就和一般极为广博的 30 岁人士不相上下了。”

如果有人还有一点点“小时了了,大未必佳”的疑虑,那就再看看成年后的约翰 · 密尔:1843 年,约翰 · 密尔出版《逻辑体系》。逻辑学家王路教授的评价是:“是古典归纳逻辑的集大成者。自他以后,归纳成为逻辑的一部分。”

经典意义上,逻辑只有一种,就是亚里士多德始创的演绎三段论。这是唯一能确保结论必然正确的推理形式。三段论由大前提(人都会死)、小前提(苏格拉底是人)和结论(苏格拉底会死)三部分组成,其中,结论主项来自小前提,谓项来自大前提,换句话说,结论为前提所包含。所以,只要大小前提均为真,在正确的推理形式下,结论必然为真。

不过,演绎三段论有一个缺陷。结论来自前提意味着,这种从一般到具体的推理形式不能增加新知识。为此,培根在《新工具》一书中提出从具体到一般的归纳法。每一个归纳得出的一般结论,都意味着新知识的增加。但培根未将归纳法逻辑化,完成这项工作的是约翰·密尔。密尔因此和培根一起成为归纳逻辑的创始人。

1848 年,约翰·密尔出版《政治经济学原理》。美国本土第一位诺贝尔经济学奖得主、代表当代主流经济学的萨缪尔森评价:“该书在 1890 年以前,可以说是凡俗人的圣经。”时间节点之所以是 1890 年,是因为这一年马歇尔出版了《经济学原理》,将数学引入经济学研究,经济学也从此进入区分主流、非主流时代。

1859 年,约翰·密尔出版《论自由》。20 世纪最伟大的自由主义思想家之一以赛亚·伯林称此书“创立了近代自由主义”,并称:“它对个人主义与宽容思想的阐扬,远超过早一些人的成就,从弥尔顿、洛克,以至于孟德斯鸠及伏尔泰等人,相形之下,都要略逊一筹。”

1861 年,约翰·密尔出版《论代议制政府》。这是代议制问题最经典的著作之一。

1863 年,约翰·密尔出版《功利主义》。比边沁本人更清晰阐述功利主义的基本主张,并修正边沁功利主义的一些缺陷。顺便提一下,以“功利主义”冠名边沁学派,就出自小密尔的建议。

……

应该不必再列举了。

絮絮叨叨铺垫了一大通,其实就是为了引出一个问题:这位超级天才是怎么学习的?

还是听他自己说吧。在自传里,密尔花了很多篇幅叙述父亲对他的教育,其中有两句话深得我心。一句话是:“如果不要求学生做不会做的事情,他就永远不会去做能做的事情。”另一句话是:“凡是能运用自己思考得出的东西,父亲从不教我,只有尽我努力还不能解决的问题才给与指点。”应该不用多解释,这两句话分明就是“不悱不启,不悱不发,举一隅不以三隅反,则不复也”的绝佳注脚。

让我再攀附另外一位天才——维特根斯坦。维特根斯坦的作品以思辨晦涩著称,他可能觉得需要说点什么,于是,在生前完成、身后出版的《哲学研究》

"自序"中写了这么一句话:"我无意让我的作品省却他人思考之负累,相反,可能的话,希望它能激发别人自己的思想。"维特根斯坦的境界我不能至,不过我也希望我的授课能激发各位自己的思想。

三、知识理念

简单地说,我的教学目的是希望各位养成独立思考的能力,具备获取知识的能力,在这个意义上说,教师的意义在于促使受教者摆脱教师。可是为什么要具备独立思考的能力?为什么要追求知识?我们应该以什么样的态度对待知识?

实际情况往往是,思考能力越强,越容易感到痛苦,相反,越是缺乏思考能力,越容易获得幸福感。如果我们仅仅是追求幸福感,那么,让自己完全丧失思考能力,目的也许就达到了。可是,如果这样,人和动物也许就没有差别了。还是约翰·密尔,他说:如果要在幸福的猪和痛苦的苏格拉底之间选择,他当然选择痛苦的苏格拉底。帕斯卡尔说得好:"人只不过是一根苇草,是自然界最脆弱的东西;但他是一根能思想的苇草……我们全部的尊严就在于思想。"是的,思考不为别的,只为了尊严,专属于人的尊严。

获取知识可以为职业目标,朝着提升物质生活质量的方向,也可以为别的。为稻粱谋无可非议,只是如果仅限于此,获取知识就不太可能是一件有乐趣的事。孔子说:"知之者不如好之者,好之者不如乐之者。"这三重境界不太容易体会,让我再讲个故事。

英国某处小院,一些年轻人住在那里备考,其中一位备考剑桥大学三一学院的数学奖学金。但学习氛围不太好,年轻人基本都是家境优渥的贵族子弟,这位有点不太合群,虽然也是出身贵族世家。

小院南门有一条小径,这位不合群的年轻人经常从小径出去,坐在草地上沉思。他已经厌世很多年了,总想着用什么方法结束自己的生命。各种方案都不太可行。最后,他下定决心放弃自杀,原因是,"想更多的了解数学"。

被数学兴趣挽救生命的这位年轻人,叫伯特兰·罗素,后来成为20世纪最伟大的思想家之一。

罗素不仅没有自杀，还活得很长，1970 年以 98 岁高寿辞世。他大概有点觉得不好意思，在自传的序言里回顾了一下漫长的一生："三种简单而又无比强烈的情感支配着我的生命：对爱情的渴求，对知识的追求以及对人类苦难痛彻肺腑的怜悯。"罗素没有说大话，确实是他一生贴切的写照。

对爱情的渴求。罗素有过四次婚姻，最后一次是在 80 高龄，新娘比他小 28 岁，一生有过多少情人，则还在进一步发现中。这方面，课堂不作要求，同学们自己把握。

对人类苦难痛彻肺腑的怜悯。罗素祖上曾两度出任英国首相，罗素自己则两度入狱，看起来算得上是"不肖子孙"。不过，他的两次入狱都是因为反战。实际上，罗素一生都在为人类和平奔走呼号，直到去世前，还为反核弹精竭虑。这方面，课堂也不作要求。

作为学习来说，最值得关注的是"对知识的追求"。罗素是自由主义思想大师，是逻辑实证主义的鼻祖，也是数学经典《数学原理》的两位作者之一，提出以其名字命名的"罗素悖论"，以非文学写作者的身份获得诺贝尔文学奖……成就之高，世所罕有。而这一切，无不源自对知识、对未知世界的单纯好奇心。从获取知识本身享受乐趣，没有比这更有效、更持久的学习激励了。

既然说到罗素，那就顺便再说件事，有关于中国学生对待学习的态度。

1920 年，罗素应邀来中国讲学一年。在这一年时间里，罗素所到之处，无不为之痴狂，北大学生还专门自发成立罗素研究会。罗素深受感动，觉得自己受到如孔子般的对待。他对学生的印象尤其深刻，说："学生们有惊人的求知欲。你一讲开了头，他们的眼中就流露出饿虎扑食般的神情。"又说："他们有强烈的求知欲，准备为祖国作出无限的牺牲。"但如果你以为这就是罗素对中国学生的全部评价，那就太不了解罗素了。

罗素是著名的"毒舌"。对中国稍微有一些适应后，他很快发现中国学生的另外一个特点。这个特点写在给一名情人的私人信件中，应该比公开的评价更能代表罗素内心看法："学生们热情而又渴望获得知识，但是他们所知不多，缺乏训练，而且很懒，梦想着别人能够把知识灌进他们的大脑，而自己可以毫不费力。"这很让人尴尬。尴尬不在于罗素居然背后说中国学生的坏话，而在于这背后说的话虽不中亦不远矣。

更让人尴尬的是,罗素所描述的局面如今不仅未消除,反而有愈演愈烈之势。我自己也曾经是学生,如今又是老师,两个角度都有切身的体会。自从知道这个评价后,多年来,我一直如芒刺在背,总感觉罗素在冷冷注视着中国一代一代的学生,嘴角带着嘲笑。

中国的知识人当然并不都是如此不堪,相反,荡气回肠之处,丝毫不逊于西方。民国燕京大学的校训——"Freedom through Truth for Service"——从圣经中化来,以最悲壮的方式充实"Freedom through Truth"之含义的,是并不信仰基督的中国人。

1927年,王国维先生留下一张纸条,"五十之年,只欠一死;经此世变,义无再辱",于颐和园鱼藻轩投湖而死。两周年祭时,清华大学为之立碑纪念,碑文由陈寅恪先生撰写,其中的两句,意义超越时空。一句是:"士之读书治学,盖将以脱心志于俗谛之桎梏,真理因得以发扬。思想而不自由,毋宁死耳。"另一句是:"先生之著述,或有时而不彰。先生之学说,或有时而可商。惟此独立之精神,自由之思想,历千万祀,与天壤而同久,共三光而永光。"如今,"独立之精神,自由之思想",已成为许多知识人的座右铭。

如果没有付出过代价,座右铭永远只会是座右铭。让我们通过《陈寅恪的最后二十年》这本书,看看陈先生是怎么做的。陈先生一生恪守此"独立之精神,自由之思想"信念,直至为之付出生命代价。很惭愧,陈先生的境界,我自问无法企及,相信在座诸位也是如此。不过如果我们知道,这个世界上有这么一种境界存在,即使不能见贤思齐,日后行事,也许也能稍微有所自省,不至于毫无底线。

四、法学教育

法学作为一门学问,地位好像有点微妙,形象也有点多变。

哲学言必称希腊,法学言必称罗马。但在罗素眼中,罗马与希腊相去不可以道里计:"罗马人没有创造过任何的艺术形式,没有形成过任何有创见的哲学体系,也没有作出过任何科学的发明。他们修筑过很好的道路,有过有系统的法典以及有效率的军队。但此外的一切,他们都唯希腊马首是瞻。"法典和道路、军队并列,法学家不免为之气短。

更直白的表达,在蔡元培先生的北京大学校长就职演讲中:“大学者,研究高深学问者也。外人每指摘本校之腐败,以求学于此者,皆有做官发财思想,故毕业预科者,多入法科,入文科者甚少,入理科者尤少,盖以法科为干禄之终南捷径也。……诸君须抱定宗旨,为求学而来。入法科者,非为做官;入商科者,非为致富。……若徒志在做官发财,宗旨既乖,趋向自异。平时则放荡冶游,考试则熟读讲义,不问学问之有无,惟争分数之多寡;试验既终,书籍束之高阁,毫不过问,敷衍三四年,潦草塞责,……光阴虚度,学问毫无,是自误也。”

蔡先生对法科的不满不仅体现在言语中,更落实在行动上。就职北大校长后,为挽救学风,蔡先生一度要把法科从北大剥离,虽然最终未果,但从中也可看到法科在蔡先生心中的不堪地位。

往前追溯,法律及其从业者,好像自古就形象不佳。

古希腊流传一则故事,用来讽刺智者。智者的主要工作,是从事法律诉讼并教授诉讼技巧。这种不以追寻知识为目的而营营于输赢并由此获利的活动,向为苏格拉底和柏拉图所不齿。学问的唯一意义是“爱智慧”,岂可用作争名逐利的工具?这则大概率属于虚构的故事是这样的:

最早也最著名的智者普罗泰戈拉对其教学效果非常自信,曾与弟子相约:如果弟子在第一次诉讼中获胜,就交学费,否则免交。不料,弟子学成后迟迟不接诉讼业务。普罗泰戈拉情急之下,亲自起诉弟子以追讨学费。普罗泰戈拉的如意算盘打得哗哗响:如果自己胜诉,弟子有义务依法庭判决支付学费;如果自己败诉,则弟子有义务依约定支付学费。没想到弟子果然深得乃师真传,“以彼之道,还施彼身”,一招斗转星移反击回去:如果自己胜诉,依法庭判决不必支付学费;如果自己败诉,则依约定也不必支付学费。这显然是嘲笑大诡辩家活该自作自受的节奏。

中国传统法律职业者的形象也好不到哪儿去,甚至更糟。春战时期兴起的法家以及起源于秦汉的刑名幕府,无不与权谋、诡辩、狡黠乃至构陷紧密关联。

隋唐科举取士后,学习科举考试所不需要的法律属于浪费时间。结果,作为科举产物的官员虽负有执行法律之责,但在出仕之前,却基本不具备任何法律知识。有需求就有供给。填补法律人才缺口的主要力量,来自科考落榜者。

落榜者习得法律技能后为官员所聘,协助官员处理法律事务。因其隐于幕后,故称幕府。无缘官家品秩的幕府依附东家生存,小心翼翼要维护的自然是东家意旨,这也就可以理解,法律技能无非是饭碗而已,法律从业者所奉行的以及所传授的,绝不可能是砸饭碗的“独立之精神,自由之思想”。

还好,法学也有另外一种形象。

在罗马人的心目中,法律是善与正义的代名词。优士丁尼大帝编辑的《学说汇纂》关于法的定义,至今仍被奉为经典:“致力于法的研究的人首先应该知道‘法’(*ius*)这个称呼从何而来。法其实来自于正义:实际上,就像杰尔苏非常优雅地定义的那样,法是善良与公正的艺术(*ius est ars boni et aequi*)。”《学说汇纂》还说:“有人可能称我们为法的祭司:因为我们耕耘正义,传播善良和公正的知识,区分公正与不公正,辨别合法与非法,不仅利用刑罚恐吓而且也通过奖励鼓舞的方式(使人们)为善;如果我没有弄错的话,我们追求的是一种真正的而不是表面上的哲学。”

不仅法律自身很高端,近代法学教育也有着高贵的出身,高贵到开启了近代大学的兴起。

查尔斯·霍默·哈斯金斯在其名著《大学的兴起》中说:“只要知识一直局限于中世纪早期的‘自由七艺’,就不会出现大学。”所谓“自由七艺”,指的是文法、修辞、逻辑、算术、天文、几何与音乐。导致大学出现的,是法学。

1080年前后,在意大利一家图书馆,发现500年前的优士丁尼法典及《学说汇纂》等法律文件。虽然是断简残篇,却从此燃起了罗马法复兴的星星之火。为了学习罗马法,欧洲各地的人逐渐聚集到一起,形成“*università*”这种学习生活团体。1088年,博洛尼亚大学创立。这所被誉为欧洲“大学之母”(*Alma Mater Studiorum*)的大学最初只有一个专业——法律。

哲学家卡尔·雅斯贝尔斯的《大学的理念》有过这样的概括:“今天仍然在使用的学术上的系科划分,在时间上可以追溯到中世纪。地位较高的三个系是神学、法学和医学。……神学、法学和医学覆盖了科学研究的永恒话题:理解宗教启示,理解公共和私人领域的成文法,理解人的自然本性。……在这三个所谓的高等系科里面,理性的理念、自然法(正义)的理念和生命与健康的理念是衡量科研工作必不可少的标准,如果科学研究还想有点什么意义的话。”

是的，法律以及法律教育的形象可能低到尘埃，功名利禄、权谋诡诈、藏污纳垢，也可能高到云端，公平正义、人类良知、清风明月。海神普罗透斯以善变著称，只向制服他的人说出真相。法律也是如此。以何种观念对待法律，法律即呈现出何种面貌。在这个意义上说，法律呈现出什么面貌，即意味着人类文明达到何种程度。

五、教学目标

关于法学院教学目标的讨论，经常围绕着“法学院培养什么样的人才”展开，也因此形成“专家派”和“职业派”两大阵营。“专家派”说：法学是关乎人类正义的学问，非专家不能胜任。“职业派”说：法律教育自古是师徒相授式的职业训练，就一技术活儿，没那么高深。“专家派”说：没有仰望星空的胸怀，怎么能治国安邦？区区职业工匠，何足挂齿？“职业派”说：还是先脚踏实地做好工匠吧，连纠纷都裁断不了，谈什么治国安邦？

这种争论颇有点像华山派的“气宗”“剑宗”之争，如果有人像岳灵珊一样怯怯来一句：“最好仰望星空和脚踏实地，两者都是主。”恐怕就得被斥为混淆纲目的“魔道”。

我既不是“专家派”，也不是“职业派”，当然更不是“两者都是主”派。无论哪一派，看起来都是把学生当成被塑造的“对象”，学生自己想成为什么样的人，似乎不在考虑之列。我所理解的大学教育，是能够提供条件，让学生成为他自己期待成为的那种人。所以，对于大学里的法学教育，要问的是，能提供什么样的条件，让法科学生成为“法律人”？至于这名“法律人”志在治国安邦，还是满足于熟练工匠，在所不问。也所以，成为“法律人”不是以职业、而是以思维为标志。

一句话，让法科学生具备法律人的思维，就是法学院的教学目标。那么，法律人的思维标签是什么？还是一句话——“通过教义法学，超越教义法学”。

这名言警句式的表达不是我的原创，是从一位法学大师那里借用的。这位大师善于提供名言警句，德国人，叫耶林。汉语法学圈里，他的知名度大概仅次于萨维尼，所取得的成就也大致如此。耶林在其巨著《罗马法的精神》中提出一个口号:“通过罗马法,超越罗马法。”

什么是教义法学(*Rechtsdogmatik*)?“教义”这个词带有浓厚的宗教色彩,实际上,它的典型用法也确实是在宗教领域。法学思维和教义的关联,史尚宽先生早就指出过:“一般民法学,乃系以实证民法为对象之法解释学。其解释之技术方法,不独模仿神学,将成文法视同圣经,以为不许质疑之绝对的权威之点,有教义的(*dogmatisch*)之性格。在德国往往称为教条的法学(*dogmatisch Rechtswissenschaft*,*Rechtsdogmatik*)。”

法律是人类行为的权威规则,理想中,它在世俗世界的权威程度,应相当于圣经之于基督神学,法律规则的解释,也就相当于圣经教义的解释。圣经的显著特点,在于不可质疑、绝对正确,神学家的任务则在于忠实解释圣经。相应地,所有现行有效的法律,对于法律人来说,是不可僭越的教义。法律人必须在此框架下,将现行有效的法律适用于具体个案,以解决纠纷。这是法律人区别于其他世俗职业的根本之点,也是法律人的基本功。由此发展而来的一套法律解释、法律适用技术,就是所谓的法律教义学。

法律当然不仅仅是技术,还在实现正义,只不过实现正义的方式不是靠口号,不是靠单纯的情怀。诸如“实现正义,哪怕天塌下来!”之类的呐喊确实激动人心,初入法律之门尤其容易为之心潮澎湃,但要记住,正义永远都不是抽象的,法律正义需要在日常琐碎无聊的法律适用过程中实现。如果一方面高谈正义,另一方面却没有能力在实证法的框架内解决具体纠纷,不能将正义贯彻于个案,所谓正义,无非是谈论者的自我陶醉而已。

在这个意义上,法律的适用技术训练确实构成脚踏实地的基础,没有这个基础,仰望星空恐怕凌空蹈虚。

最基本的法律适用技术,是司法三段论。在这个三段论中,实证法规范(《侵权责任法》第8条规定:“二人以上共同实施侵权行为,造成他人损害的,应当承担连带责任。”)构成大前提,案件事实(甲、乙二人合谋将丙殴伤)构成小前提,推出的结论即裁判结果(甲、乙应对丙的损害承担连带责任)。将逻辑三段论引入法律适用,一方面是启蒙运动以后,法学努力跻身科学家族的结果;另一方面也表明,法官作出裁判结论,须以既定的实证法规范为前提。

以既定实证法规范为前提的意思,是在理想状态下,立法者已将法律追求的正义表达于制定法规范，法官所要做的，只是将已浸润正义的实证法正确适用于个案。换句话说，只要实证法得到正确适用，正义自然也就隐含其间。

在此理想状态下的法官，其职业伦理只问“什么是有效的法律?”，而不问“什么是正义的法律?”后一问题由立法者负责。“解释论”与“立法论”二分格局由此而来，法律教义学也由此得到界定。

但法律文本终究不是圣经文本。圣经是神的作品，或者说，被认定为神的作品。神的作品是完美的，绝对正确、没有矛盾、没有缺漏，凡人不能更易一字。世俗法律是人的作品。人的理性有限，又往往利益相关。人性固有缺陷决定法律文本必然不是完美的。事实也是如此，无论哪个国家的法律文本，无论多高明，一定都存在不合理、不融贯以及不周延之处。另外，法律经常随着时势的变化而不断废立，至今依然生效的《法国民法典》《奥地利民法典》《德国民法典》以及《瑞士民法典》，算是很长寿的法典了，但最长也不过200来岁，况且，为了维持这百岁高龄，期间不知道经历过多少大小手术。

在这个意义上，法律人一入行就处于两难之中：一方面被告知法律文本被假定是正确的，必须尊重既定法律文本的权威；另一方面却又不断发现这个假定不那么正确。尽管如此，法律人依然不能弃实证法于不顾，实证法依然构成法律适用的前提。

法律如果有缺陷，首先要做的，是通过解释的手段来弥补，最好不要动不动就说，这个规定不好我们重新立法吧。两眼一闭，来一句“重新立法吧”当然很容易，问题是怎么立呢？如果你不知道法条的缺陷在哪，正确的法条应该是什么，你怎么会知道该怎么立法?

尤其是我们的实证法，有时候我真是有点同情它，因为好像谁都可以瞧不上它，甚至连出入法学大门的本科生都可以欺负它，动不动就来个“立法建议”。提醒一下大家，我们的实证法确实质量不太高，但很遗憾，本科生、研究生们的“立法建议”，绝大多数质量更低。所以，在有能力提出不添乱的“立法建议”之前，建议先把现行法解释清楚。

也所以要注意，所谓超越教义法学，并不是说无视或者否弃教义法学，而是传统教义法学的升级版。

传统教义法学下，给定的法律文本被认为是意义固定的，法官的任务仅仅在于将此意义揭示。因此,解释法律属于镜面成像,镜面越光洁,成像越清晰。

可是,法律文本并非只有一种含义,尤其是解释之前,法律文本的含义有如“薛定谔的猫”,开箱一刻才是决定性的。所以,就像伽达默尔说的,其实没有先于解释而存在的固定意义,解释本身就是创造意义的过程,意义确定于解释结束之时。在这个意义上,说“法律如果有缺陷,要通过解释的手段来弥补”其实不太准确,因为解释之前,我们不会知道法律有没有缺陷,“缺陷”如果在解释过程中已经得到“弥补”,其实就不存在缺陷。

如果觉得这不太好理解,打个比方:法律文本有点像乐谱,法律解释则如同演奏。演奏之前,乐谱无非是音符组合而已,演奏者当然受制于乐谱,可赋予乐谱意义的,是演奏本身。演奏者在数种不同技法中,依其理解,选择最能表达音乐本旨的一种加以表现。

法律解释时,解释者面对有着不同解释可能的法律文本,选择其中一种最能表达法律本旨的解释,文本意义亦在此时对解释者显现。这种解释,不再是传统教义学模式下解释主体对解释客体自在意义的揭示,而是解释者与解释文本在——借用伽达默尔哲学诠释学的术语——“视域交融”中创造意义。相应的,“解释论”与“立法论”的二元对立也消解了。“解释论”固然立足于法律适用而展开思考,“立法论”同样以法律适用为思考框架——通过模拟法律适用过程,将最合乎正义的规范表述为制定法。

所以,再次提请注意,“超越教义法学”,并不是走向否弃教义法学的所谓“社科法学”之路,而是通过解释理论的转换,实现传统教义法学的升级,这种升级版的教义法学,我暂且称之为规范性解释(诠释)科学。

在规范性解释科学的进路下,法学之外,如哲学、经济学、政治学、历史学以及其他人文社会科学的视角需要考虑,诸如自由、正义、效率、安全、秩序等价值判断当然也需要考量,只不过这些考虑与考量,就像传统的教义法学,都是法律的内在视角,与“社科法学”的外在视角不同。

六、书目介绍

介绍具体的书目之前,先稍微铺垫一下。

民法文献,从分类上说,有讲求知识体系化的教科书,以及专题研究著作与论文,也有理论导向与实务导向的文献。数量之多,浩若烟海,无论是谁,都无法遍检。所谓书目介绍,只能受制于介绍者的阅读经验以及文献可获取程度。在此前提下,所介绍的文献又局限于教科书,原因很简单,对于初学者而言,教科书是进入专业之门的唯一合适的知识载体。当然,对于体系研究者来说,教科书也是唯一合适表达学科知识体系的载体。也就是说,教科书是知识体系的起点和终点。

需要特别强调的是,读书,尤其是初学者入门第一本教科书,一定要选择最好的书。最好的书能够提供最经得起检验的知识,也是进入知识领域的最佳路径。第一次阅读必然会成为后续学习的知识基础,初学者缺乏鉴别力,如果从阅读中获取的知识是错误的,轻则增加学习成本,重则在错误的道路上迅奔,终于积重难返。《连城诀》里,好好的"唐诗剑法"被教成"躺尸剑法",弟子平日里练功,看着像模像样,哪知越刻苦错得越离谱,等到临阵对敌,才发现章法全乱,自然免不了一败涂地。

经常有人觉得,对付初学者还不容易吗?他懂什么,随便说两句不就够他用的了?所以总以为给初学者读的书是最容易写的。这实际上是一种行骗心态。是的,要骗倒无知的初学者很容易,但要让他们真正懂得那个未知领域,却很难。这也是为什么越是入门的书,越讲求概念精准、体系融贯、三观正确。反倒是学到一定程度后,不用担心你读烂书,因为你已经有鉴别力了,没那么容易被带偏。

问题是,怎么选择最好的书?如果法学是数学或者自然科学,那就比较简单,在世界范围内选择写得最好的就行。数学和自然科学不会因为地域或政治经济制度不同而不同,除了那个特定的年代,不会有数学与中国数学、物理与中国物理的差别,当然也不会有资本主义数学与社会主义数学的差别。

法学确实曾经努力向数学与自然科学靠拢。新康德主义哲学家文德尔班告诉我们:17世纪是自然科学的世纪。从21世纪开始,所有学科都以自然科学为范本,法学当然也不例外。霍布斯就说:“运算法并不限于数字方面,而是所有可以相加减的事物全部适用。”“政治学著作家把契约加起来以便找出人们的义务,法律学家则把法律和事实加起来以便找出私人行为中的是和非。”其他思想家法、学家如斯宾诺莎、沃尔夫、普芬道夫、格劳秀斯等无不认定,法学是可以用一套数学几何方法加以证明的学科。与此同时,逻辑三段论也顺势成为法律推理的经典样式。在莱布尼茨的理想中,借助科学语言,法律纷争的裁断最终可以转换成数学演算。历史法学派则干脆比照自然科学(*Naturwissenschaft*)的构词法,创造法律科学(*Rechtswissenschaft*)一词,攀附之心跃然纸上。

很不幸,法学的科学之路在1847年遭到当头棒喝。这一年,检察官基尔希曼在柏林法学会做了一场演讲,主题是“论法学作为科学的无价值性”。基尔希曼说:“以偶在现象为其研究对象者,自身亦终沦为偶在。立法者修改三个字,所有法学文献将因此变成一堆废纸。”科学的研究对象是恒在,实证法尤其是制定法却是偶在,随时会因为立法的改变而改变。基于偶在现象形成的知识,怎么可能会是科学知识?

不管法学的科学之梦是不是因此而破灭,基尔希曼所说,至少有一点不容回避:法律教义学须以一国主权者制定或认可的实证法为解释对象,所以确实存在德国法学、中国法学这样的区别。这也就意味着,其他国家的法学教科书无论写得多好,都不能直接拿来就用。

可这是不是意味着,其他国家的法律规则以及法学理论没有借鉴参考意义?不同国家的法学因此就不存在对话交流的可能?

1966年,在相同的地点、相同的学会,法学家拉伦茨发表题为“论法学作为科学的不可或缺性”的演讲,与其前辈隔世对话。拉伦茨说:“只要如何公正解决相互层出不穷的利益冲突之追问不会停止,如何合理建立彼此唇齿相依的生活秩序之追问不会停止,法学就会存在,对于人类即是不可或缺——这不仅是因为它有着实践功用,更在于它表述着人类精神的实质。”

这告诉我们,法律规则无妨是地方的、偶在的,但规则所表述的原理理念则是普适的、恒在的,因为人类追求正义的精神是普适的。在这个意义上,各国法律同气连枝,交流借鉴不仅可能,而且必要。

事实上，清末改律以来，中国法律，无论是具体的规则还是抽象的原理，就一直受到西方许多国家的影响。1949 年政权更易后依然如此。就目前民法而言，影响最大的包括苏联、德国、日本和我国台湾地区四个来源。苏联民法的压倒性影响主要在 20 世纪 90 年代之前，伴随着它的解体和我们的政治经济改制，影响力已迅速消退。

我介绍的书目可能会稍微有点多，而且只是“介绍”，不是“推荐”，更不是“指定”。基本上，没有任何一部教科书是非读不可的，不过建议至少非读其中某一部不可。我说的读，是指从头至尾一字不落的通读。没有通读，很难形成体系性的知识架构。另外再说明一点，考虑到获取渠道，所介绍的，都是我国 1949 年以后公开出版发行的教科书。

书目介绍分三大类，依次是概论·思维、背景、主流；背景又分时间、地域及法族三个系列。

1. 概论·思维

[德]迪特尔·施瓦布：《民法导论》，郑冲译，法律出版社 2006 年版，66 元；

[德]哈里·韦斯特曼、哈尔姆·彼得·韦斯特曼：《德国民法基本概念(第16 版)》，张定军、葛平亮、唐晓琳译，中国人民大学出版社 2013 年版，39 元；

[德]汉斯－约哈希姆·慕斯拉克、沃夫冈·豪：《德国民法概论(第14 版)》，刘志阳译，中国人民大学出版社 2016 年版，98 元；

[德]迪特尔·梅迪库斯：《请求权基础》，陈卫佐、田士永、王洪亮、张双根译，法律出版社 2012 年版，28 元；

王泽鉴：《民法思维——请求权基础理论体系》，北京大学出版社 2009 年版，38 元。

德国民法的总则、分则编制对教学造成不少困扰。总则位于法典首编，基于某种思维惯性，课程安排上，总论也就相应的成了首发阵容。可总则规范是公因式，最抽象难懂，容易让初学者望而生畏，教学难度因此增加不少。

当然，这也不是没好处，比如说，可以在第一时间甄别出哪些人不适合学民法，让这些人尽早弃暗投明，免得浪费彼此的表情和生命。

德国早期教科书都很难，20 世纪尤其是下半叶，德国许多法学家开始寻找简化易行之道。简化成果之一，就是写作、出版基础教程或者概论教程。基础概论教程大大降低传统教科书的难度,也大多不遵循法典编排顺序,用基本概念与知识点打通总则、分则。上述前三部书目都称得上是当代德国最好的基础概论教材。

施瓦布是亲属法大家,亲属法教科书是德国当代最好的教科书之一。哈里·韦斯特曼是德国利益法学转向评价法学的代表,他的大型物权法教科书已成为经典。

体系化教学的通常路径是,借助抽象概念建构规范体系,这种“概念思维”是正向路径。民法体系另有一条反向认知之路,就是所谓的请求权基础思维。

法律以裁决纠纷为目的。体系完备的法律规范,应涵括各种可能纠纷的解决之道,反过来说,如果对纠纷的类型预判比较周延,顺着纠纷类型反向认知的规范体系也就比较完备。

绝大多数民事纠纷,最终都落足于要求对方做什么或者不做什么,要求能不能得到满足,取决于有没有实体法基础予以支持。这样,绝大多数民事纠纷的模式就可以概括为“谁向谁依据什么请求什么”。当事人只管“请求什么”,法律人则负责“依据什么”。“依据什么”是支持“请求什么”的实体法基础,专业术语上叫“请求权规范基础”,或者简单一点,叫“请求权基础”。

不同的纠纷类型,不同的“请求什么”,对应不同的请求权基础。通过请求权基础的检索与建构,民法规范体系也就逐渐浮出水面。这种思维至少有两个好处:一是直面纠纷以寻求解决之道,干脆利落;二是可借此检验实证法规范的体系周延性。

近 50 年来,请求权基础思维在德国影响越来越大,如今已成为主流。梅迪库斯是请求权基础思维的倡导者之一,他首版于 1968 年的《民法》,是以请求权基础为线索重构民法规范体系的经典之作。《请求权基础》是《民法》的简写版。王泽鉴教授的《民法思维——请求权基础理论体系》,则是以台湾地区“民法”为梳理载体的请求权基础理论汉化版,也是汉语法学迄今唯一一部此类教科书。

某种程度上说,请求权基础思维比传统的概念思维更贴近实证法,梅迪库斯与王泽鉴用的分别是德国民法和我国台湾地区“民法”条文,阅读时,需要备上我们自己的法条,随时对照替换。当然,这个阅读方法,其实是适用于一切不以我们自己实证法为解释对象的教科书。

另外提醒一下,请求权基础以整个民法的规范体系对检索对象,更偏重于纠纷实际裁决的思维进路,如果没有相当的知识基础,用案例带动整个规范体系,可能反而会让初学者感觉吃力。所以我的建议是,先按传统套路,用概念串过一遍民法后,再来考虑请求权基础思维。

2. 背景:时间

佟柔主编:《中国民法学·民法总则》(修订版),人民法院出版社 2008 年版,36 元;

谢怀栻:《民法总则讲要》,北京大学出版社 2007 年版,28 元;

张俊浩主编:《民法学原理》(上下册)(修订 3 版),中国政法大学出版社 2000 年版,45 元;

梅仲协:《民法要义》,中国政法大学出版社 1998 年版,34 元;

史尚宽:《民法总论》,中国政法大学出版社 2000 年版,39 元。

五部都是汉语法学家的著作,之所以归入背景系列,是因为教科书所针对的实证法已经或者将要时过境迁,意义主要在于追寻汉语法学历史足迹。

前三部针对的实证法主要是《民法通则》。

佟柔先生生前任教于中国人民大学。苏联影响时期,这所大学是中国大学的"工作母机"。苏联专家培训人民大学教师,人民大学的教师再培训全国各大学的教师,各大学教师再转授学生。佟先生有"民法先生"之誉,尤其在民法经济法之争中,以"中国民法调整社会主义初级阶段的商品经济关系"论断,为计划经济体制下的民法争得一席之地。

《中国民法学》是 20 世纪 90 年代初陶希晋先生总主编的中华人民共和国成立以来的第一套大型民法教科书,包括《民法总则》(佟柔主编)、《财产继承》(刘春茂主编)、《财产所有权》(杨振山主编)、《民法债权》(王家福主编)及《知识产权》(刘春茂主编)五卷。(《财产所有权》卷未出版)在这套书的总序中,陶先生代表编委会提出编纂民法典的建议,这应该是《民法通则》之后首次较为正式的民法典编纂建议。从这套教科书各卷设置中,也可看到编委会关于民法典编制的态度。佟先生主编的《民法总则》代表中华人民共和国成立直到 20 世纪 90 年代的主流学说,那时候,苏联影响的印记还清晰可见。这部书首版于 1990

年,目前已绝版,2008年的“修订版”其实是重排版。

谢怀栻先生是在国民政府中央政治学校大学部接受的法律教育,台湾光复后,作为派往台湾的第一批法官,签署了第一份判决书,两年后回到大陆,曾经担任同济大学法学院副教授。20世纪50年代末,谢先生因为发表“不能用政策取代法律”的言论,被打成右派,直到1979年才恢复工作。时代悲剧使然,谢先生一生没有体系化的教科书作品,这部《民法总则讲要》,是目前任职于浙大法学院的张谷教授从谢先生散见各处的作品中,按照“民总”的体例集合编成。

谢先生暮年才有机会出国,但他的英、德、俄、日文均达到文献翻译的程度,学习德文的方法之一,是背诵德国民法典条文。中断研究20余年,年届六旬重拾法学后,谢先生洞察之敏锐、判断之精准,学界仍然无出其右。这一方面说明谢先生天纵英才,另一方面可以看到,那个时代本科教育练就的功底有多扎实,再一方面,也量度了数十年间我们的民法进步程度。

关于本科基础需要多说几句。很多同学有这样的想法:我本科时候马虎一点没关系,以后读硕士、博士的时候好好学习就好了。对不起,如果本科阶段没好好学习,以后基本就没希望了。该打基础的时候没打好基础,指望后来再补,基本上也只能骗骗自己。

你根本不信:又忽悠了,那谁谁谁本科都不是学法律的,还不照样成了著名法学家?那谁谁谁本科就是一个混,还不照样成了业界精英?我的论断当然不适用于天才。如果那个人不是天才,你看到的就可能不是你想的那样:成为著名法学家或业界精英,可能不是因为法学造诣高或专业娴熟,而是因为别的原因;成为著名法学家或业界精英,也可能是因为我们本科法学教育很失败,失败到有没有受过本科教育都没什么差别。我是法学教师,只负责判断专业程度,不负责判断人生。

回到教科书。张俊浩教授主编的《民法学原理》于我有特殊意义。这部教科书首版于1991年,我是第一届使用的学生。那时候,我正处于对法学的极度困惑中,非常想不通,怎么会有这么没逻辑、没智力含量的学科?极度困惑转化为对自己的极度怀疑之前,我遇到了这部教科书,从此,我迷上了民法。这部教科书,尤其是张俊浩教授执笔的总论部分,让我第一次领略到民法的体系之美和思辨的乐趣,也看到学术表达与辞章文采的兼容。这些感受,至今仍在影响我的治学与教学风格。

《民法学原理》写作之时，年轻的作者们要求自己写出10年内不会被超越的教科书。在我看来，这部书出版的20年里，都代表着大陆民法学教科书的最高水平。很可惜，这部教科书在2000年第三版后，就没有再修订更新过，这最后一版如今也已绝版。

后两部是民国教科书的典范，版本则都是20世纪末21世纪初的新校本。

无论大型教科书还是简明教科书，要写好都很难。不过，大型教科书的论述空间更为从容，相较而言，简明教科书成为经典的难度也许更高一些。写作者不仅必须对知识脉络了然于胸，清楚如何去枝存干，还要求对法学原理具有精深理解，有能力将其渗透到精练的表达中。瑞士民法典的缔造者胡贝尔的理想是：外行能看懂，内行能看到更多。简明教科书的理想则在“文简义明、言近旨远”八字。汉语法学中，个人认为，迄今为止最接近这一理想的，当推梅仲协先生《民法要义》。

梅先生是谢怀栻先生的大学老师和法律系主任。在《民法要义》的序言里，谢先生说过一个亲身经历的故事：大学第二年分专业，各系主任无不极尽招揽之能事，唯有梅先生上台，告诫诸生选择本系须慎重，因为“只会英文是不够的，必须再学德文和日文。因此，法律系的课程较之其他各系要繁重得多，因为法律系的学生要在3年内学好德文和日文。他说，不愿学或者怕学德文和日文的人不要到法律系来，害怕课程繁重的人不要到法律系来”。那一年，全校近200名学生中，有9名进入法律系，其中包括谢先生。另有一位姚瑞光先生，后来成为台湾地区“司法院”大法官。

民国教科书以简明版为多，史尚宽先生的《民法总论》是罕见的大型教科书，同时也是最为经典的汉语法学大型教科书。民法体系博大精深，潘德克顿时代后，即使是德国法学家，也很少有人能贯通整个体系。史先生以一己之力完成“民法全书”，总论、债法（包括债总债各）、物法、亲属与继承各编均有大型教科书出版。再想想当时的写作工具，则这一成就更是惊人。

从时代来看，史先生算是赶上德国潘德克顿法学的余绪，其写作风格，也确实带有潘德克顿法学的印记。也许可以说，史先生是中国第一位也是最后一位潘德克顿法学家。

完成“民法全书”,重点不在于“完成”。史先生之所以不可绕过,不在于作品数量之多,而在于质量之高。《民法总论》资料极其丰富,比较法视野宏阔,德日瑞法等主要参照法例无不征引详备,并且均反映各国当时最新研究成果。更重要的是,史先生对于民法思维把握极其精准,许多认识,直到今天仍然站在学术最前沿。很可惜,没有人替史先生修订著作,经过百年,史先生宏著因为资料变得陈旧及语言风格问题,已经越来越淡出阅读书单。

3. 背景:地域

王泽鉴:《民法总则》,北京大学出版社2009年版,49元;

施启扬:《民法总则》(修订第8版),中国法制出版社2010年版,52元;

黄立:《民法总则》,中国政法大学出版社2002年版,32元;

郑玉波:《民法总则》,中国政法大学出版社2003年版,36元。

这几部教科书是当下作品,列入背景系列,是因为以施行于台湾地区的“民法典”为阐述对象,构成地域性背景,与历时性的时间背景对应。

王泽鉴先生不用多介绍,学术影响最为广泛的汉语法学家,没有之一。王先生著作几乎达到“凡有井水处,皆能歌柳词”的程度,这一方面当然是因为王先生学术造诣让人信服,另一方面也是因为王先生教科书写法亲民。

台湾地区从20世纪60年代开始往德国公派留学生。王先生于1964年获公派,算是最早的之一,先在海德堡大学,后转赴慕尼黑大学获得博士学位,回台后任教于台湾大学。王先生一直致力于德国法学范式的台湾化,几乎是以一己之力推动台湾地区案例研究和教科书知识转型。王先生的案例研究结集8册,有“天龙八部”的美誉;教科书方面,王先生借鉴德国简明教科书的写法,用精心设计、往往也是有趣的小案例串起基本知识点,加之笔端常含感情,让初学者感到生动亲切的同时,予以精神上的激励。

施启扬先生也是于20世纪60年代初公派留德,海德堡大学法学博士,回台后曾经任教于台湾大学,之后从政,1999年从“‘司法院’院长”职位上退休。也许是多年从政的缘故,施先生著述不多,在大陆影响也不大,但个人认为,施先生《民法总则》在“文简义明、言近旨远”方面,直追梅仲协先生。

黄立先生退休前是政治大学教授,奥地利维也纳大学法学博士,不过,黄先生主要是以德国法而不是奥地利法作为参照背景。台湾地区学者对其“民法典”普遍感到自豪，教科书也一般走平稳路线，黄先生《民法总则》则独树一帜，学术立场鲜明，对“立法”也时有批评，算得上是比较有个性的一部教科书。

从年龄上说，1916 年出生的郑玉波先生本可归入时间背景，但他的《民法总则》于 1959 年在台湾地区首版，跟大陆没什么关系，所以归到地域背景。中国政法大学出版社的简体字版所据版本是台湾地区三民书局的 1982 年修订版。

郑玉波先生毕业于日本京都帝国大学，知识背景为日本法。王泽鉴先生之前，台湾地区最流行的教科书应属郑先生之作。其原因，一方面台湾地区尚未摆脱日据时期日本法的影响，另一方面郑先生文字以通晓流畅著称，便于阅读。

4. 背景：法族

[德]迪特尔·梅迪库斯：《德国民法总论》，邵建东译，法律出版社 2000 年版，62 元；

[德]卡尔·拉伦茨：《德国民法通论》(上下册)，王晓晔等译，法律出版社 2003 年版，69 元；

[德]汉斯·布洛克斯、沃尔夫－迪特里希·瓦尔克：《德国民法总论(第 33 版)》，张艳译，中国人民大学出版社 2014 年版，49 元；

[德]本德·吕特斯、阿斯特丽德·施塔德勒：《德国民法总论(第 18 版)》，于鑫森、张姝译，法律出版社 2017 年版，68 元；

[日]山本敬三：《民法讲义Ⅰ总则(第 3 版)》，解亘译，北京大学出版社 2012 年版，62 元；

[日]我妻荣：《新订民法总则》，于敏译，中国法制出版社 2008 年版，全套 8 册，386 元。

我国民法概念体系和思维方式，受德国和日本影响最大，因此法族背景，只介绍这两个立法例。

梅迪库斯《德国民法总论》是大型教科书，绝对的经典，堪称没有哲学词汇的实证法化自由主义哲学，私法自治理念渗透到每一个细节。

20 世纪末，米健教授主持“当代德国法学名著”大型翻译计划。在此之前，虽然我们总是自称德国体系的继受者，但关于德国法的知识，大多辗转自年代久远的民国作品以及台湾地区、日本的二手介绍。米教授的翻译计划使得中国学者与学生能够直接阅读德国第一流文献,其影响之深远,怎么估计都不会过分。

梅迪库斯“民总”是这套翻译计划里出版的第一部民法教科书,也是我阅读体验最深的一部民法书。2000 年出版,我正读博士,第一时间买来,停止其他一切阅读,每天十几个小时从早读到晚,花了大概一周时间。最后还剩十几页的时候,正是傍晚时分,宿舍突然停电,我挪到窗户边上,就着最后一点夕照逐字读完。合上书的那一刻,我兴奋得在屋子里走来走去,仿佛刚从一座宝山满载而归。以后当然也还读到很多民法好书,也不乏理论精深、识见非凡的论著,但那种想要仰天长啸的感觉再也没有出现过了。

阅读翻译作品,总是免不了受制于翻译质量。梅迪库斯“民总”的译者是邵建东教授。在我读过的汉译德国法律文献中,个人认为,这本书是译得最好的。

拉伦茨的《德国民法通论》其实是总论,也是一部大型教科书。同在“德国当代法学名著”系列里,据说出版社认为,梅迪库斯的书已经叫《德国民法总论》了,再来一本名字相同的书不太好,于是改成“通论”。这本书根据德文第 7 版翻译,是拉伦茨生前亲自修订的最后一版。

拉伦茨大概是德国当代法学家对汉语世界影响最大的一位,学生王泽鉴是“华人民法第一人”,“民总”教科书和《法学方法论》有中译本,去年(2018 年),教授资格论文《法律行为解释之方法——兼论意思表示理论》也被翻译过来。当然,在德国,拉伦茨也是 20 世纪以来最具影响的法学家之一。

拉伦茨兼跨法哲学、法学方法论与法律教义学三层领域,以研究黑格尔法哲学名世,也是“二战”后评价法学的最重要代表。梅迪库斯“民总”不使用哲学词汇,《德国民法通论》则渗入拉伦茨的法哲学思想,是一部哲学意味浓厚的教科书。

梅迪库斯是拉伦茨的学生辈,更适合拿来与拉伦茨对比的是维亚纳 · 弗卢梅。

弗卢梅和拉伦茨是同时代人,境遇截然相反——弗卢梅遭纳粹迫害,拉伦茨则是纳粹的“桂冠法学家”,两人学术观点也常常大相径庭。弗卢梅是德国二战后私法自治的旗手,康德哲学与历史法学的传承者;拉伦茨则更强调人的社会属性,理论底色是尊崇国家绝对理性的黑格尔哲学。两座学术高峰对民法基础理念各有侧重,对峙而立。“弗卢梅”的民总教科书两卷三册,包括合伙、法人与法律行为,其中,《法律行为论》代表德国法律行为理论的最高成就,也已经在“德国当代法学名著”系列中出版。我没有列到介绍书目里,是怕吓着你们。这本书仅仅以法律行为为论述对象,汉字字数超过90万。不过,如果想深入了解法律行为理论,弗卢梅绝对不可绕过。

布洛克斯、瓦尔克的书及吕特斯、施塔德勒的书是两部简明教科书。署名作者分别都是两个人,但实际上不是我们通常理解的那种合著。这涉及德国教科书的一项写作传统。

教科书须密切结合实证法,但实证法易变,为了维系其命,教科书经常需要根据最新的实证法修订。作者具备修订能力时,当然不用假手他人,但如果作者失去学术能力乃至去世,就会出问题。即使是最经典的教科书,不持续修订的话,也会慢慢失去生命力。为了让经典教科书在作者身后延续生命,也为了学术传承,经典教科书往往由后人接续修订,这样,署名作者就会同时出现原作者和修订者。多数情况下,修订者是原作者的学生,也可能是法律世家子孙(例如,前面提到的哈里·韦斯特曼、哈尔姆·彼得·韦斯特曼的《德国民法基本概念》)。

前两部大型“民总”教科书现在也都有了修订者。梅迪库斯2015年去世,生前亲自修订的最后一版是2010年第10版,目前的最新版(2016年第11版)则由弟子彼得森(Jens Petersen)修订。拉伦茨1993年去世,从第8版开始,由沃尔夫(Manfred Wolf)修订;沃尔夫2008年去世,从第10版开始,再由诺伊纳(Jörg Neuner)修订,目前最新版是2016年第11版。拉伦茨“民总”经过如此辗转修订,修订者的独创性所占比重越来越大。诺伊纳接受修订后,仅署沃尔夫和自己,不再将拉伦茨署为作者,只在扉页说明:“在卡尔·拉伦茨开创的作品基础上”修订而成。

个人认为,布洛克斯“民总”在德国的地位,相当于梅仲协先生《民法要义》在中国的地位,都是各自国度简明教科书的登峰造极之作。如果要拿二者相比,则布洛克斯段位要高出一筹。梅先生《民法要义》稍显过于简略,更重要的是,布洛克斯“民总”以其明确的方法论意识,将“言近旨远”诠释得更加淋漓尽致。布洛克斯师从哈里·韦斯特曼,师徒同为利益法学转向评价法学的代表。

缺乏明确且一以贯之的方法论与理论根基,这也许是汉语教科书难以提升段位的主要原因。

吕特斯先后师从布洛克斯和哈里·韦斯特曼,同样是法律理论与教义法学兼修的大家,其法律解释理论尤其引人注目。吕特斯旗帜鲜明地复活利益法学派的主观解释立场,强烈反对拉伦茨的客观解释理论。

最后两部是日本教科书。我妻荣的学说称“我妻学说”,曾长时期占日本通说地位。山本敬三则是当今日本的顶尖学者。

5. 主流

梁慧星:《民法总论》(第5版),法律出版社2017年版,38元;

王利明:《民法总则》,中国人民大学出版社2017年版,48元。

目前我们关于“民总”的教科书比较多,限于时间,不能做一一介绍。简单介绍两种。

梁慧星教授和王利明教授的教科书代表当下主流,应该也是最经常被各法学院系指定或推荐的两部教科书。从这两部教科书中,可以看到最负盛名的民法学者的研究状况,进而推知我们民法研究的整体程度。

梁慧星教授任职于社科院法学所,目前已经退休,他的《民法总论》有地区最好的入门教科书之誉。梁教授知识形成时期,苏联法学还有着压倒性影响,但梁教授的知识构成并无明显的苏联印记,而主要来自日本学者以及受日本影响的台湾地区学者尤其是郑玉波先生。

王利明教授是佟柔先生的衣钵传人,任职于人民大学,目前兼任中国民法学研究会会长。王教授创作力惊人,著作极其丰富。“民总”、物权、合同、侵权、人格权乃至法律方法论各领域均有大部头著述,全部作品总字数估计达千万字之多,而且每种作品都有好几个版本。初学者面对王教授的浩瀚作品容易发生选择困难,这里介绍的《民法总则》是最新简明教科书,应该比较适合作为了解王教授学术大厦的入口。

王利明教授没有明显的倾向性知识构成,美、日、德、法、台湾地区皆可为我所用,这应该也是王教授对法典编制呈开放性与实用性立场的原因之一。侵权法与人格权法独立成编,都与王教授的呼吁密不可分。相较而言,梁慧星教授在法典编制问题上则更为传统,依然以日、德的五编制为典范。不过,两位教授的学术主张也有许多共同点,比如,都坚决反对德国的物权行为理论。

作为授课老师,我自己也有一部《民法总论》,当然远谈不上主流,读起来也不是那么容易。介绍自己的书有点不太方便,就不多说了,有兴趣的同学可以结合授课进度看一看。

教科书介绍大致就这样。课程说明也到此为止。下次课开始,我们正式进入民法总论的内容讲授。

法律行为效力瑕疵体系*

朱庆育**

很高兴来华师大法学院和各位同学交流。

之所以选法律行为的题目,是考虑到民法的核心概念是法律行为。形式方面,正是法律行为撑起了民法总则编,没有法律行为概念,就不会有“民总”,整个民法体系也会完全不一样;实质方面,私法自治靠法律行为实现,法律行为是私法自治的工具。

之所以选法律行为效力瑕疵的题目,是因为法律人对于现实世界的关注有点像医生。一个健康的人跑到医生面前说:“医生,我没病,你帮我看看吧。”医生会说:“你有病吧?”两个人跑到法官面前,跟法官说:“我们之间没有纠纷,你帮我们裁断一下吧。”法官也会说:“你俩有病吧?”这是因为,无论医生还是法官,关注的都是不正常的情况,关注的是“有病”状态。所以,学法律行为的时候,虽然要学很多正面的内容,但实际上,所有正面的内容都是为了解决负面的纠纷,就好像了解健康人体的目的是判断病体以便施以治疗。在这个意义上,效力瑕疵问题又构成法律行为的核心。

法律行为的效力瑕疵体系能够帮助我们从负面去理解私法自治。法律行为能够根据当事人的意志,发生相应的法律效果。问题是,是不是在任何情况下,当事人的意志都能实现他想要的法律效果?这个问题可以从四个方面展开:

---

* 2018年10月29日,笔者应华东师范大学法学院纪海龙教授之邀,为法学院学生作题为“法律行为效力瑕疵体系”的讲座,本文在讲座录音文字实录的基础上修改而成。

** 南京大学法学院教授,法学博士。

(1)法律行为为什么会出现效力瑕疵?法律行为,是当事人想要什么法律效果,作出相应的意思表示,于是果然实现了他想要的法律效果。在这个意义上也可以理解,为何法律行为是实现私法自治的工具。那为什么在有些情况下,当事人想要什么法律效果却不能实现?

(2)什么样的事由会导致法律行为出现效力瑕疵?并不是当事人所有的意志都能实现他想要的法律效果,什么情况下就不能?效力瑕疵事由是什么?

(3)什么样的效力瑕疵事由会导致什么样的效力瑕疵?这种对应是用一种什么样的逻辑来联结?

(4)立法者怎么样去设置效力瑕疵的效力规则体系?

初学者会觉得民法体系很庞大,觉得不知道从哪着手,也不知道这个体系到哪是个头,每次学了之后,感觉进去之后到处都是迷宫。想要把握住这个体系,其中一个办法是,知道每一项效力规则的设置理由。简单地说,如果知道法律规范为什么会这样配置,法律效果为什么会这样,构成要件为什么会这样,就有能力在理解的基础上作为立法者推导出基本的法律规范,再也不需要死记硬背。

今晚的讲座主要围绕上面四个问题展开。

一、两条路径:法律行为效力瑕疵缘由

为什么法律行为会出现效力瑕疵?这个问题的另一种表达方式是,为什么法律行为能够生效?两种提问方式不太一样:一种是从正面追问法律行为为什么生效,另一种是从反面追问法律行为为什么会出现效力瑕疵。

看到一项法律行为,如果去问这项法律行为为什么是有效的,就像在裁判书中经常会看到的"谁和谁订立的合同合法有效",是不是意味着,当事人之间订立的合同必须"合法"才能有效?这个"合法"是不是要合乎法律的规定?那么,合乎什么样的法律规定才能让它有效?按照这种思路往下的话,判断一项法律行为是有效的,是不是需要一一检索法律行为合乎了什么法律所以是有效的?这种提问方式会告诉我们,法律行为之所以有效,是因为实证法通过一些要件设定的方式来让它有效。一句话,法律行为能生效,是因为它符合了法律

规定的生效要件或者说有效要件。

另一种提问方式,问的是法律行为为什么会出现效力瑕疵?言下之意,法律行为成立后,本应产生当事人预设的法律效力,要说它效力有问题,就必须指出,哪个地方出现了什么障碍,使得效力有问题。

比较一下两种提问方式。第一种是从积极让它生效的角度提问,第二种则是从消极阻却生效的角度提问。那么,对于法律行为有效性的观察,哪一种思路可能会好一些?虽然这个问题可以上升到法律哲学领域,不过我们不必这么复杂,只需要从《民法总则》第143条这样一个简单的技术角度考虑就好。

《民法总则》第143条的规定是:"具备下列条件的民事法律行为有效:(一)行为人具有相应的民事行为能力;(二)意思表示真实;(三)不违反法律、行政法规的强制性规定,不违背公序良俗。"

比如行为能力,在纠纷中,一方主张法律行为有效,另一方主张法律行为无效,是由主张法律行为有效的人证明行为人有相应的民事行为能力,还是由主张法律行为无效的人证明行为人没有相应的民事行为能力?一般情况下,法律交往中,挑战的都是有效性,法律行为成立后,挑战此项法律行为的有效性的一方有义务证明无效,有义务证明相对人没有相应的民事行为能力。所以,在法律纠纷的解决中,确定知道法律行为已成立后,就推定它生效。这样也就能解释,为什么《民法总则》第136条第1款会规定民事法律行为自成立时生效,这条规定也可以理解为,确立了法律行为有效推定原则。所以,所谓的行为人具有相应的民事行为能力要件,实际上是消极要件。在发生纠纷时,要证明的不是当事人有相应的行为能力,而是没有相应的行为能力。

同样,《民法总则》第143条第2项所指的"意思表示真实"也是一个正面的表述,看起来是个积极要件。还原到生活交往,当事人之间订了一份合同,如果要引起话题,是觉得双方意思表示真实是正常的,还是觉得意思表示虚假是正常的?我想应该是第一种情况。也就是说,意思表示一经作出,真实是被推定的,要证明的不是意思表示真实所以有效,而是意思表示不真实所以效力有瑕疵。所以,"意思表示真实"看起来好像是积极要件,但实际上也是消极要件。

至于《民法总则》第143条第3项的"不违反法律、行政法规的强制性规定,不违背公序良俗",从表述上就知道是个消极的要求。确认合同合法有效,不是去一一检索它符合这项法律、符合那项法律，而是观察有没有违反哪项法律。如果没有违反，那就是合法的。

关于法律行为的效力，两种提问方式会分别引导对于构成要件、法律适用的理解不一样，路径也会不一样。在我看来，出发点是有效推定，这样的话，要得出法律行为"合法有效"的结论，只需要把所有可能影响法律行为有效性的因素排除就好。可是，这不容易。

二、三种状态：法律行为效力瑕疵形态

难题在于，怎么能够知道，什么样的事由导致什么样的效力瑕疵？所考虑的效力瑕疵事由是否周延？假如无法确定已经穷尽所有效力瑕疵形态与效力瑕疵事由，那么，也就无法自信得出结论——此项法律行为合法有效。这样的话，法律行为效力瑕疵体系的概观就显得很重要。

效力瑕疵体系可以从两个方面去观察：一是效力瑕疵形态；二是效力瑕疵事由。

先说效力瑕疵形态。初学者在回答法律行为有效性的时候，往往只会简单对应或者有效、或者无效，而忽略确定有效和确定无效之间可能会有一些中间状态。中间状态有两种情形，就是可撤销和效力待定，加上确定无效，效力瑕疵就会有三种状态。

对于初学者来说，可撤销和效力待定之间的关系可能会构成理解障碍。可撤销和效力待定都属于有效性未得到最终确定的情形，为什么可撤销不是"效力待定"？

为了理解这一点，我举个例子。地面上有两条铁轨，一条铁轨是有效，另一条铁轨是无效。可撤销，是火车先在有效轨道上运行，如果被撤销，就相当于遇到扳道工，给扳到无效轨道上去了，从此也就在这条无效轨道上运行到终点，如果没有被撤销，那么就一直在有效轨道上运行，直到终点。所以，从结果上说，可撤销确实是一种没有得到最后确定的状态，有效性是"待定"的；但从过程来看，其实在每一个阶段又都是"确定"的，当它运行在有效轨道上的时候，确定的有效，当它被扳到无效轨道去的时候，确定的无效。

效力待定的瑕疵形态不一样。待定阶段不是在地面两条轨道上运行,而是飘在半空中,但是它一定要落下来,或者落在无效轨道,或者落在有效轨道。所谓效力待定,指的是飘在半空的那个阶段,在这个阶段,既不是有效,也不是无效,而是“待定”。

如果把有效和无效看作一条直线的两端,可撤销与效力待定就是这条直线中间的两个点。哪个点更靠近无效那一端呢?个人认为,是效力待定。这可以借助惯性原理来观察。如果没有施以外力,物体自然状态就是按照惯性运行。效力待定“气球”飘在半空中,拒绝追认的话,会落到无效轨道,如果追认,就落到有效轨道。如果追认权人没有做任何表示,既没有否认也没有肯定,这时候应该认为追认还是拒绝追认呢?我们知道,是视为拒绝追认。这就表示,追认是外力,没有这个外力的话,“气球”的自然运行状态是落到无效轨道。相反,可撤销的自然运行驶向有效——它的惯性状态是在有效的轨道上运行,要让它改变轨道,需要施以外力,作出撤销表示。

所以,从这个角度观察,效力瑕疵从强到弱的排序是:无效(*Nichtigkeit*),未决的无效(*Schwebende Unwirksamkeit*,效力待定、效力未定),可撤销(*Anfechtbarkeit*)。

法律行为是根据当事人意志实现相应的法律效果。法律行为出现效力瑕疵,就意味着当事人不能实现他想要的法律效果。在这个意义上,法律行为的所有效力瑕疵都会跟当事人意志有关。这就会有另外一个观察角度,这些不同的效力瑕疵状态,对于当事人意志的干涉程度如何?无效当然是对当事人意志的最强干涉,当事人的意志没有办法让一个无效的法律行为变得有效;效力待定,如果没有另外一个意思表示(追认)加入,就会无效;可撤销,如果没有另外一个意思表示(撤销)加入,就会继续有效。也就是说,效力待定的效力瑕疵事由对于当事人意志的干涉程度,高于可撤销事由。

再强调一点,无论效力待定还是可撤销,都是暂时状态。最终确定的效力瑕疵状态只有一种,就是无效。我们无法想象,某项法律行为效力的终局状态会是可撤销或者效力待定。在这个意义上,初学者对于法律行为或者有效或者无效的想象,也不是一点道理都没有。

三、三道关隘:效力瑕疵事由及效力配置逻辑

比效力瑕疵状态更复杂的是,人与人之间交往会遇到那么多的事情,哪些事情会导致法律行为出现效力瑕疵?怎么能够穷尽所有导致效力瑕疵的事由?

实际上,《民法总则》第143条列举的几个要件,对于我们判断法律行为的有效性意义不大。法律交往中,如果所有行为都是正常的健康的行为,谈构成要件其实是没有意义的,没有必要。只有当出现了效力瑕疵,出现了反常情形的时候,才需要去知道各项要素在法律行为效力控制方面的具体作用。

民法知识已经告诉我们,不具有相应的民事行为能力,所对应的法律行为效力瑕疵好像不止一种,有可能是无效,也有可能是效力待定,意思表示不真实,对应的法律行为的有效性好像也不是只有一种。难题还在于,从这三项列举出来的要件中,怎么能够知道是周延的?这些要件对于法律行为效力瑕疵的具体影响是什么?这些影响奉行一种什么样的逻辑?为什么有的意思表示不真实会导致法律行为无效,有的却不会?道理是什么?只有了解效力规则配置后面的考量因素,才能够把握整个效力瑕疵体系。

考虑这些问题有不同的观察角度。想要囊括全部效力瑕疵事由,应该采取周延的逻辑分类。从法律行为实施者角度观察,无非两种情况:A——存在于实施者本人;与非A——实施者以外的他人,非A又可进一步二分为A^1——具体的他人,与非A^1——抽象的他人。两两二分之后,对于法律行为效力瑕疵的观察形成三道关隘:自身因素、具体的他人因素以及抽象的他人因素,其中,抽象的他人代表着交往秩序,故又称秩序因素。三道关隘都顺利通过的话,大致就可以放心宣告:法律行为不存在效力瑕疵,因而“合法有效”。

这三道关隘又包括哪些小关卡呢?先列表概览一下:

表1 法律行为效力瑕疵事由

自身因素	理性能力(暂时、持续)
	意思保留(单方、通谋)
	单方错误

续表

他人因素	表意自由(恶意欺诈、非法胁迫、乘人之危)
	事务处置(无权处分、无权代理)
秩序因素	法律禁令
	公序良俗
	形式强制

接下来我们就试着闯一闯这三道关。

(一)自身因素

1. 理性能力

法律交往场域可以比作一个广场,一个需要入场券的广场。想要进场交易,必须出示入场券。入场券是什么呢?理性能力。

为什么这么说?很简单,有资格进入法律交往场域,前提是有能力为自己的行为负责。这里所谓的能力,是指理性能力,是说有足够的理性判断能力,了解法律交往中的风险。只有具备这个前提,法律才能放行,让他进入法律交往场域,并就自己的判断承担后果。

一个人缺乏理性能力,可能是暂时的,也可能是持续的。如果是暂时的,比如短暂陷入无意识状态,那就在这期间失去入场券,等恢复清醒了再进去。偶发的暂时状态,一事一案就好,没必要专门用一个实证法制度来回应。需要专门制度回应的,是理性能力的持续欠缺,这就是行为能力制度。

无行为能力人不能进入法律交往场域,这是因为,他没有足够的理性能力来理解法律交往的风险及利害关系,贸然闯入,容易受到伤害。禁入是为了保护,可是有需求怎么办?总不能说:为了保护你,就不要有需求了,忍一忍吧,长大了就好了。

理想的法律制度,一方面能够让没有行为能力的人免受来自他人的伤害,另一方面又不影响交往需求的实现。所以,一方面,法律会阻止没有行为能力的人进入法律交往场域;另一方面,建立法定代理制度,由法定代理人代为进场,进场后,法定代理人要做的,就是替没有行为能力的人判断利益与风险,进而为无行为能力人决定是否实施法律行为。

判断风险与计算利益的理性能力需要在实践中积累。如果不具备能力之前一直禁止入场,那么,无行为能力人可能永远都不会成熟。积累一定日常交往经验后,法律需要允许未成年人尝试着进入法律交往场域,直至其完全成熟。“尝试着”的意思是,可以入场,不过得由法定代理人陪同。这时候,既可以继续由法定代理人代为实施法律行为,也可以在法定代理人的看护下自己实施。处在这个阶段的人,叫限制行为能力人。有了这样的区分,我们就可以进一步观察理性能力(行为能力)怎么影响法律行为的有效性。

如果是暂时欠缺理性能力,那么只能个案认定,看具体行为实施当时,是不是缺乏理性能力。例如,《民通意见》第 67 条规定:如果能够证明是在发病期间实施的,应当认定无效。意思是说,如果不是在发病期间,是正常时候实施的,就不会影响行为的有效性。神志不清状态之下所实施的行为也应当无效。不过这些都是暂时状态,并不会影响这个人整体的能力。

如果持续欠缺理性能力,当然也可以就具体法律行为,观察行为当时的理性状况,一一认定,但既然是持续欠缺,一一认定过于烦琐,这时候就不如直接从能力的层次上,通过整体否认行为人的行为能力来“一揽子”解决行为有效性的问题。这就产生了《民法总则》上的两项规则:第一,无行为能力人实施的法律行为无效;第二,限制行为能力人实施纯获利益或与其年龄智力、精神健康状况相适应的法律行为,有效,其他行为经同意或追认后有效。看起来很清楚,不过还是有许多值得讨论的问题。

今天不能展开讨论,就说一个跟入场券关系最密切的问题。无行为能力人实施的法律行为一概无效,会不会太僵硬?我们经常会举一些例子说,7 岁的孩子,上小学了,小卖部有卖棉花糖之类的小食品,他可能会有一些零花钱,于是去买了棉花糖。你会觉得是无效吗?可是直觉告诉我们,如果认定无效,感觉好像有点问题。所以,不少学者提出,如果是日常生活所需,不必无效。另外,虽然未必是日常生活所需,但如果是纯获利益,为什么要让它无效?这样,日常生活所需和纯获利益的行为,都应该对无行为能力人开放。

不过,这样主张的话,先不讨论正当性的问题,但就规则配置来说,可能会直接挑战行为能力的三分法,因为这样主张的结果,会让无行为能力人和限制行为能力人适用同一套规则。行为能力三分,在逻辑上,应该是完全行为能力人、限制行为能力人与无行为能力人各有其独有的规则,否则区分就没什么意义。三分法当然不是不可挑战,日本就是二分法,问题是,在我们的实证法已经采纳三分法的情况下,又主张无行为能力人适用限制行为能力人的规则,好像不是很顺。

愿意的话,我们可以进一步讨论三分法好还是二分法好,是分为无行为能力、限制行为能力和完全行为能力好,还是分成完全行为能力和非完全行为能力好。从分类本身的简洁性来看,二分法当然是更简洁。不过以 18 岁成年为例,二分法的话,意思就是年满 18 岁适用一套规则。不满 18 岁适用一套规则。从理性能力角度看,17 岁和 19 岁之间的差距,显然是远远小于 1 岁和 17 岁之间的差距,可是前者适用不同的规则,后者适用相同的规则,感觉不是很顺。1 岁和 17 岁跨度太大了,如果中间能再来一刀,切开 1 岁和 17 岁,在法律适用上,应该会更细致一些。于是有了三分法。

《民法总则》切在 8 岁,你会说,1 岁和 8 岁之间差距不还是很大吗?是的,差距还很大。为什么会切在 8 岁,这是一个谜。之前是 10 岁,草案改成 6 岁,正式通过的时候,变成了 8 岁。这大概是“折中说”的结果:$(10+6)\div 2=8$。可是,8 岁在一个人的成长中有什么样的里程碑意义呢?6 岁可以理解,上学年龄,社会交往领域骤然扩大,开始脱离父母的视线,也开始有独立法律交往的需求。8 岁的道理是什么?很惭愧,我不能理解。

有一些法律问题是法律自身制造的。比如,已经上学但还是无行为能力的孩子买棉花糖,如果切在 6 岁,那这个问题就不会存在,限制行为能力人使用零花钱交易,没有问题。所以,如果要质疑,好像与其质疑无行为能力人的效力规则,倒不如质疑无行为能力人的年龄划界。

你可能会说,就算是划在 6 岁,难道上学之前的无行为能力人就没有买棉花糖的需求吗?当然有需求,可是这时候父母在身边,由父母代买,问题不大,没必要承认无行为能力人自己行为的有效性。如果父母让他自己去买呢?可以用传达解释。我们知道,传达人是不需要行为能力的。如果父母不在身边呢?很抱歉,那是父母的失职,父母有义务让孩子在上学之前时刻处于监管看护之下。这种情况下,如果无行为能力人实施的法律行为有效,可能暗示:利用无行为能力人脱离监管的空挡与之法律交往,是被鼓励的。这样看来,如果实证法有一个合适的无行为能力界限,让无行为能力人适用限制行为能力人的规则,没什么必要。

这就是说,7 岁无行为能力人买棉花糖的事例,引发的反思,应该是无行为能力的年龄划界,而不是三分法的合理性。

2. 意思保留

取得理性能力这张入场券后,你进到法律交往广场。跟人交往的第一要义是什么? 很简单,就是说真话,这基本上也是唯一的要求。法律行为是根据意思表示发生相应法律效果,所以你想要什么,就必须表达什么。对方同意,交易达成;不同意,另找交易对象。

这提示我们,如果没说真话,法律行为的有效性可能会受影响。当然,只是可能而已。为了更准确判断什么样的"没说真话"会影响行为有效性,需要对"没说真话"的情形作进一步分类。没说真话,或者是有意的,或者不是有意的。我们先考虑有意的。

有意没说真话又可以分两种情况,或者只是一方当事人有意没说真话,或者双方当事人商量好一起不说真话。前一种情况是单独虚伪行为,后一种情况是通谋虚伪行为。

通谋虚伪是双方当事人把自己不想要的法律效果表达给别人听,是装样子的,所以可以叫它表面行为。既然双方都不想要,表面行为也就不会发生法律效果,是无效的。除说给别人听的表面行为之外,当事人之间可能还有一套说给自己听的话,这套话是隐藏起来不让别人知道的,所以可以叫隐藏行为。在说真话这一道门,隐藏行为是正常的法律行为,如果存在效力瑕疵,也是在别的关卡,这就是《民法总则》第 146 条第 2 款"依照有关法律规定处理"的意思。

单独虚伪行为又可以分两种,一种是不愿意让人知道内心真意,另一种是不愿意让人以为表达的是真意,前者可称真意保留,后者可称非诚意表示,或者通俗一点,叫戏谑行为。在效力配置上,真意保留,既然内心真意没有表示出来,当然不会根据内心真意发生效力,既然表示出来的意思是想让人相信是真实意思,那根据表示出来的意思发生效力,也是可以接受。至于非诚意表示,既然表示出来的意思本来就不想让人以为是真的,一般情况下,也就不会有效,内心真意因为没表示出来,也就更谈不上有效。

我们的实证法没有规定单独虚伪行为,从逻辑上就能知道这是个缺漏。不过,咱们的纪海龙教授认为,也谈不上是缺漏,因为这两种情形通过意思表示解释就能处理,实证法不必规定。也有道理,虽然我不是很同意,这个不展开。不管哪种处理方式,有一点不容否认,就是两种单独虚伪行为都是可能影响法律行为有效性的情形。

3. 单方错误

除了当事人有意"没说真话",还有一种情形是,当事人无意"没说真话",就是没意识到自己所说的不是自己想要的。这种情形叫错误。错误可能是当事人一方自己犯的,也可能是双方共同犯的。后一种情况一般存在于动机阶段,叫双方动机错误,属于行为基础问题,不在这里讨论,这也是为什么我直接用"单方错误"这样的表述。要注意的是,即使是双方都犯了错误,只要不是共同错误,都属于单方错误,各自的单方错误。

意思表示应推定为正常没有错误,所以意思表示首先是有效,如果错误人证明确实犯了错误,这种错误又存在于意思表示中,那就让错误人有改正错误的机会。两种考虑一结合,可撤销的效力配置也就呼之欲出了。

4. 小结

小结一下。自身因素这道关隘,包含这么几重小关卡:第一,首先需要解决入场券的问题,这是进场交易的前提。第二,进场之后,要说真话。没说真话的情形,或者是有意的,或者是无意的。有意的又有两种情况,自己有意不说真话,和对方串通起来不说真话。无意的没说真话就是所谓的错误。都是逻辑二分,所考虑的情形应该比较周延。

这几重小关卡各有影响法律行为有效性的理由和表现。如果都闯过去了,法律行为有效性的检验就进入下一道关隘——他人因素。

(二)他人因素

第二道关是他人因素。这里的"他人",是具体的他人。他人因素影响法律行为的有效性,或者是表意人受到来自他人的不当影响,或者表意人影响了他人,处理了本不属于自己的事务(他人事务)。

法律交往的基本要求依然是说真话。只不过,这一关所关注的说真话,问题不出在说话人身上,而在他人。如果是因为受他人不当影响没说真话,这时候的考虑重点就不是意思表示"真实"的问题,而是意思表示自由的问题,尤其在受欺诈情形,受欺诈人表意之时,所表达的可以说正是他所想表达的。也就是说,意思表示是"真实"的,错误只存在于动机阶段。

他人施以不当影响而妨害表意自由,大概也会有两种情形:一种比较有技术含量,就是骗,术语叫欺诈或者恶意欺诈;另一种比较简单粗暴,就是胁迫,也可以叫非法胁迫。之所以前者更有技术含量,是因为一般来说,要让一个人上当,比让一个人害怕更难一些。不管有没有技术含量,共同后果都是妨碍表意自由,所以基本上可以一体规制。表意自由受到妨害,需要救济,法律行为效力会出现瑕疵。什么样的瑕疵呢?

无效看起来比较直截了当,可是有点僵硬,并且有替当事人作出判断之嫌。既然是救济当事人的意志自由,最好就交给当事人自己决定。把行为的有效性交给当事人自己决定,有两种可能:一是效力待定,你想有效吗?那就追认;也可以是可撤销,想无效吗?那就撤销。

这里选择可撤销,为什么?因为在法律交往中,我们奉行有效推定,也奉行意志自由推定。意思是说,如果没有证据证明意志是不自由的,那么我们就会假定:既然缔结了一份契约,在缔约过程中,双方的意志就是自由的,所以它的自然轨迹是在有效的轨道里运行,这样才比较符合我们法律交往的常态。

谁是撤销权人呢?看一下两个法条的对比。《民法总则》第 148 条规定:"一方以欺诈手段,使对方在违背真实意思的情况下实施的民事法律行为,受欺诈方有权请求人民法院或者仲裁机构予以撤销。"《合同法》第 54 条第 2 款规定:"一方以欺诈、胁迫的手段或者乘人之危……受损害方有权请求人民法院或者仲裁机构变更或者撤销。"可以看到,《合同法》第 54 条第 2 款是说受损害方有撤销权,到了《民法总则》第 148 条,变成了受欺诈胁迫方有撤销权。这个变化值得肯定,也在一定程度上说明,可撤销救济的是意志自由受到侵害,而不是经济利益受到损害。积极意义有两点:第一,受欺诈胁迫人不需要证明自己有损害,只需要证明自己受欺诈胁迫;第二,受损害方不一定是受欺诈胁迫人,也有可能是欺诈胁迫人受损害,搬起石头砸自己的脚,这个时候如果是受损害方有权主张撤销的话,那么欺诈胁迫人反倒有撤销权,当然是不合适的。

欺诈胁迫也可能来自当事人之外的第三人。《民法总则》的一个亮点,是规定了第三人欺诈(第 149 条)和第三人胁迫(第 150 条),效力规则有所不同,各位稍微注意一下。

欺诈胁迫情形下,欺诈胁迫人先造就对方困境,然后利用该困境妨碍其意志自由,还有一种情形,就是利用对方已经存在的困境,以妨碍其意志自由。后一种情形叫乘人之危。所以,他人妨碍表意自由的情形,看着是三种情形,其实是两两二分的结果。《民法总则》第 151 条的乘人之危融合了之前《民法通则》的乘人之危与显失公平,法律效果则统一为可撤销。从妨碍意志自由这个角度,可撤销的效力配置逻辑和欺诈胁迫相似。

他人因素中,除了表意人受到来自他人的妨碍,还可能是表意人妨碍他人。妨碍他人的表现是处置他人事务。私法自治告诉我们,每个人只能处置自己的事务,如果处置的是他人事务,该他人就被置于他治状态,所以这种处置行为会出现效力瑕疵。

处置别人的事务也会有两种方式——以自己的名义处置和以该他人的名义处置。没有得到授权的话,前者叫无权处分,后者叫无权代理。

有点疑问的是,以自己的名义处置他人事务为什么只列无权处分?逻辑上好像应该还存在“无权负担”。为第三人设定义务,例如《合同法》第 65 条的第三人义务合同:“当事人约定由第三人向债权人履行债务的,第三人不履行债务或者履行债务不符合约定,债务人应当向债权人承担违约责任。”第三人义务合同对于该第三人并无约束力,对该第三人没有任何影响,因此也谈不上第三人事务被处置了,即使要从有效性的角度来理解,也可以类推无权处分的逻辑。至于经常被提到的出卖他人之物,在买卖契约阶段,没有为物被出卖之人设定任何义务,一般情况下,买卖契约的有效性也与其无关。所以,基本上可以认为,“无权负担”概念不需要。

无权代理不一样,所代理的行为既可能是负担行为,也可能是处分行为。没有得到授权,以他人名义订立买卖合同,是无权代理的负担行为,以他人名义移转该他人标的物所有权,是无权代理的处分行为。

无权处置他人事务,法律行为会出现效力瑕疵。问题是,这种效力瑕疵是什么?无权处置他人事务,需要得到救济的,是事务被处置之人,所以就像意志自由受到妨碍的情形,法律直接规定无效有点僵硬,也有点替当事人作出判断。

所以,还是在可撤销和效力待定之间选择。私法自治的意思是,谁的法律地位被改变,就需要谁的意志加入。事务被处置之人的法律地位被改变,要做的补救,就是让他的意志加入。在效力上的表现是,如果他表示同意,那就由他治转变为自治,有效性就不会受到影响,如果拒绝同意,他治状态无法转变,行为无效。这种效力状态,就是所谓的效力待定,待该他人的意志而定。而如果是可撤销,在撤销之前是有效的,就意味着,该他人意志加入之前,并不妨碍法律行为的生效,但这个时候该他人却处于他治状态,这不太顺。另外,如果是可撤销,被他治之人要通过积极行使撤销权来让行为无效,无异于给该他人增加了负担。所以,无权处置他人事务,效力待定配置比较好。

第二关要通过的小关卡大致就这些,从逻辑的角度观察,应该也算是比较周延的。闯过第二关后,就进入第三关,也是最后一关。

(三)秩序因素

最后一关也是他人因素,只不过这个“他人”被抽象化成了秩序的形象代表。秩序由什么守护呢?强制规范。也就是说,违反强制规范,就是在挑战社会秩序,应该是不能被允许的。

民法的强制规范,一般以禁止规范的面目出现,所以也叫禁令。违反禁令,法律行为一般无效,这就是《民法总则》第153条第1款前段所要表达的。

学习民法,经常会听到一句话——法无明文禁止即自由。这句话用来表达私法自治的边界:除非法律明文禁止,否则就属于私人自治领域。这当然也表明,强制规范所建构的秩序,越出了自治领域,行为人不得以意志排除。无效的效力配置还是比较顺的。不过,这句话也经常会引起误解,以为真的是凡是被禁止的都要有明文规定。

没有任何立法者能够预见并精准规定所有应该被禁止的行为。所以,在明确具体的规则之外,还需要一项抽象的原则来兜底,以控制私人不当行为,我们把它叫作公序良俗,公共秩序与善良风俗的简称。《民法总则》第153条第2款(“违背公序良俗的民事法律行为无效”)就是这个意思。

作为具体规则的禁令和作为抽象原则的公序良俗也是周延的逻辑二分。为什么会出现第三关“形式强制”呢?是因为这里省略了一个二分:法律对于行为的控制,或者针对内容,或者针对形式。禁令和公序良俗是针对内容控制的二分,与之并行的,是形式控制,即形式强制。所以同样的,这里的三分其实是两两二分的结果。

我们知道,基于私法自治,法律行为原则上奉行形式自由,但在某些情况下,法律或者当事人会要求采取某种特定的形式,这叫要式行为,有法定要式和约定要式两种。违反形式强制的法律行为,《民法总则》没有一般性规定效力配置。德国法有一般性的规定,无效。道理也很简单,因为这是强制性的,不得违反。

最后再提醒一点,违反内容上的禁令和形式上的强制,都会出现无效的例外,什么情况下会出现例外,需要具体分析,这里就不展开了。

经过长途跋涉,我们终于闯完了三关。如果都顺利通过,我们就可以放心说出:法律行为合法有效。到这里,可以再次体会到,“合法有效”虽然是一个肯定式的表述,但为了达到这个结论,要做的事情是否定式的一一排除。

时间关系,咱们就到这里。谢谢大家!

争鸣

电梯劝阻吸烟案的公平责任分析*

孙维飞**

内容摘要:“电梯劝阻吸烟案”的二审判决书,对民法上公平责任的理解适用有误。公平责任共有四种可适用的情形:第一,行为人明确存在过错,但事实因果关系不明;第二,过错与事实因果关系均明确,但法律因果关系不明;第三,行为人确定无过错,但受害人的损失是为对方利益或者双方的共同利益而负担;第四,行为人的过错不明。公平责任本质上是一种“责任”,而非“损失”。当前公平责任的价值,主要是为了缓解司法机关及学者的解释负担,待法教义学足够成熟后,公平责任便会失去存在意义。

关键词:公平责任　电梯劝阻吸烟案　事实因果关系　法律因果关系　过错

一、问题的提出:公平责任的理解与适用困境——以三则案例展开

河南省郑州市中级人民法院于 2018 年 1 月 12 日二审宣判的“电梯劝阻吸烟案”,〔1〕在社会各界引起广泛争论。法学界争论的焦点主要是程序法问题,涉及对“违反公共利益”以及“适用法律错误”的理解。相关争论似乎默认存在

---

* 笔者于 2018 年 4 月 12 日在华东师范大学法学院作题为“‘电梯劝阻吸烟猝死案’的民法分析”的讲座,本文乃是在该讲座录音文字实录基础上整理而成。华东师范大学法学院民商法学硕士张玉涛同学对该文字实录进行最终整理、添加相关注释、小标题、摘要和关键词,笔者对此深表感谢!

** 华东政法大学法律学院副教授,法学博士。

〔1〕 河南省郑州市金水区人民法院(2017)豫 0105 民初 14525 号民事判决书及河南省郑州市中级人民法院(2017)豫 01 民终 14848 号民事判决书。

一个前提,即该案的二审判决对民事实体法的理解适用没有问题。但本文认为,二审的实体法裁判是错误的,且错误之处不在于结论而在于理由。实质上,或许某些学者为二审实体法结论所提出的辩护理由也是错误的。由于本案涉及的民事实体法问题就是"公平责任",[1]而对于公平责任的理解首先便取决于人们对公平的感觉。基于此,以下先试举三个相关案例,以便对"公平责任"在实践中的理解与适用困境加以说明。

(一)飞机延误失事案

甲将要去乘坐飞机,但在去往机场之前却被乙打伤,迫不得已只好改签下一班飞机。不幸的是,下一班飞机意外发生爆炸,机毁人亡。需要说明的是,乙事先对飞机将会爆炸一事并不知情,其只是由于之前和甲有一些私人矛盾,当天又刚好撞见甲独自一人,于是便把他教训一番以发泄心中愤怒。该案中,航空公司的保险赔偿责任,此处暂且不论。有疑问的是,就甲死亡的损害结果,乙是完全不负赔偿责任较为合理,赔偿一部分比较合理,还是完全赔偿更为合理?对此,观点各异。

(二)机动车相撞案

第二个例子是上海市奉贤区人民法院于 2011 年宣判的"机动车相撞案"。[2] 2010 年 12 月 1 日,两辆机动车相撞,导致两车车损;同时,一方当事人车主 A 因此而死亡,而另一方当事人车主 B 则未产生任何人身损害。本案中的一个特殊问题是,事发时的交通信号灯究竟是绿灯还是红灯,无法查清。换言之,究竟是谁闯红灯、谁存在交通违法行为,难以认定。那么,在交警部门无法对事故成因和责任作出认定的情况下,法院应当如何进行责任分配?对于 B 的死亡结果,A 是否需要承担赔偿责任?如果承担,那么需要承担何种程度的赔偿责任?

从另一个角度来思考,如果此类难以认定事实的案件是处于刑法或者行政法领域内,那么便会有清晰明确的结论。譬如,在一个特定的刑事诉讼中,公诉人是检察机关,被告人是公民个人,二者在庭审中形成对抗。显然,在这种"一

[1] 我国《侵权责任法》第 24 条规定:"受害人和行为人对损害的发生都没有过错的,可以根据实际情况,由双方分担损失。"

[2] 上海市奉贤区人民法院(2011)奉民一(民)初字第 1696 号民事判决书。

方是国家、一方是老百姓”的刑事诉讼中，司法机关须奉行罪刑法定的原则，法无明文规定不为罪，法无明文规定不处罚，疑罪从无。而在“机动车相撞案”中，则不可能以交通肇事罪等追究车主B的刑事责任。刑事诉讼中认定当事人构成犯罪，要求的证明标准非常高。[1] 否则，“疑罪从无”的法律理念就难以真正发挥价值。这在某种程度上体现了限权的思想。换言之，在刑事诉讼中，国家是集中行使暴力的机构，当然不能随便干预私人生活。所以，国家要找私人“麻烦”的时候，必然要跨越更高的门槛、承担更重的举证责任、达到更高的证明标准。与之相对，民事诉讼中是私人与私人之间的对抗，显然，法律无须为一方设定那么高的证明标准。

(三)破伤风案

第三个例子是“破伤风案”。有一个老汉在田间劳动的时候，不小心把头磕破了。为了节省医药费，他就按照祖传的经验，把弄碎的草药敷在伤口上，之后伤口结痂，便觉无事了。不久后，在过年期间，老汉去了儿子家。某天，儿子出门后，老人便在家里守着。外面突然响起“哐哐”声，有个醉汉敲门敲得很急，说要找他儿子。老汉听到声音后就赶紧过来要拉开门栓，不料门还没有完全打开的时候，这个醉汉“哐”地就把门给踹开了。门正好砸到老汉的头上，其原本已经结痂的伤口又重新破开了，随后送到医院，一个月之后不幸去世。关于死亡的原因，专家鉴定的结论是由于伤口感染而导致的破伤风。不过，伤口感染有可能是第一次感染，也有可能是第二次感染。此时需要考虑的问题是，这个踹门的醉汉是否要对老汉的死亡结果承担赔偿责任？分文不赔、部分赔偿、全部赔偿，哪种更为合理？

我们的直观感受一般是醉汉应当赔偿，至少是应当部分赔偿。但是，就刑事责任而言，其行为有没有可能构成过失杀人呢？显然绝无可能。因为要认定该行为构成犯罪，证明需要达到“排除合理怀疑”的程度，[2] 而在本案中，醉汉

---

[1] 我国刑事诉讼中的证明标准为“犯罪事实清楚，证据确实、充分”。参见陈光中主编：《刑事诉讼法》，北京大学出版社2016年版，第182页。

[2] 我国《刑事诉讼法》第55条第2款规定：“证据确实、充分，应当符合以下条件：(一)定罪量刑的事实都有证据证明；(二)据以定案的证据均经法定程序查证属实；(三)综合全案证据，对所认定事实已排除合理怀疑。”

的行为仅仅有50%的概率导致了老汉死亡的结果。那么,不能追究醉汉的刑事责任,是否便意味着他不需要承担民事责任?显然,并非如此。因为刑法处理的是私人与国家之间的关系,民法处理的是平等民事主体之间的关系。既然醉汉的行为有50%的可能性导致了老汉死亡,若是认定醉汉分文不赔,那么,国民的法感情便难以忍受。这恰恰是公平责任诞生的最重要原因。此外,法律,尤其是侵权责任法,它的基本思想是"让不幸停留在原处"。因此,原告需要举证证明对方符合侵权责任的构成要件,如损害结果、因果关系、过错。

有时候,案件中的"过错"或"因果关系"要素,明显存在或明显不存在,那么便没什么讨论余地。但问题就在于,许多案件并非如此。前文所述的"机动车相撞案"就是典型的"过错不明",而非确切无疑地"没有过错",即两辆车至少有一辆车有过错,但无法查清。在"破伤风案"中,则是典型的"因果关系不明",而非确切无疑地"没有因果关系",即破伤风的原因要么是第一次老汉自己的行为,要么是第二次醉汉踹门的行为,但无法清晰认定。

二、"过错"与"因果关系"在侵权法中的定位与适用

"过错"和"因果关系"均是一般侵权责任的构成要件,某个要素的有无对于公平责任的适用有着重要影响。尤其是在分析因果关系时,可以将其分成两层来看。这也是为世界各国广泛认可、我国法学界普遍接受、郑州市中级人民法院判决"电梯劝阻吸烟案"予以采纳的理论,即"因果关系二分法"。依此理论,因果关系可分为"事实因果关系"和"法律因果关系"。

(一)事实因果关系的基本内涵

就事实因果关系而言,除了一些边缘疑难案件之外,它主要是通过"若无,则不"(but for)的规则来判断,简称"如果不"。譬如,笔者提出一个命题:学生来听我的讲座,是因为我戴着眼镜、他们喜欢去听戴眼镜老师的讲座。那么学生对此该如何反驳?他可能会说:"如果你不戴眼镜,我也会来听,因为我对这个主题感兴趣。"这就是一种"如果不"的应用。

再举一例,一个男孩子失恋后,找他的前女友埋怨:"我不就考试倒数第十名嘛,你就这么看不上我?"女友回答:"你就算是考第一,我也要和你分手。"这

也是一种"如果不"的应用,此处实际上说明,男孩子考试成绩的好坏和女孩提出分手没有因果关系。

总之,"如果不"的特点就在于,它是一种虚拟语气。所以,一旦某人讲"如果不",别人都可以反驳道,"上帝不做假设,你说服不了我"。但这就是事实因果关系的判断,它必然涉及假设虚拟。当然,我们基于一定的常识,便容易达成共识,把它讲通。

(二)飞机延误失事案的过错因素及事实因果性

在前文所举的"飞机延误失事案"中,打人者乙是否具有法律上的过错?或许有人认为,过错是对损害结果的可预见性,由于乙不可能预见到甲会死亡,因此他没有过错。但如果在该案中,法官最后判定乙不存在过错、因此无须赔偿,那么被害人家属能够善罢甘休吗?显然,法官只有阐明甲的死亡结果和乙的过错之间没有法律上的因果关系,才能宽慰人心。所以,绝不能将"过错"界定为对具体死亡结果的可预见性。当然,这个"可预见性"在过错和因果关系里面如何划分,是一个值得思考的问题。从发挥法律的教育、抑制功能来看,即使是认为"飞机延误失事案"中的打人者无须赔偿,也必须认定他有过错,因为他的行为偏离了理性人的标准。理性人不可能违法,因为它是一个虚拟的标准。所以,打人者肯定是具有法律上的过错,而不仅仅是道德上的过错。

那么接下来再考虑,甲死亡的结果和乙的打人行为之间是否具有因果关系。根据"如果不"的判断规则来看,必然存在事实因果关系。

(三)电梯劝阻吸烟案的合法性及事实因果性

紧接着分析"电梯劝阻吸烟案",劝阻的行为是合法还是非法?除了个别的律师认为违法,社会公众普遍认为这是合法行为。二审法院的判决书中指出,双方接触时长不足五分钟,"在劝阻段某吸烟的过程中,杨某保持理性,平和劝阻,双方之间也没有发生肢体冲突和拉扯行为,本案中也没有证据证明杨某对段某进行过呵斥或有其他不当行为"。[1] 所以,在该案中,谈不上劝阻行为的违法性。

那么,抛开劝阻行为合法与否的问题,该行为和死亡结果之间是否存在事

---

〔1〕 河南省郑州市中级人民法院(2017)豫01民终14848号民事判决书。

实因果关系？借助“如果不”的判断标准,如果杨某不劝阻,段某就不会死,所以肯定存在事实因果关系。一审和二审实际上对此均予以认可。一审法院指出,段某的死亡结果和劝阻行为之间有关系,这实际就是意味着有事实因果关系。二审法院以及有学者认为,该案中的劝阻者之所以不需要赔偿,是因为欠缺法律因果关系,但对事实因果关系也是无法否认。

(四)法律因果关系的基本内涵

关于法律因果关系的判断,从消极层面来看,如果侵权行为在一般情况下,按照事物发展的正常过程不可能导致特定损害结果的发生,但在本案的极端特殊情形下却导致了此种结果,那么,由于这种情形过于异常,完全超出了行为人的想象,超出了理性人的想象,此时便可以认为,行为与结果之间不存在法律因果关系。[1] 这是因果关系分析的两步法,事实因果关系和法律因果关系,为英美法和大陆法所共同接受。

(五)行为合法性对责任认定的影响

在“飞机延误失事案”中,事实因果关系明显具备,但它和“电梯劝阻吸烟案”有何不同？显然,后者中的劝阻行为是合法的,而前者中的打人行为是非法的。那么,合法行为与非法行为之间的差异,会导致行为人的辩护策略或者辩护理由存在何种不同？不同之处就在于:所谓“过错”是做“错”了事,而行为人本应做“对”的事,“合法行为”意味着该行为本身是“对”的,不需要有什么改进余地,至少在法律层面上来看,行为人无义务作出改进;而“违法行为”无论从何种层面来看,均是应当予以纠正的。这种差异显然会导致受害人的心理态度有所不同。

在“飞机延误失事案”中,我们可以想象,受害人如若有在天之灵,他肯定对打人者极度不满,他会认为,自己是因为被打才丧生的。如果打人者分文不赔,受害者必然难以接受。我们亦可扪心自问,打人者毕竟是做了一件错事,这个事故对受害人而言毕竟可以避免。如果一个人做了一件正确的事情,却产生了不良后果,那倒情有可原。因为我们总是期待人要去做正确的事情。所以,从

〔1〕 程啸:《侵权责任法教程》,中国人民大学出版社 2014 年版,第 94 页;张新宝:《侵权责任构成要件研究》,法律出版社 2007 年版,第 320 页。

“飞机延误失事案”来看,普通人的价值观不见得完全能够接受分文不赔的结果。至少就笔者的价值观而言,认为打人者应该要赔偿一部分。毕竟是其做错了事情,才产生死亡的后果,事实因果关系确定无疑。

三、事实因果关系不明时公平责任的适用

(一)二值化逻辑的弊端

当存在“过错不明”或“因果关系不明”的情况时,我们从西方借鉴过来的法律体系奉行的是二值化的逻辑:要么赔,要么不赔;既然证明不了,那么就愿赌服输。但是,我国的社会公众未必能接受这种结果。另外,即便就法理层面而言,该种结论也未必妥当。前已述及,民刑不同,刑事诉讼中的双方当事人分别是私人与国家,必须由国家承担举证责任,如果其证明不了,便不能定罪,“宁可放纵一千,不可枉杀一人”。但是在民法上,这种理念显然行不通,没有理由说“宁可放纵被告,不可枉罚被告”。

基于前文对事实因果关系的分析来考察“破伤风案”,可以发现,其中的事实因果关系并不确定。但实质上,如果按照公平责任来处理,结果挺公平的。有人认为公平责任没有公平可言,笔者对此不敢苟同。我还是认为,民法中的公平责任还是比较符合法理与人情中的公平价值理念。因为私法和公法不同,公法动用的是国家权力,必须要达到较高的证明程度,否则绝不允许“定罪坐牢”。而私法显然与此不同,事实上,私主体之间完全的二值化逻辑是从西方移植,我想,这并非是我们固有的解决问题的思考模式。既然损害结果有50%的可能是行为人造成的、50%的可能是受损害方自己造成的,凭什么行为人分文不赔,而让受损害者全部承担呢?在这种情况下,尽管事实因果关系并非完全具备,但如果过错是清楚的,还是可以让行为人承担一定程度的赔偿责任。因为公民被要求须遵守理性人的标准、遵守法律,那么,既然行为人违背了此种一般性要求,就需要承担一定责任,自属常理。

(二)如何理解《侵权责任法》第24条中的“受害人和行为人对损害的发生都没有过错”?

此处再举一例。甲、乙因琐事争吵,乙打了甲,甲咬了乙的手指。被咬之

后,乙并未发现有其他异常伤情或感染右手食指的情形,所以也只是正常包扎了一下。一星期后,乙的食指感染,不得不截取该食指的前两小节。但是,鉴定机构无法明确鉴定出咬手指的行为与截指存在事实因果关系。如此一来,原告便无法举证证明事实因果关系的存在。但实际上,我们也无法确切无疑地认定,截指和咬手指的行为之间便没有关系。对此,如何处理较为妥当?本文的观点是,可以考虑适用《侵权责任法》第24条规定的公平责任。当然,这一观点可能会遭受如下反驳——公平责任的前提是双方均无过错、但咬手指者显然是存在过错。此种看法值得商榷。

首先,"双方均无过错"这一提法本身便存在问题,因为《侵权责任法》第24条规定的是"受害人和行为人对损害的发生都没有过错",此处强调的是当事人对"损害的发生"没有过错,有因果关系的要素。换言之,从文义解释来看,如果行为人有过错,但是这个存在过错的行为和损害结果之间的因果关系不明,我们同样可以认为,此时"行为人对损害的发生没有过错",并以此来适用公平责任的规定。

其次,这也是司法实践中适用公平责任的一种重要类型,而且这种类型几乎没有任何争议。同时,司法实践中判决当事人承担公平责任的时候,还会特别强调过错要素。毕竟醉汉踹门是不对的,咬人行为是不对的,这些行为不仅仅在道德上有问题,而且在法律上不正确。虽然事实因果关系不明确,既无法证明损害结果是由行为人导致的,也不能证明该结果就和其无关,但如果其过错明确,那么,让其承担公平责任便是恰如其分的,适当赔偿一部分,又有何不可?公众也会普遍认为,这样处理比较公平。这样一来,才是真正地既照顾到了法律效果,又照顾到了社会效果。

因此,如果某些法学教科书在分析公平责任的构成要件时指出,必须要有事实因果关系和法律因果关系,而且必须没有过错,那么,这显然错误。错误的原因就在于,它把《侵权责任法》第24条的前半句拆开了,认为"对损害的发生"意味着"有因果关系""没有过错"就是"没有过错",这就把这两个要件孤立片面地加以理解了。实际上,根据第24条的表述,如果行为人有过错,但是该过错行为和损害结果之间的因果关系不能得到证明(也不能排除),那么,从受害人承担举证责任的角度看,依然符合"受害人和行为人对损害的发生都没有过错”的要求。所以，将法条盲目拆开理解、认为公平责任的前提是双方都没有过错，是错误的根本，也是是我们学习公平责任的最大误区。

（三）公平责任与“机会丧失理论”

从比较法上来看，虽然没有“公平责任”这个概念，但某些规则的实际适用效果则与之类似。西方传统的侵权责任赔偿模式是要么全赔、要么不赔，因果关系是要么全有、要么全无，但之后，某些领域的二值逻辑逐渐发生变化，尤其是在医疗损害责任领域产生的“机会丧失理论”。

譬如，医生在动手术之前已告知患者，如果其上了手术台后很可能会下不来。因为这个手术就是“死马当作活马医”，生存的概率非常小，只有40%。但是患者还是同意了，表示愿意冒险试一试。而在实际动手术的过程中，这个医生过于马虎大意，本来应该摘左肾，却把患者的右肾给摘了，最终手术失败。在这种情况下，如果让医生全赔，他肯定无法接受。但是，医生把患者的肾摘错了，又明显存在过错。由此便诞生出了“机会丧失理论”或“比例因果关系”。据此，本来患者有40%的生存机会，但因为医生的失误，导致其生存机会彻底丧失，那么医生便应当承担40%的赔偿责任。

我国虽然没有使用“机会丧失理论”或“比例因果关系”的说法，但实际上，公平责任能够起到的效果是一样的。值得一提的是，“比例因果关系”和“机会丧失理论”，也正是当前研究的热点话题。〔1〕

四、法律因果关系不明时公平责任的理解适用

（一）法律因果关系不明时的处理思路

“电梯劝阻吸烟案”的二审裁判理由指出：“适用《中华人民共和国侵权责任法》第二十四条的前提是行为与损害结果之间有法律上的因果关系，且受害

〔1〕 国内的近期相关研究，可参见李显冬、王稳：《机会损失赔偿理论的反思与突破》，载《河南社会科学》2019年第3期；满洪杰：《医疗损害责任因果关系虚无陷阱及其化解——兼评法释〔2017〕20号第12条》，载《法学》2018年第1期；杨垠红：《丧失生存机会侵权中比例责任之适用》，载《华东政法大学学报》2016年第1期。

人和行为人对损害的发生都没有过错。”[1]事实上,二审判决书是盲目抄袭教科书的结果,而教科书并不了解司法实践的真实情况。许多评论对这个判决给予高度认可,因为本案的关键就在于“法律因果关系”的认定,既然无法认定,又怎么能以公平责任判决呢？但笔者对此并不认同。

前文针对该理由已经提出了反驳意见——即便是事实因果关系不明时,公平责任也可能会比较公平,并存在适用空间。本文以下要着重指出的便是,如果事实因果关系明确具备、法律因果关系不明,那么,行为人分文不赔的结论,也并非完全合乎公众直觉。

先举一例。假设一老师去某校做讲座,讲座期间有同学提问,老师回答说:“你怎么这么笨呢？我在全国演讲、在全世界演讲,也没碰到你这么笨的人。你可真是个奇葩。”之后,该同学不甘示弱地回怼:“我从小到现在,就没听到这么笨的演讲。”老师气急败坏,一个嘴巴打过去,全堂哄堂大笑。被打同学当场气血上涌,吐血身亡。此种情况下,老师的行为与学生的死亡结果之间是否具有法律因果关系,实际上并不清晰。但我们的直观感受一般认为,老师承担一定的赔偿责任是比较公平的。

在以往的司法实践中,似乎也没有人认为,法律因果关系不具备就一定不能适用公平责任。就此而言,“电梯劝阻吸烟案”的裁判理由实际上存在杜撰的嫌疑。那么,在上例中,为什么认为让教师承担一定赔偿责任比较公平,因为这两点是确切无疑的。首先,教师做了错事,打人显然具有法律上的过错;其次,事实因果关系一清二楚,教师不动手打人,学生不会气血上涌、羞愤交加而死。但是,本案中的法律因果关系,实际上并不清楚。根据二值化逻辑,要么认定有,完全赔偿;要么认定没有,完全不赔。这种结果似乎令人难以接受,此时公平责任便能起到作用。其可以在一系列的案件中,缓解二值模式的负担。

譬如,关于特殊体质的问题,假设甲是蛋壳脑袋,一打就碎,乙朝甲头上打击一拳(此处非指生活中的戏耍行为),必然具有法律上的过错,且过错行为与脑袋破碎的结果之间具备事实因果关系。那么,法律因果关系是否具备？并不清晰。因为乙并不了解甲是蛋壳脑袋,甲也不可能将此事随时公之于众。如若

[1] 河南省郑州市中级人民法院(2017)豫01民终14848号民事判决书。

奉行二值化的逻辑,有则全赔,无则不赔,则似有所不妥。因此,适用公平责任,要求打人者适当承担一定的赔偿责任,实际上更为公平,也更容易使人接受。

不过,从法教义学的视角来看,即便不通过公平责任也能够加以解决,譬如类推适用“过失相抵”。既然甲的身体过于特殊,其本人并不存在过失,但是我们又认为,甲不应完全赔偿,因此类推适用“过失相抵”,结果就是甲部分赔偿。如此一来,既达到了安定团结的局面,又为后续的案件提供了一个指针,即禁止打人,一旦打人便可能承担较重的法律责任;只要守法,便无须赔偿。但如果法院判决当事人需要因自己的合法行为而承担赔偿责任的话,社会公众就会产生恐慌——“为什么守法还要承担法律责任”,如此一来便进退失据,这也是“电梯劝阻吸烟案”劝阻者不负赔偿责任的最重要原因。

但是,在郑州市中级人民法院的判决书中,“没有法律因果关系”的裁判理由是错误的。根本的原因在于劝阻者实施的是一个合法行为,如果实施合法行为还要赔钱,就必须有特殊要求。如果没有特殊的条件配合,就意味着,社会公众便会处于恐慌状态,因为任何人都不知道应当如何避免承担法律责任。

(二)公平责任的限制抑或滥用?——《侵权责任法》第 24 条将《民法通则》第 132 条中的“责任”改为“损失”

学界普遍认为,应限制公平责任的使用、防止滥用,这毫无疑问可以接受。但是究竟如何防止其滥用,则有待进一步考量。《民法通则》第 132 条规定:“当事人对造成损害都没有过错的,可以根据实际情况,由当事人分担民事责任。”《侵权责任法》第 24 条将其中的“分担民事责任”改为了“分担损失”。有人认为,《民法通则》第 132 条的表述有误,公平责任实际上是“补偿”而非“责任”,毕竟行为人本身没有过错,不应承担“责任”。因此,《侵权责任法》第 24 条改为“分担损失”是正确的。

但笔者认为,《侵权责任法》的改动显然是错误的,如此一来,还如何限制公平责任的滥用呢?学者普遍赞同此种改动,令人难以理解。既然认为“公平责任”并非“责任”,那么,行为人既然没有责任,法院为何判决其分担损失?公平责任不是“捣糨糊”“可赔可不赔”,而是确切无疑应当赔偿,只是无须赔偿全部而已。笔者的观点是,公平责任就是一种责任,就是应当赔偿,没有什么“可赔可不赔”的自由裁量空间。譬如,“破伤风案”中,打人者就是应适当赔偿一部分,而非“赔不赔看情况办”。在事实因果关系和过错均非常明确、只是法律因果关系不明的前提下,可以适用公平责任,判决行为人部分赔偿。毕竟,虽然法律因果关系不具备,但在事实因果关系的层面上来看,损害结果就是其过错行为导致的,判决其承担赔偿责任,并不会产生不当的抑制和恐慌。

再举一例。假如华东师范大学邀请我来做讲座,但我的车在路途中被别人给撞了,我是否能向华师大主张公平责任?显然不能。因为邀请是合法行为,无法防范。但“破伤风案”中的打人行为当然可以防范,且行为人既然做了错事,适当赔偿一些,亦属合理。所以,没有法律因果关系便一定不能适用公平责任的结论,当然无法成立,也不符合我们的常识直觉。

郑州市中级人民法院的二审裁判理由指出,公平责任适用的前提是法律因果关系不具备,这就意味着,即便事实因果关系具备也无法适用公平责任。笔者认为,这明显错误。只要事实因果关系不是被完全否定,或者说,事实因果关系具备但法律因果关系被否定,如果行为人又具有过错,那么,公平责任还是可以适用。总之,郑州市中级人民法院的二审判决,实体法上的结论虽然可资赞同,但实体法上的理由是错误的,是盲目抄袭教科书的结果,而许多教科书对这个问题的解释并不靠谱。

五、共益情形下公平责任的理解适用

(一)行为人不具有过错时公平责任的可适用空间——共益活动

公平责任在中国是否还有其他可适用的情形?以下再举一例,讨论当行为人不具有过错,且案件也不属于侵权法无过错责任的情形。这是一起发生在浙江省诸暨市的案子,[1]在该案中,双方当事人未经结婚登记便住在一起,彼时双方均为成年人且均已过法定婚龄。同居期间,双方自愿发生性行为,导致女方怀孕。其后,两人分手。后来,女方在医院检查时被医生告知,由于是宫外孕,所以必须做引产手术。因手术花费若干元,于是女方起诉要求男方赔偿损失。

首先,本案中的男方是否需要赔钱?我相信社会公众的一般直觉,都是应

〔1〕 浙江省诸暨市人民法院(2002)诸民初字第 3234 号民事判决书。

当赔偿。其次,如果要求其赔偿,法律依据是什么?根据民法请求权的检索顺序来考察:第一看合同,本案中双方之间显然不存在合同关系;第二看其他法定请求权,对此,夫妻之间当然不存疑问,但没有相关法律规定婚前同居导致女方怀孕流产的,男方需赔偿损失;第三看无因管理;第四看不当得利。后两项显然都不是。最后,只能归向侵权。

侵权责任包括过错责任和无过错责任两种基本类型。首先,根据我国《侵权责任法》第7条,无过错责任需要法律的明确规定,于本案中显然并不适用。其次,再考察过错责任。本案中的男方是否存在过错?当然没有,因为恋爱自由,自然不受婚姻法的束缚。因此,男方的分手行为与婚前性行为均不具有过错。我们知道,婚外性行为是非法行为,违反了《婚姻法》第4条的规定。但婚前性行为与之不同,无论如何都不能够认为男方存在法律上的过错。

但是,如果判决男方分文不赔,似乎又违背我们朴素的法感情,那么此时公平责任便可以派上用场。本案中的男方不具备过错,但是适用公平责任会产生较为公平的结果,原因就在于女方的损失实际是为双方共同的利益而负担的。换言之,双方发生性行为是共同的愉悦活动,该活动使二者的同居生活更加美好,那么因此而产生的损失,便相当于双方为这个活动共同担负的费用。我们知道,共有物产生的负担应由共有人共同负担,那么,双方当事人因共有的同居活动而产生的负担,自然也应由双方负担,当然公平。

但是,"电梯劝阻吸烟案"中并不具有此种情形,即不存在双方的共同活动,缺乏为双方共同利益而活动的要素。如果存在此种要素,那么法院判决公平责任,当属安全妥当。此外,与前文中提到的"破伤风案"一样,从教义学来看,公平责任实际上也非必要,相关案件完全可以适用民事合伙或类推适用民事合伙。两人同居生活,实际上就类似于民事合伙。不同合伙人共同做一件事情,就应当要共同承担这件事情可能带来的风险。试想,如果同居双方已经结婚了,即使他们实行分别财产制,那么在此种情形下丈夫也肯定要付钱,因为二者从事了共同的活动。

(二)公平责任与法教义学

于此便引出前文提到的话题,即公平责任就是一种应当承担的"责任",而不是什么"损失"。一旦认为公平责任是"分担损失",那么,便无法解决公平责任的滥用问题。所以,在公平责任的问题上存在太多的自以为是,把“分担责任”改成“分担损失”就是一种自以为是,改动明显错误。

实际上,如果法教义学足够成熟,第24条的公平责任完全可以取消。譬如,前文提到的“分手案”,如果法官类推适用民事合伙便可处理;在“破伤风案”中,如果法官敢于适用“比例因果关系”的理念,也自然可以解决,亦不需要公平责任;在特殊体质的案件中,则可以类推适用过失相抵,以上案件均不需要适用公平责任。公平责任之所以存在,正是为了缓解目前法官教义学的解释负担以及学者教学的负担。待法教义学成熟之后,其便会寿终正寝。

(三)公平责任的界限与滥用

此外,需注意的是,有些明显不属于公平责任的情形,却容易被人误解为应适用公平责任。譬如,见义勇为者受伤,受益人是否应当作出相应补偿?若认为适用公平责任,就意味着可以赔,也可以不赔。但如果按照无因管理,被管理人是当然应当补偿,而救人行为自然是属于无因管理。

再如,甲被火烧了,乙见状立刻把自己的衣服泡上水对甲进行拍打,帮其灭火。乙也因此把自己的衣服烧坏了,损失200元,此种情形显然构成无因管理,根本不需要适用公平责任。如果适用了公平责任反而滑稽,“应当给”变成了“可以给,也可以不给”,这显然对救人者缺乏尊重。可见,公平责任的存在,也间接导致了无因管理的法教义学得不到成熟。实际上,无因管理情形下,到底该怎么赔偿?损失应该怎么认定?还有一些费用性的损失该怎么认定?如果此类教义学足够成熟,公平责任相关的部分也自然可以去掉。所以,结论就是,公平责任在此处实际上是缓解了法官和学者的教义学思维负担。在我们的法教义学还处于初级阶段、水平有限、须解决问题又很多的情况下,公平责任会有很大的帮助。因为它可以把我们内心良好的直觉通过第24条加以实现。贸然反对公平责任的观点,要么是缺乏直觉,要么就是没有仔细审视公平责任在司法实践中的适用情形。

如此一来,我们便可以为公平责任划出一个界限,超出这个界限便不宜适用公平责任。譬如,对于行为人没有过错且没有为一方或双方共同利益活动的情形,如果判决公平责任,那很容易构成滥用。又如,中学出于正规的教育目的,组织学生打篮球。打球过程中,某学生因补篮时指法不对导致手指骨折,于是起诉了学校,主张其承担公平责任。这就很是荒谬。首先,学校组织体育活动,毫无疑问没有过错,不存在任何违法行为;其次,本案中也不存在为一方或双方利益的情形。换言之,如果赔偿或补偿缺乏正当性,应当是通过保险机制来解决,而不应通过公平责任。如果要求学校赔钱,其实是一种“捣糨糊”,看学校有没有钱、学费收的高不高、是私立还是公立等,显然,这的确是属于公平责任滥用的情形。

前文述及,如果行为人没有过错且受害人的损失不是为对方或双方的共同利益而负担,若让行为人承担责任,便很容易构成公平责任的滥用。当然,这也存在例外,即过错本身不明的情形,本文开头时提到的“机动车相撞案”就是此种典型。两车相撞之时,我们无法认定被告方车主存在过错,但也不能认定其的确没有过错。搞不清楚的时候,分文不赔似乎也不太合适。有人主张同等责任,实际上就是公平责任的结果。换言之,同等责任实际上反映了我们的一般直觉,因此比较容易接受,其实也是比较合适的处理方式。

六、公平责任与共同危险行为的比较分析

(一)危险行为与自然原因竞合时的责任认定问题

只有一个侵权人时,是否能够类推适用共同危险规则?[1] 当一个侵权人和一个自然的原因造成损害,而不知道损害是由自然原因还是侵权人造成的时候,该如何处理?奥地利的著名学者库奇奥将其称之为“择一因果关系(替代因果关系)”,并举出一例:山上有一只不需要人负责的山羊,踢落了一块石头,同时甲也踢了一块石头下来。其中一块石头砸中了乙,导致损害结果,但无法查明究竟是山羊踢落的还是甲踢落的,此时甲是否要承担全部责任?[2] 如果类推适用共同危险行为的话,那么,甲和山羊承担连带责任,即承担全部责任。

---

〔1〕 我国《侵权责任法》第10条规定:“二人以上实施危及他人人身、财产安全的行为,其中一人或者数人的行为造成他人损害,能够确定具体侵权人的,由侵权人承担责任;不能确定具体侵权人的,行为人承担连带责任。”

〔2〕 [奥]海尔穆特·库奇奥:《替代因果关系问题的解决路径》,朱岩、张玉东译,载《中外法学》2009年第5期。

我们也可以从经济学的视角来思考这个共同危险的话题。谈到共同危险,往往会联想到美国著名的 Summers 诉 Tice 一案。[1] 在该案中,两个人打猎的时候都打了一枪,其中一枪击中了受害人,但不知道是谁击中的,那么两人如何承担责任?

从行为激励的角度来看,制度的设置就是要考虑如何抑制此类侵权事件的再次发生。共同危险判决各方承担连带责任的好处之一,就是可以激励行为人以后不再实施违法行为——共同危险情形中毕竟是实际存在一个违法的"危险行为"。从理性的角度出发,由于连带责任的威慑,大家会努力遵纪守法、维护自己、管好自己,将责任负担转移给他人,避免牵连到自己。

但是,在有山羊的情况之下,这个道理就不成立了。因为山羊是不理性的,如果将责任转移给它,将起不到任何激励作用。换言之,在一个自然原因和一个侵权人共存的情况下,之所以不能适用共同危险以连带责任处理,是因为缺乏这样的一种责任转移机制。

(二)行为人兼为受害人时的责任认定问题

更复杂的是,两个行为人中,其中一个同时也是受害人,此时便会产生内部追偿的问题。譬如,甲、乙两个人朝天空扔石子,不知道哪个石子砸中了甲的眼睛。连带责任意味着任何一个赔偿全部,假设甲赔偿了全部损失共 100 万元,那么,之后他自然有权基于连带责任的内部求偿权,[2] 向另外一个没被起诉的人追偿 50 万元。试想,在此种模式下,甲实际上承担的就是部分责任(公平责任),而不需要类推适用共同危险。因为如果侵权人承担 100 万元之后,可以向受害人追偿 50 万元,那么就意味着,一开始他只需要承担 50 万元。前文提到的"破伤风案",也是这个道理。实际上,这和公平责任的适用效果完全一致。这还是能够回到刚刚的观点,法教义学成熟之后,公平责任实际是可以取消的。

---

[1] See Summers v. Tice, 199P. 2d1 (Cal. 1948).

[2] 我国《侵权责任法》第 14 条规定:"连带责任人根据各自责任大小确定相应的赔偿数额;难以确定责任大小的,平均承担赔偿责任。支付超出自己赔偿数额的连带责任人,有权向其他连带责任人追偿。"

七、结　　语

总体而言,本文主要是以“电梯劝阻吸烟案”切入,对我国现行《侵权责任法》第24条的公平责任制度进行了一定反思。在此总结一下本文的基本观点。

首先,共有四种应适用公平责任的情形:第一,行为人确定存在过错,但事实因果关系不明;第二,过错与事实因果关系均明确,但法律因果关系不明;第三,行为人确定无过错,但受害人的损失是为对方利益或者双方的共同利益而负担;第四,不能确定行为人是否具有过错,即过错不明,实践中最多的就是与“机动车相撞案”相类似的情形。

其次,对于公平责任的性质,本文的结论是,公平责任就是一种“责任”,而不是“损失”。《侵权责任法》将《民法通则》规定的“责任”改成“损失”实质是一种退步,是思路不清的体现。只有回到“责任”的属性,才能够真正避免公平责任的滥用。公平责任就是“应当”承担部分责任,而非“可以承担也可以不承担”,法律一旦丧失了确定性便不是法律,而是道德。

再次,公平责任将来是有可能取消的。如果我们的法教义学足够成熟,各种责任各就其位,那么,现在许多适用公平责任的情形实际上可以类推适用过失相抵,类推适用比例因果关系,或者在无因管理、共同危险行为等制度中加以解决。如此一来,公平责任便可以功成身退。而当前在我们的法教义学尚不成熟、还处于初级阶段的时候,公平责任还需要其发挥作用。

最后,就“电梯劝阻吸烟案”而言,由于行为人确定没有过错,且受害人并没有为对方利益或双方共同利益而活动,因此,法院不应当判决行为人承担公平责任。“适用公平责任的前提是既要有因果关系,又要没有过错”这一裁判理由是错误的。

图书在版编目(CIP)数据

师大法学. 2019年. 第2辑 : 总第6辑 / 华东师范大学法学院组编 ; 张志铭主编. -- 北京 : 法律出版社, 2020

ISBN 978-7-5197-4616-2

Ⅰ. ①师… Ⅱ. ①华… ②张… Ⅲ. ①法学-文集 Ⅳ. ①D90-53

中国版本图书馆CIP数据核字(2020)第094409号

师大法学(2019年第2辑·总第6辑)
SHIDA FAXUE (2019 NIAN DI-2 JI·ZONG DI-6 JI)

华东师范大学法学院 组编
张志铭 主编

策划编辑 蒋 橙
责任编辑 蒋 橙
装帧设计 鲍龙卉

出版 法律出版社
总发行 中国法律图书有限公司
经销 新华书店
印刷 永清县金鑫印刷有限公司
责任校对 马 丽
责任印制 吕亚莉

编辑统筹 法律应用出版分社
开本 710毫米×1000毫米 1/16
印张 17.25
字数 261千
版本 2020年8月第1版
印次 2020年8月第1次印刷

法律出版社/北京市丰台区莲花池西里7号(100073)
网址/www.lawpress.com.cn
投稿邮箱/info@lawpress.com.cn
举报维权邮箱/jbwq@lawpress.com.cn
销售热线/400-660-8393
咨询电话/010-63939796

中国法律图书有限公司/北京市丰台区莲花池西里7号(100073)
全国各地中法图分、子公司销售电话:
统一销售客服/400-660-8393/6393
第一法律书店/010-83938432/8433 西安分公司/029-85330678 重庆分公司/023-67453036
上海分公司/021-62071639/1636 深圳分公司/0755-83072995

书号:ISBN 978-7-5197-4616-2 **定价**:68.00元